HEYNE BÜCHER

HEYNE KOCHBÜCHER

Wolfram Siebeck

Sonntag in deutschen Töpfen

300 Hausfrauen-Rezepte aus dem Wettbewerb im
ZEIT**magazin**

WILHELM HEYNE VERLAG
MÜNCHEN

HEYNE KOCHBUCH
07/4486

Genehmigte Taschenbuchausgabe
Umschlag- und Innenfotos: Richard Stradtmann
Umschlaggestaltung: Atelier Ingrid Schütz, München
Printed in Germany 1987
Satz: Schaber, Wels
Druck und Bindung: Pressedruck, Augsburg

ISBN 3-453-00900-2

Inhalt

Wenn jeder Tag ein Sonntag wär'

Siebeck fragt Siebeck

Frage: Herr S., gibt es so etwas wie eine Deutsche Küche überhaupt?
Antwort: Aber gewiß! Genauso, wie es ein deutsches Wetter gibt!
Frage: Spielen Sie damit auf unsere verregneten Sommer und die grauen Winter an?
Antwort: Die gehören zweifellos zu unserem Wetter; wer wollte das bestreiten?
Frage: Das mitteleuropäische Wetter ist aber nicht so lokal begrenzt, daß man von einem typisch deutschen Wetter sprechen könnte.
Antwort: So eindeutig deutsch ist ja auch unsere Küche nicht.
Frage: Aber die Erbsensuppe? Das Eisbein? Die Bratkartoffeln?
Antwort: Gewiß. Doch zur Deutschen Küche gehören ebenfalls die Hechtklößchen, der Rehrücken, die Ravioli, die hier Maultaschen heißen, das Suppenfleisch, woanders Pot-au-feu genannt, oder *Manzo bollito,* die Pilzerichte …
Frage: Das alles gehört doch wohl eher zur Hochküche, zu den Dingen, die sich der Konsument nur ab und zu leistet, während das Deftig-Regionale …
Antwort: … unserer normalen Wetterlage entspricht. Da haben Sie recht. Wir sind weder klimatisch noch kulinarisch ein bevorzugter Landstrich. Nicht umsonst halten wir Deutschen den Weltrekord in Auslandsreisen.
Frage: Sie beharren also auf einer Ihrer früheren Behauptungen, wonach die Bundesrepublik – kulinarisch gesehen – ein unterentwickeltes Land sei?
Antwort: Im Vergleich zu welchen anderen Ländern? Daß man in Frankreich besser ißt als bei uns und letzten Endes wohl auch in Ita-

lien, das bedarf, wie ich meine, keiner Diskussion. Auch Belgien und die Schweiz haben sicherlich ein höheres Eßniveau als wir. Aber danach fällt mir schon nichts mehr ein ...

Frage: Damit stünden wir nach Ihrer Bilanz ja an fünfter Stelle! Das ist kein schlechtes Resultat.

Antwort: Und doch ißt man schlecht bei uns. Wir sind auch in diesen Dingen ein sehr widersprüchliches Volk, voller Extreme: einerseits Spitzenleistungen unserer Gastronomie, die sogar quantitativ immer mehr ins Gewicht fallen, sowie in einem Teil der Bevölkerung eine Begeisterung und Kennerschaft für die Feine Küche, wie sie noch vor kurzem nicht vorstellbar waren; andererseits trostlose Zustände in der Durchschnittsgastronomie, trostlose Zustände in den Privatküchen.

Frage: Woher wollen Sie letzteres wissen? Gehen Sie in diese Privatküchen?

Antwort: Nicht in die schlechten. Aber es gibt Indizien, und es gibt Erfahrungswerte, die nicht übersehen werden dürfen, weil sie symptomatisch sind.

Frage: Welche sind das?

Antwort: Gehen Sie einmal in einen Supermarkt und beobachten Sie, wie da kritiklos der überflüssigste Schund eingekauft wird, und zwar gerade von jenen Zeitgenossen, die für die bessere Küche angeblich kein Geld haben! Wenn ich all das Knabber-, Schlabber- und Knusperzeugs kaufen würde, die sterilisierten, pasteurisierten und parfümierten Leckereien, dann hätte ich auch kein Geld mehr für Tauben und Lachs. Hinzu kommt eine hartnäckige Aversion gegenüber Neuerungen, ein Beharren im Hergebrachten. Dem entspricht das irrationale Bekenntnis »Bei Mutter schmeckt's am besten!«. Ich frage Sie: Wie haben Sie in Ihrer Jugend gegessen?

Frage: Nun, mir hat's geschmeckt! Aber natürlich, wenn ich nach heutigen Maßstäben urteilen müßte, gebe ich zu, daß es eigentlich keine gute Küche war.

Antwort: Sagen wir es doch ehrlich: Es war eine miserable Küche, einfallslos und ungesund. Und nicht nur bei Ihnen, nicht nur in meinem Elternhaus — überall.

Frage: Aber da gibt es doch wunderbare Speisekarten vom Anfang des Jahrhunderts und ganz beachtliche Kochbücher; auch bei uns hat man doch damals schon Große Küche gekocht!

Antwort: Gewiß. Aber das war ja nicht die Küche unserer Eltern, das waren unsere Groß- und Urgroßeltern. Die konnten es wahrscheinlich besser, jedenfalls wenn sie zum wohlhabenden Bürgertum gehörten. Die aßen aber auch keine spezifisch deutsche Küche, sondern eine internationale Große Küche: Austern und Hummer fehlten ebensowenig wie Rebhühner und Pasteten *à la provençale.*

Frage: Demnach ließen sich also die Niederungen der deutschen Küche auf gewisse Zeitabschnitte begrenzen und möglicherweise politisch und wirtschaftlich erklären?

Antwort: Aber selbstverständlich! In Notzeiten haben die Menschen andere Sorgen als die Verfeinerung der Saucen. Wenn man auch sagen muß, daß diese Verfeinerung zu keiner Zeit zu den Hauptsorgen unserer Nation gezählt hat.

Frage: Preußische Genügsamkeit?

Antwort: ...und die Folgen des Puritanismus: das schlechte Gewissen beim Genuß, die latente Opferbereitschaft, die Lust an der Askese, das chronische Defizit an Lebensfreude sowie — zumindest seit dem Ersten Weltkrieg — ein Spar- und Hungertrauma. Das mögen ideale Voraussetzungen für die Popularisierung des Frühsports sein. Für die Entwicklung von raffinierten Menüs sind sie entschieden hinderlich. Unsere kartoffelessenden Eltern haben denn auch den Begriff Qualität nie auf die Feinschmeckerei ausgedehnt. Ein Pichelsteiner Eintopf war ihnen jahrzehntelang der Gipfel kulinarischen Glücks, wenn nur genügend Schweinebauch darin war. Das ist leider auch heute nicht viel anders.

Frage: Das so zu verallgemeinern, halte ich für ungerecht. Schließlich gibt es eindeutige Unterschiede in der deutschen Küche. Im Südwesten der Bundesrepublik zum Beispiel, das haben Sie selber häufig betont, hat sie ein ganz anderes, näm-

lich viel höheres Niveau als im Norden! Auch zwischen Ostwestfalen und dem Rheinland oder zwischen Oberbayern und Franken gibt es Unterschiede!
Antwort: Sie haben recht: Die Nürnberger Bratwurst ist tatsächlich besser als eine Münchner Weißwurst.
Frage: Machen Sie sich jetzt über traditionelle Volksnahrung lustig?
Antwort: Ach was, ich habe nichts gegen Weißwürste, solange ich sie nicht essen muß. Ich fände sogar Bratkartoffeln ganz delikat, wenn sie nicht so unbekömmlich wären.
Frage: Sie glauben also nicht an eine Verbesserung der deutschen Durchschnittsküche?
Antwort: Doch, doch. Es dauert nur alles seine Zeit. Man kann das nicht mit Gewalt erreichen, so wie wir mit Gewalt zu Demokraten gemacht wurden.
Frage: Also eine Art Entwurstifizierung …
Antwort: …ist nicht möglich. Und das ist auch gut so. Wer weiß, ob die Entnazifizierung wirklich von Dauer ist. Eine Anhebung unseres kulinarischen Niveaus jedenfalls muß, so sie wirklich eine Wandlung darstellen soll, im Privathaushalt stattfinden. Unsere Edelgastronomie allein genügt nicht.
Frage: Wie stellen Sie sich das in der Praxis vor? Woher soll der Umschwung kommen, auch wenn er langsam kommt?
Antwort: Ich bin davon überzeugt, daß er schon da ist! Aber weil er so langsam kommt, sieht man ihn nicht.

Sie sehen ja auch bei einer Knospe nicht, wie sie zur Blüte wird. Doch filmen Sie das mal mit dem Zeitraffer ...

Frage: Das klingt sehr hübsch. Doch noch einmal: Was soll diesen Umschwung bewirken, oder, wenn er nach Ihrer Meinung schon eingesetzt hat, was hat ihn bewirkt?

Antwort: Das sind so äußerliche Dinge wie das Kennenlernen fremder Küchen im Urlaub; da ist die zunehmende Zahl von erstklassigen Restaurants, in die vielleicht auch der hartnäckigste Weißwurstzutzler einmal gerät und nachdenklich wird. Vor allem glaube ich, daß sich langsam aber sicher ein Qualitätsbewußtsein durchsetzt, wie es bei anderen Konsumgütern längst selbstverständlich ist. Denken Sie an die Autos, an Elektronik, Optik usw., da wollen alle nur das Beste haben, da will keiner ein Konsumtrottel sein.

Frage: Sind wir beim Essen denn alle Konsumtrottel?

Antwort: Mehr oder weniger ja. Denn Anspruchslosigkeit ist hier Dummheit, weil der Konsument dadurch ja nichts spart, sondern im Gegenteil sein Geld zum Fenster hinauswirft. Genügsamkeit hat bei den heutigen Marktgesetzen nur zur Folge, daß wir mit Ramsch und Tinnef überschüttet werden. Wir sind Trottel, wenn wir uns die Chance entgehen lassen, durch höhere Ansprüche bessere Qualitäten zu erzwingen.

Frage: Das setzt aber beim Konsumenten einen Lernprozeß voraus. Wie und wodurch soll der in Gang gesetzt werden?

Antwort: Ich sagte es schon: Ich glaube, daß der längst eingesetzt hat! Nicht vehement, nicht so auffällig, aber beständig. Das immer größer werdende Angebot an Frischprodukten, die erstaunliche Vielfalt auf den Märkten, zum Beispiel bei den Fischen, den Kräutern, den Gemüsen — das alles gäbe es nicht, wenn der Konsument nicht danach fragte. Kein Händler kauft einen Lachs ein, wenn er nicht wüßte, daß er dafür Kunden hat.

Frage: Also gute Aussichten für eine Deutsche Küche ohne Bratkartoffeln, ohne Eisbein?

Antwort: Gute Aussichten jedenfalls für die Erkenntnis, daß es jenseits der alten Plumpsküche etwas anderes gibt, etwas Bekömmlicheres, also Zeitgemäßeres. Mit einem Wort: daß es etwas Besseres gibt. Und diese Erkenntnis ist seit Adam und Eva der Anfang aller Weiterentwicklung.

500 Sonntagsmenüs

(Das ZEITmagazin ruft seine Leserinnen auf, Beispiele für ein Sonntags-Menü an die Redaktion zu schicken. Die sechs besten Einsendungen sollen prämiiert werden.)

Es ist unfaßbar: 500 Einsendungen zu einem Kochwettbewerb! 500 Sonntagsmenüs aus deutschen Haushaltungen, ausführlich beschrieben und kommentiert, gingen bei der ZEIT ein; 500mal gaben Frauen Auskunft über ihre Kochgewohnheiten und Einkaufsmöglichkeiten. 500 Bekenntnisse zum Essen als Quelle der Freude – das ist mehr, viel mehr, als ich je erhofft hatte. Und es ist herzzerreißend. Denn unmöglich konnte ich jeder Einsenderin persönlich danken, wo ich mich doch zutiefst zu Dank verpflichtet fühle angesichts einer Manifestation, die nichts anderes beweist als die insgeheim gehegte Zuversicht, mit der deutschen Privatküche sei es, allem Anschein zum Trotz, so schlecht doch nicht bestellt. Ich habe keine andere Möglichkeit, als hier pauschal zu bekennen, wie entzückt ich bin von jedem einzelnen Brief, von der Sorgfalt, mit der die Rezepte ausgearbeitet und oft genug auch noch illustriert wurden, in jedem einzelnen Fall aber Zeugnis ablegen von der Freude, ja, Begeisterung, mit der die Einsenderinnen das tun, was anderen nur eine lästige Hausarbeit sein mag. Und herzzerreißend ist auch, daß wir so viele berechtigte Hoffnungen, gegen unseren Willen, enttäuschen mußten, weil einfach nicht alle einen Preis gewinnen konnten, die einen Preis verdient hätten.
Die älteste Einsenderin, Frau Lina Wurst aus Stutt-

gart, ist siebenundachtzig Jahre und schickt mir ein Rezept für eine leckere Götterspeise, die sie schon vor siebzig Jahren »im Hause Siebeck in Tübingen« gekocht hat. Mit diesem Zweig der Familie Siebeck bin ich allerdings meines Wissens nicht verwandt. Jutta Preis aus Krefeld ist mit vierzehn Jahren die jüngste Einzelköchin. Sie weiß, wie wichtig der richtige Einkauf ist, und beobachtet häufig, daß Jugendlichen von den Händlern »eine weiche Gurke angedreht« wird.

Ob die Schüler und Schülerinnen der Klasse 6d der Realschule in Bühl ähnliche Erfahrungen machen, kann ich nicht sagen. Aber daß sie gemeinsam gleich mehrere Menüvorschläge für den ZEIT-Wettbewerb ausgearbeitet haben, finde ich wunderbar. Zweimal gibt es bei ihnen Rehfleisch, und das bestätigt wieder einmal, daß Westdeutschlands Schlemmerecke im Badischen liegt.

Am meisten habe ich mich über diesen, in den Einsendungen immer wiederkehrenden Satz gefreut: »Ich bin fünfundvierzig Jahre alt. Obwohl berufstätig, gebe ich mir Mühe, auch werktags abwechslungsreich und vor allem ohne Fertigpulver und -würfel zu kochen. Meine Familie ist ein dankbares Publikum und selber auch aktiv in der Küche ...« Was will man mehr.
Das stolze Bekenntnis einer Bonner Familie, » ... bei uns kann jeder, einschließlich der Kinder, ruckzuck eine perfekte *Hollandaise* ohne Wasserbad rühren ...«, ist dann doch schon eine Ausnahme, ein Idealfall. Andererseits wird erkennbar, daß die Begeisterung fürs Kochen oft durch fehlende Einkaufsquellen belastet wird. Die fehlen fast immer, wenn die Absender auf dem Land wohnen. Dort sind Fische kaum zu kriegen, ist das Angebot der Metzger be-

schränkt. Dennoch scheinen gerade die leidenschaftlichsten Köchinnen auf dem Lande zu wohnen. Was sie alles unternehmen, um die richtigen Produkte zu bekommen, ist imponierend und läßt hoffen, daß auch in den Notstandsgebieten das Angebot besser wird, wie es das in den Städten ja auch nur durch die beharrliche Nachfrage der Konsumenten geworden ist. Folgerichtig sind viele Landbewohner Selbstversorger, jedoch nicht allein wegen der mangelnden Auswahl, sondern auch, weil qualitätsbewußte Frauen sehr wohl zwischen den Produkten der Großgärtnereien und dem eigenen, unbehandelten Gemüse zu unterscheiden wissen.

Erkenntnisse wie die einer Leserin aus Schliengen sind vielleicht noch nicht typisch, aber auch nicht einmalig: »Ich verwende grundsätzlich nur frische Produkte. Seitdem ich erfahren habe, wie ausgezeichnet frische, junge Erbsen oder feine, dünne Bohnen schmekken, kann ich mich nicht mehr überwinden, diese Gemüse auch nur einen Tag im Kühlschrank aufzubewahren.« Von solchen Qualitätsvorstellungen profitieren sogar Kleinkinder, jedenfalls in Bräuningshof, wo eine Leserin nicht alltägliche Konsequenzen gezogen hat: »Schon unsere Babys werden mit den Fertigprodukten, Gläschenkost, völlig verzuckerten Fertigbreien und Fruchtsäften gefüttert … Ich mute jedenfalls meinem Kind nicht länger zu, diesen maggiverseuchten Nährschlamm zu essen.« Seitdem kocht sie ihrem Kind alles selbst: »Es wird nicht mehr gespuckt!«

Ich mache mir keine Illusionen darüber, daß solche oder ähnlich fortschrittliche Ansichten repräsentativ für die deutsche Hausfrau sein könnten. Aber daß es diese Einstellung zur kulinarischen Qualität überhaupt gibt, daß die Antwort auf meine Frage nach dem Stand der deutschen Privatküche so spontan und so positiv ausgefallen ist, das ist überaus ermutigend.

Wiedergutmachung in Grün

Wie lange ist es her, daß ich nach jeder Kochanweisung, in welcher *Crème fraîche* eine Rolle spielte, erst einmal erklären mußte, was *Crème fraîche* überhaupt ist? Fünf Jahre? Vier Jahre? Ich weiß noch, daß ich darauf hinwies, wie man *Crème fraîche* notfalls durch eingedickte süße Sahne ersetzen könne, falls sie nicht erhältlich wäre. Damals war *Crème fraîche* fast nirgendwo erhältlich, heute gibt es sie in jeder Tengelmann-Filiale. Ich schätze, daß in den 500 Einsendungen zum Kochwettbewerb mehrere Eimer *Crème fraîche* verbraucht wurden! Deutsche Köchinnen benutzen die dicke *Crème* so selbstverständlich wie früher Maggi und Mondamin.

Auf Grund unseres Klimas und der darin glücklich weidenden Kühe ist die deutsche Küche notabene eine Butter- und Sahne-Küche, mit der Betonung auf Sahne. Butter wird vorzugsweise aufs Brot geschmiert, beim Kochen ersetzen sparsame Hausfrauen sie gern durch andere Fette. Aber *Crème fraîche* scheint so etwas wie ihre Lieblingszutat geworden zu sein. Da wird nicht nur nicht geknausert, da wird sogar übertrieben. Ich meine das nicht hinsichtlich der Menge in einem Gericht (wer im Elsaß einmal einen Fisch in Rahmsauce gegessen hat, der weiß, daß Übertreibungen erst da anfangen, wo zum Beispiel der Hecht in der dicken Sahne nicht mehr wiederzufinden ist!); ich meine ihre Verwendung innerhalb eines Menüs.
Und damit wäre ich bei einem für die Bewertung von Menüvorschlägen wichtigen Umstand: die Komposition. Das Prinzip der Ab-

wechslung, das bei der Tischordnung jedem einleuchtet (es sitzt jeweils ein Mann neben einer Frau), sollte auch bei der Abfolge eines Menüs vorrangig sein. Aber zwei Sahnesaucen hintereinander (zuerst beim Fisch, dann beim Fleisch) kommen so oft vor, als sei unser Kochwettbewerb von einer Molkerei ausgeschrieben worden.

Noch eine Zutat wird in deutschen Küchen geradezu exzessiv verwendet: Kräuter. Abgesehen von der Frankfurter Grünen Sauce (zu gekochtem Fleisch) kenne ich eigentlich nichts, was diese Kräuterorgien rechtfertigte. Mancher mag sich von der Heilkraft der Kräuter etwas versprechen; im großen und ganzen aber scheint mir die Länge des Gewürzbords eher ein Stück Vergangen-

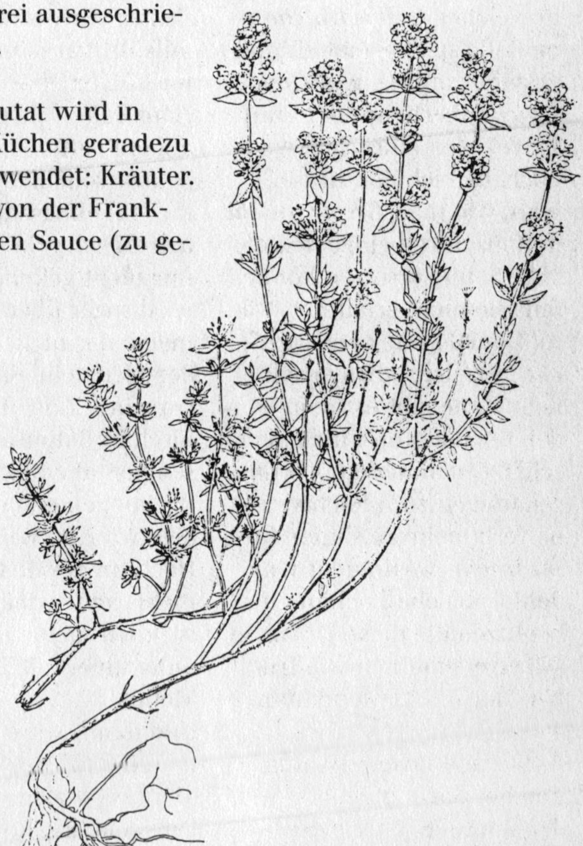

heitsbewältigung zu symbolisieren, nämlich eine Wiedergutmachung für jene Zeit, in der die Gewürze ausschließlich Knorr und Fondor hießen. Fünf, sechs verschiedene Kräuter zusammen und durcheinander, in Saucen, an Salaten, zu Gemüse, ans Fleisch — das ist nicht sehr sinnvoll. Je raffinierter eine Küche, um so weniger Gewürze braucht sie. Die Eindeutigkeit des Geschmacks ist eines der wichtigsten Kriterien für ein gelungenes Essen.
Kräuter spielen auch in Suppen eine große Rolle: Kerbel- und Sauerampfersuppen liegen auf Platz zwei und drei. Der Eckpfeiler der deutschen Sonntagsküche aber ist nach wie vor die Fleischbrühe. Vorher Salat, danach Rinderbraten mit — je nach Landschaft — Spätzle, Knödel oder Kartoffeln, anschließend Rote Grütze, so stellt sich — ich möchte sagen: erwartungsgemäß — das deutsche Sonntagsmenü dar.
Ungefähr ein Drittel der Einsendungen folgt diesem Schema. Daß die Beschreibung der Rezepte dennoch fast immer eine appetitanregende Lektüre war, beweist, daß es oft nicht darauf ankommt, *was*, sondern *wie* gekocht wird! Aus dem Rahmen fällt die Briessuppe der sechzehnjährigen Friederike. Auch ihre gebeizten Forellenfilets und der Eisgugelhupf verraten Ambitionen, die nicht gerade alltäglich sind. Frau Inge Spoerl aus Hülsenbusch schlägt als Alternative zur Rinderbrühe gleich mehrere Suppen vor, die ich gerne häufiger erwähnt gefunden hätte: Fischcremesuppe, Hechtsuppe mit Klößchen, pürierte Erbsensuppe mit Hummer, braune Herzsuppe mit Kräutern, Entensuppe. Obwohl viele Zuschriften aus Hessen stammen, war nur eine Metzelsuppe dabei; auch eine Hirnsuppe erwies sich als Unikat, Tomaten- und Gurkensuppen waren dagegen nicht so selten.
Frau Edith Fischer aus Gundelfingen aber steuerte das originellste Rezept bei: eine Suppe aus Dosenthunfisch. Sie läßt den abgetropften Fisch längere Zeit in Sahne und Wein köcheln, passiert durch und schmeckt mit Tomatenmark ab.

Vor 220 Jahren

Als James Boswell vor 220 Jahren durch Deutschland reiste, aß er zum Abendessen schon mal ein Dutzend Lerchen. Im allgemeinen aber hatte sogar der nicht sehr verwöhnte Schotte über die deutsche Gastronomie eher zu klagen. Unterwegs von Kassel nach Marburg reimte er nach einer holprigen Kutschfahrt die nicht minder holprigen, aber zweifellos leidend erfahrenen Verse: »In einer deutschen Herberg sitz ich hier,/um Sünden abzubüßen, scheint es mir,/denn tausend Fliegen setzen mir hier zu/und lassen keinen Augenblick mir Ruh./Im Polstersessel macht der Wirt sich breit;/ mit scheelem Blick schweigt er die meiste Zeit./Ich war in Eile, ließ das Essen sein,/ so gab's jetzt kaltes Fleisch und sauren Wein./Und binnen fünf Minuten oder so/ leg ich mich hin und schnarch auf faulem Stroh.«

Manches hat sich seitdem gebessert in der deutschen Gastronomie. Vielreisende wissen aber, daß einiges immer noch im argen liegt. Nach der Auswertung der 500 Einsendungen zum Kochwettbewerb des ZEIT-*magazins* ist mir jedoch nicht mehr bange, wenn ich unvorhergesehen in einem bundesdeutschen Dorf stranden sollte: Ich ließe die Herberge links liegen und fragte mich zum Haus der Lehrerin durch. Denn wenn in unseren Privatküchen gut gekocht wird, dann bei unseren Lehrerinnen. Schon die erste Durchsicht aller Einsendungen verriet einen

auffällig starken Anteil an Menüs, die von Lehrerinnen oder doch in Lehrerhaushaltungen gekocht wurden. Als ich dann aber mit der Auswahl begann, ergab es sich, daß von den über dem Durchschnitt liegenden Sonntagsessen fast jedes zweite nach dem Korrigieren von Schulaufsätzen entstanden sein mußte. Eine merkwürdige Vision: Die Geburt der Neuen Küche aus dem Geiste des Pausebrots? Wie auch immer: Die deutsche Küche, wie sie sich an Hand der Einsendungen darstellt, ist eine *neue* Küche. Das ist unter den vielen Überraschungen, die mir der ZEIT-Kochwettbewerb bescherte, die größte.

Was ich hier Neue Küche nenne, hat nichts mit der *Nouvelle Cuisine* zu tun. Weder deren Leichtigkeit noch die zu ihrem Gelingen notwendige artistische Perfektion haben in unseren Küchen Einzug gehalten. Die Zahl der Einsenderinnen, die sich darauf berufen oder denen entsprechende Kenntnisse anzumerken sind, macht kaum mehr als zwei Prozent aus. Neu an der deutschen Sonntagsküche ist das Phänomen, daß die interessanten Menüs nichts oder nur sehr wenig mit dem zu tun haben, was wir bisher unter Deutscher Küche verstanden. Von einer sich weiterentwickelnden Küchentradition kann, sieht man den Wettbewerberinnen in die Sonntagstöpfe, nicht die Rede sein. Wonach es in der Küche duftet, bevor sich die Familie zu ihrem Lieblingsessen niederläßt, das sind nicht mehr die Kohlschwaden von einst.

Die überlieferten Sonntagsmenüs sind fast so spurlos verschwunden wie der Wetterhahn auf dem Kirchturm. Wer heute wissen will, woher der Wind weht, der orientiert sich am Satellitenbild des Fernsehens, und wer in seine vollautomatische Küche geht, der kocht nicht mehr nach den Rezepten der Mütter, sondern — nach denen der bunten Zeitschriften. Dies muß man, selbstverständlich, relativieren. Es gibt noch genügend Einsendungen, die den Versuch beschreiben, traditionell zu kochen. Wenn Sauerkraut auch nur viermal vorkommt, so ist die alte Rinderbouillon mit Eierstich doch zigmal vertreten, spielt der Quark nicht nur bei den Desserts eine große Rolle. Aber dort — das ergibt sich ganz eindeutig aus den eingesandten Menüs —, wo ZEIT-Leserinnen sich besonders Mühe geben, wo das Kochen auch im Alltag nicht als Last, sondern als Lust empfunden wird, dort kommt Hergebrachtes kaum noch vor. Oder es wird restauriert — bis zur Unkenntlichkeit.

Ein Beispiel: Als Hauptgericht steht in der Beliebtheit an zweiter Stelle (nach der Rinderlende) das Schweinefilet. Allerdings nicht mit Äpfeln geschmort oder mit Senf gebraten, wie das schon in meiner Kindheit nicht unbekannt war, sondern gefüllt oder/und mit Blätterteig umhüllt. Blätterteig aber wurde vor der Erfindung der Tiefkühlkost im Privathaushalt praktisch nicht verwendet (begreiflich; die Arbeit ist ja auch kaum zumutbar), und gefüllt wurde logischerweise nur, was von Natur aus innen hohl war (Geflügel, Kaninchen, entbeinte Keulen etc.). Wir haben es also beim gefüllten Schweinefilet mit einem »unlogischen« Gericht zu tun, mit einer »Kreation«, welche wohl wegen ihrer *Neuheit* populär ist — ob man das nun für emanzipatorisch oder nur für modisch hält.

Populär gemacht aber werden neue Rezepte heutzutage unbestreitbar von Frauenzeitschriften, Eß-Magazinen und ähnlichen Publikationen. Diese haben damit eine erhebliche Veränderung der Kochgewohnheiten bewirkt; bezeichnend dafür sind Themen wie »Die Küche der Welt — bei uns zu Haus«. Es läßt sich darüber diskutieren, ob diese Veränderung zu begrüßen oder zu bedauern ist. Wahrscheinlich eher zu begrüßen; denn möglicherweise herrschte ohne sie landauf, landab immer noch ein verbohrter Küchen-Chauvinismus.

Andererseits breche ich keineswegs in lauten Jubel aus, wenn ich entdecke, wie oft als beliebteste Vorspeise Avocados mit Krabben angegeben wird. Hier paart sich die Willkür der Rezeptemacher mit der Bequemlichkeit der Kochenden. Die von den

Medien verbreiteten Kochrezepte werden ja nicht zuletzt danach ausgesucht, daß sie wenig Mühe machen (die Leserinnen bei Laune halten!) und die fertigen Gerichte hübsch bunt anzusehen sind (wegen der Farbfotos im Heft). Dieses Prinzip — Simplizität plus Buntheit — führt zwangsläufig zu Avocados mit Krabben oder anderen Kreationen, bei denen kulinarische Vorzüge erst in zweiter Linie wichtig sind. Auf der anderen Seite: Warum immer wieder Schinken, wo doch auch das beste Stück vom Schwein noch hinter jedem halbwegs gelungenen Lammbraten zurücksteht? Sind grüne Bohnen mit Birnen, dieses Alltagsessen armer Schrebergärtner zwischen den beiden Weltkriegen, wirklich wert, in die Wohlstandsgegenwart herübergerettet zu werden? Ist die Semmel-Hackfleisch-Füllung der deutschen Kochkunst letzter Schluß? Müssen wir um der Tradition willen der Einbrenne weiterhin Unsterblichkeit zubilligen?
Es wäre realitätsfremd, solche Fragen eindeutig im Sinne des sogenannten Fortschritts zu beantworten.
Wenn ich lese, mit welcher Freude und mit welchem Stolz deftige Eintöpfe und zünftige Braten beschrieben werden, die mich schlichtweg in Panik versetzen, während sie bei den Einsenderinnen nichts als glückliche Erinnerungen an kulinarische Genüsse auslösen, dann ist klar, daß nicht nur die Avocados mit den Krabben eine überflüssige Erfindung sind. Das zu verschweigen wäre bequem, aber unaufrichtig. Denn wenn schon von Koch*kunst* die Rede ist, dann müssen wir akzeptieren, daß es für ihre Beurteilung objektive Maßstäbe gibt. In der Literatur, in der Malerei, in der Musik besteht Einigkeit darüber, was provinziell, was gut und was großartig ist. Ebenso unbestritten ist es, daß Köche wie Bocuse, Stukki, Witzigmann und wie sie alle heißen, am oberen Ende der Meisterschaftstabelle stehen, deren unteres Ende von den namenlosen Dosenöffnern gebildet wird. Nach diesen Maßstäben ist die Verwendung einer Einbrenne nun mal kein Meisterstück. Aber, mein Gott, es

wäre vermessen zu erwarten, die kochenden Bundesdeutschen nähmen sich die Großmeister zum Vorbild.

Im Vergleich zur Einbrenne sind die Rezepte in den Magazinen allemal eine Verbesserung. Ich teile deshalb auch nicht den Pessimismus mehrerer Einsenderinnen, die meinen, »daß in Wirklichkeit alles noch viel schlimmer ist«, als ich es darzustellen pflege. Die Leserinnen klagen außerdem erbittert über »qualitative und auswahlbezogene Mängel« im Angebot der großen Lebensmittelgeschäfte: »Hier gilt nicht die verbraucherfreundliche Devise von Auswahl und Frische, sondern sie kann aus ökonomischen Gründen ... nur ›Haltbarkeit und hohe Absatzfähigkeit‹ heißen.« Diesem Einwand kann ich leider nicht widersprechen. Aber es gibt auch eine Kehrseite dieses unerfreulichen Kapitels aus dem Konsumentenalltag. Damit wäre ich beim Einkauf aus der Sicht der Wettbewerbsteilnehmerinnen, dem zweiten Hauptthema aller Einsendungen.

Das Engagement, mit dem mehr oder weniger alle Leserinnen über ihre Einkaufsmöglichkeiten berichten, ist verblüffend! Welche Mühe machen sie sich, um das bessere Stück Fleisch, das frischeste Gemüse zu bekommen! Sie alle wissen: Was nützen neue Rezepte, was der Spaß am Kochen, wenn die dazu benötigten Produkte von zweit- oder drittklassiger Qualität sind! Welche Überlegungen werden da angestellt, um nicht auf Hühner aus der Massenzucht, nicht auf hormonisiertes Kalbfleisch angewiesen zu sein! In den Küchen der qualitätsbewußten Hausfrau ist Ökologie jedenfalls keine »Spinnerei«, sondern eine selbstverständliche Voraussetzung für gutes Essen. Mögen die damit verbundenen Anstrengungen auch – geographisch bedingt mehr oder weniger – groß sein; daß sie heute überhaupt zum Ziel führen, ist allein schon ein kleines Wunder! Vor fünf Jahren haben nicht einmal die Großstadter gewußt, wie ein frischer Weißfisch aussieht, damals wurde Basilikum noch im Urlaub jenseits der

Grenze eingekauft. Hier ist eine entscheidende Verbesserung eingetreten, von deren Entwicklung, da bin ich sicher, in einiger Zeit auch die heute noch benachteiligten Regionen profitieren werden. Wenn ich in den Briefen lese, wie da Abmachungen getroffen werden mit Metzgern, mit Fischern, Jägern und Bauern, welche Ansprüche an den Geschmack eines Apfels, einer Bohne gestellt werden, dann weiß ich, daß hier der solide Unterbau für eine bessere deutsche Küche existiert. Derartige Qualitätsansprüche verursachen nicht nur Mühe, sie haben auch ihren Preis in Mark und Pfennig. Die Antworten auf meine entsprechende Frage sind weniger überraschend. Leserinnen, in deren Familien das gute Essen mit allem Drum und Dran jedem anderen Zeitvertreib vorgezogen wird, bekennen freimütig, daß sie überall, nur nicht am Essen sparen, während in anderen Haushaltungen andere Prioritäten herrschen. Die von den Einsenderinnen gemachten Preisangaben schwanken erheblich, nämlich zwischen circa vierzig und hundertsiebzig Mark pro Menü. Interessanterweise konnten viele die Einzelpreise nur vage angeben, und wenn die Schätzungen danebenlagen, dann nie *über* den tatsächlichen Preisen, sondern immer – und oft erheblich – *darunter!* Im übrigen wurden meine eigenen Erfahrungen bestätigt, wonach München *das* Einkaufsparadies für Feinschmecker ist; dort werden aber auch die höchsten Preise verlangt.

Nach all diesen Informationen kann ich dem Drang nicht widerstehen, so etwas wie ein Phantombild der gern kochenden, gut essenden ZEIT-Leserin zu konstruieren: Sie ist um die dreißig, Lehrerin, verheiratet, hat zwei Kinder. Ihr Sonntagsessen findet Freitag abend statt. Schon während der Schulpause ist sie schnell zum Griechen gelaufen und hat bestimmte Käsesorten, Oliven und ähnliche Dinge eingekauft. Nach Schulschluß liegen in ihrem Kleinwagen nicht nur ein Stapel Hefte mit Bildbeschreibungen der Klasse 7b (»Was siehst du auf dem

Bild ›Alte Frau beim Eierbraten‹ von Velázquez?«), sondern auch verschiedene Salatsorten und 300 g Krabben für den ersten Gang des Menüs sowie ein Strauß roter Buschrosen für die Tischdekoration.

Zu Hause angekommen, vergewissert sie sich zunächst telefonisch, daß die zum Abendessen eingeladenen zwei befreundeten Ehepaare den Termin nicht vergessen haben. Den eigenen Kindern kann sie die Enttäuschung nicht ersparen, daß Lukas und Marlene, die Kinder der Freunde, nicht mitkommen werden. Dafür verspricht sie Spaghetti mit Tomatensauce und dankt dem Himmel, daß Kinder bis zu einem gewissen Alter mit einem unkomplizierten Appetit ausgestattet sind. Sodann überprüft sie die schon gestern gekochte Rote Grütze auf die richtige Konsistenz, erntet aus den Blumenkästen am Balkon verschiedene Kräuter, weicht Morcheln ein und entnimmt der Tiefkühltruhe braunen Fleischfond. Sie legt rosa Servietten und rosa Kerzen zurecht und greift zu ihrem Lieblingskochbuch, dessen Titel zu nennen mir die Bescheidenheit verbietet, um noch einmal die Zutaten für eine *Beurre blanc* zu rekapitulieren. Da hört sie ihren Mann vorfahren. Er bringt den Fisch; 30 Kilometer mußte er dafür fahren. Dann kann's ja losgehen, denkt die Lehrerin und nimmt die Lammkeule aus der Buttermilch.
So ungefähr stelle ich sie mir nach der Lektüre der 500 Einsendungen vor.

Seltene Antiquitäten

Vor drei Jahren wollte Frau B. aus Freiburg ihrem jüngsten Sohn demonstrieren, was eine schnellwachsende Pflanze ist. Sie setzte drei Kürbiskerne in ihren Garten. Heute, so schreibt sie, sei ihre Familie von Kürbissen geradezu überwuchert. Kein Wunder, daß ihr Hauptgericht im Sonntagsmenü ein gefüllter Kürbis ist (mit geröstetem Weißbrot, Hackfleisch, Kürbisfleisch, Parmesan) und ziemlich einmalig.

Das literarischste Rezept stammt von Frau K. aus Lübeck. Sie kocht zum Nachtisch, was es – will man Thomas Mann glauben – in der gleichen Stadt im Jahre 1835 im Hause Buddenbrook gab, als der Konsul sein Haus einweihte: Plettenpudding. Das ist nun fürwahr eine schöne Antiquität, der man nicht einmal vorwerfen kann, daß sie schwer und kalorienreich sei. Das sind leckere Süßspeisen mehr oder weniger alle.

Eine Antiquität scheinen auch Königsberger Klopse zu sein. Jedenfalls wurden sie nur einmal vorgeschlagen und ausgerechnet aus Le Havre in Frankreich, wo Frau du P. seit vielen Jahren wohnt. Ihr Rezept ist aber, wie sie selbst, original ostpreußisch, und ich bekenne, daß Königsberger Klopse in meiner Kindheit zu meinen Lieblingsspeisen gezählt haben. Auch heute esse ich die zarten Kalbfleischbällchen in der Kapernsauce ab und zu mit großem Genuß. Daß sie in der deutschen Gegenwartsküche offenbar keine große Rolle spielen (obwohl das entsprechende Rezept in vielen Kochbüchern steht), finde ich bedauerlich, besonders im Hinblick auf die vielen anderen Antiquitäten, die wir herübergerettet haben und die, bei Licht besehen, doch nur Trödel sind.

Die wirklich älteste Teilnehmerin am Kochwettbewerb hat einsenden lassen. Es ist die Oma von Frau Hünnekens aus Worpswede, und sie ist 91 Jahre alt. Oma Hünnekens kocht unübersehbar mit russischem Akzent, besteht aber darauf, mit ihren Gerichten zur deutschen Küche gezählt zu werden. So nennt sie ihre mit Sauerkraut gefüllten Piroggen sogar Teigtaschen, was ja nicht falsch ist (und ein schmackhaftes Vorgericht dazu). Beeindruckt hat sie mich aber mit ihrer Süßspeise, deren Rezept ich hier in den Worten der Enkelin wiedergebe: »1½ Pfund Quark durch ein Sieb reiben, dahinein ½ Pfund flüssige Butter, dazu 3 Eier, alles rühren, dazu 2 Päckchen Vanillezucker und 2 Dosen saurer Rahm und 1½ Pfund (!?) Zucker. Alles gut vermischen, auf den Herd stellen, dauernd rühren, *nicht* kochen, ¼ Pfund Rosinen unterrühren, alles in 1 Schüssel gießen, erkalten lassen. Nun kommt's: Man nehme einen Blumentopf mittlerer Größe, dahinein ein feuchtes Küchentuch ausbreiten, die Masse hineingießen. In das Handtuch einschlagen, ein Brettchen drauf, aber so, daß es ganz im Blumentopf liegt, darauf ein Gewicht (ca. 1,2 kg). Der Topf wird so gestellt, daß unten das Wasser hinausfließen kann.
2 Tage kühl stehenlassen, etwa im Keller. Nun alles öffnen, den Blumentopf umstülpen und fertig. Die eitle Hausfrau schmückt diese Quarkspeise mit ihren Initia-

len (aus Rosinen). Arbeitszeit: tierisch lang.«
Eine andere ungewöhnliche Süßspeise kommt aus Herrsching am Ammersee. Frau H. schreibt unter anderem, was andere Leserinnen in ähnlicher Form beklagen: »Wie kann man einen guten Pudding kochen, wenn die Milch teilentrahmt, pasteurisiert und was weiß ich noch alles ist, und die Milchtüten tagelang rumstehen, bevor man sie dem Fach im Supermarkt entnimmt …« Da ist sie wieder: die im Namen des Fortschritts geopferte Qualität der Nahrungsmittel! Fortschritt wird von seinen Verursachern immer gleichgesetzt mit Bequemlichkeit, höherem Gewinn, aufwendiger Verpackung, längerer Haltbarkeit durch Chemie und ist viel zu häufig schlicht und einfach Narretei. Wir Konsumenten aber müssen es ausbaden, bzw. aufessen. Die Schwächen unserer zeitgenössischen Küche resultieren denn auch öfter als man denkt aus dem Mißverständnis, daß Qualität sich auch unter milderen Umständen erreichen ließe. *Versoffene Schwestern* ist ursprünglich eine Süßspeise aus Grau- und Schwarzbrotbröseln, die vor dem Servieren mit Wein begossen wird. Frau H.s Version: 125 g Schwarzbrotbrösel mit 2 EL Arrak befeuchten, ziehen lassen. 6 Eigelb und 150 g Zucker schaumig rühren. Mit 1 TL Zimt,

1 Messerspitze Nelkenpulver, 20 g geriebener Schokolade und den Bröseln vermischen. Die Eiweiße steif schlagen, unterziehen und bei Mittelhitze 30—45 Minuten in gebutterter Ringform backen. Etwas abkühlen lassen, mit Weißwein (oder Sherry) gut tränken. Opulenter wird diese Süßspeise mit 250—500 g halbierten Süß-Weichseln und 50 g gemahlenen Haselnüssen.

Die sechs Besten

Die Entscheidung für die sechs Einsenderinnen, die in Hamburg um den 1. Preis in unserem Koch-Wettbewerb kochen mußten, fiel ziemlich leicht. Schwer fiel mir aber die Entscheidung gegen die vielen Leserinnen, deren Einsendungen ebenfalls preiswürdig waren, denen die Begeisterung fürs Kochen ebensowenig fehlte wie überdurchschnittliche Kenntnisse.

Die Besten sind in alphabetischer Reihenfolge: Elke Bierther aus Köln, Gisela Heyel aus Wachenheim/Pfalz, Ivonne Luh aus Seesen, Heinke Schupp aus Ikking a.d. Isar, Renate Stadler aus Hutthurm bei Passau, Anemone Szczesny-Friedmann aus München.

Das Menü der Frau Bierther: Kalte Melonensuppe/Warmes Schaumbrot von Scholle mit verlorenem Eigelb/Kaninchenrücken in Zitronensauce/Tomatengemüse/Kartoffeltorte. Ihr Menü, schreibt Frau Bierther, sei der »Versuch, eine eigentlich unbedeutende Zutat, nämlich die Zitrone, in allen Gängen zu verwenden«. Diese Zitrone spielt beim Kaninchenrücken eine besondere Rolle, da er, mit Zitronenscheiben dicht belegt, mindestens 24 Stunden durchziehen muß. Danach wird er höchstens 20–30 Minuten sanft gedämpft, ohne daß er braun (und damit trocken) wird. Dazu enthäutete und entkernte, warme Tomatenwürfel mit Basilikum. »Dieser Teil des Menüs steht und fällt mit der Qualität des Kaninchens«, kommentiert Frau Bierther ihr Hauptgericht. Der Stallhase darf nicht älter als ein halbes Jahr sein. Ihre Kartoffeltorte (aus je 250 g gekochten, geriebenen Kartoffeln und Zucker sowie 100 g Butter, 12 Eigelb und dem Schnee von 8 Eiweiß, aber nur 1 EL Mehl) stammt aus den Küchennotizen ihrer Schwiegergroßmutter. Sie weiß andererseits aber auch: »Wenn man sich mit Kochen und guter Küche befaßt, führt einen der Weg automatisch nach Frankreich und Italien.«

Im Gegensatz zur Leserin aus Köln hat Frau Heyel in Wachenheim Schwierigkeiten mit dem Einkauf von guten Frischprodukten. Sie ahnt auch den Grund: »Warum sollen sich die Händler anstrengen – die deutsche Hausfrau kauft schließlich jeden Mist ...« Ihr Menü: Steinpilze/Morchelrahmsuppe mit Forellenklößchen/Reh-Filet in Wacholdersauce mit Schwarzwurzeln/Kastanien-Schnee. Daß sie die Steinpilze (pro Person 1 Stück) als Vorspeise wählt, gefällt mir besonders. Dieser Pilz ist so delikat und kostbar, daß er zu Fleisch und Sauce, eventuell sogar mit Knödeln, immer unter seinem Wert angerichtet wird. In ihrer Suppe mit Forellenknödeln spielen Pilze zwar wieder eine Rolle, aber getrocknete Morcheln sind von frischen Steinpilzen so verschieden wie das ZEIT*magazin* vom Hauptteil dieser Zeitung – das geht gut zusammen.

Hasen-Pastete mit Aprikosensauce/Lachsklößchen mit Gemüse-Rahmsauce/Gekräutertes Rinderfilet mit Kartoffel-Auflauf/Eis-Gugelhupf, lautet das Menü von Frau Luh. Außer den geforderten vier Gängen schlägt Frau Luh als Appetithappen vor dem Essen mit Schinkenmus gefüllte Éclairs vor, zwischen der Pastete und den Lachsklößchen noch eine Pilzsuppe und beweist mit den beigelegten Weinvorschlägen, daß sie weiß, wovon sie spricht. Das merkt man auch ihren Rezepten an, deren Originalversion sie alle nach ihrem Geschmack und ihren Erfahrungen abgewandelt hat, was ihnen, soweit ich das erkennen kann, durchaus gutgetan hat. Zum Rinderfilet macht sie erst gar keine Sauce, weil diese der Kräutermasse, mit der das Fleisch eingehüllt wird, ja auch nicht bekommen würde. Dafür dann als Beilage das Kartoffelgratin – ganz logisch und lecker. Ihre Hasenpastete gehört zu jenen komplizierten Vorspeisen, die ich eigentlich niemandem mehr zumute, weil nur wenige Enthusiasten sich die Mühe der Herstellung machen. Daß Frau Luh zu ihnen gehört, gibt sie auch bei den Lachsklößchen zu erkennen: »Die dazugehörige Sauce habe ich aus dem *Fer Rouge* in Colmar, wo ich sie als Suppe gegessen habe. Meine Sauce ist dieser Suppe nachempfunden.« Kein schlechtes Vorbild, kann ich da nur sagen; das *Fer Rouge* ist das wohl beste Restaurant der Stadt …

Wenn Frau Heinke Schupp aus Icking den Tisch deckt, dann tut sie es auf der Terrasse mit Blick über das Isartal auf die Alpen. Allein dieser Umstand hat einen nicht unerheblichen kulinarischen Wert, finde ich. Ihr Menü, mit dem sie unter die ersten sechs kam, nicht minder: Shrimpssalat/Gurkensuppe/Lammkeule Danziger Art mit verschiedenen Gemüsen/Himmlamaat. Der Salat besteht aus vier verschiedenen Sorten – je nach Jahreszeit –, die bei Frau Schupp nicht vermischt, sondern nebeneinander gehäufelt werden: »Wichtig ist die Brunnenkresse, die besonders gut zu den Krabben paßt.« Ihre Gurkensuppe (kann warm oder kalt serviert werden) wird mit Spinat, Kerbel, Estragon und Petersilie angesetzt, durchpassiert und mit Sahne verfeinert. Sehr beeindruckt hat mich die »Danziger Art« ihrer Lammkeule: Mit einer dicken Mehlschicht in eine

Serviette eingebunden und in siedender Brühe gegart! Ich weiß, wie köstlich eine gekochte Lammkeule sein kann. Wenn sie wie hier mit einzeln gekochten Gemüsen und zerlassener Kapern-Butter serviert wird, dann klingt das mehr als verlokkend. Die Nachspeise hat zwar eine schwedische Bezeichnung, dürfte aber auch in der deutschen Küche nicht exotisch wirken: Es handelt sich um roh mit Zucker gerührte Preiselbeeren, die schichtweise auf Löffelbiskuits mit Schlagsahne angerichtet werden. Ich kann mir vorstellen, daß man in Icking bei einem solchen Essen den Alpen nur wenig Aufmerksamkeit schenkt.

Frau Renate Stadler wohnt bei Passau in Hutthurm, wo nach landläufiger Ansicht die Kochkenntnisse auf das Schwein beschränkt sind. Auch Frau Stadler stellt dieses intelligente Tier in den Mittelpunkt ihres Menüs: Kleine Pfannenkuchen gefüllt mit Pfifferlingen in Sauerrahmsauce/Rinderkraftbrühe mit Backerbsen/Jungschweinebraten in Dunkelbier-Sauce mit Semmelknödeln und Sauerkraut/Aufgeschmalzener Kopfsalat/Vanilleeis mit Fichtenhonig. Das klingt nun endlich einmal echt bayerisch und soll es auch sein. Gleichzeitig aber, das ist deutlich herauszulesen, soll dieses Menü auch demonstrieren, wie gut bayerische Küche sein kann. Wenn sie so angerichtet wird, wie Frau Stadler es beschreibt, bezweifelt das wohl auch kaum jemand: »Ein Braten unter zwei Kilo wird einfach nicht so gut wie ein großes Stück Fleisch.«
Sie weiß das aus Erfahrung, denn ein Sonntagsessen ist für sie auch immer ein großes Essen für acht bis zehn Personen und dauert gut und gerne drei Stunden! Ihr Menü ist von Anfang bis Ende selbstgemacht, das heißt, sie sammelt die Pilze selber, holt den Salat aus dem Garten (aufgeschmalzen bedeutet: mit ausgelassenem Speck übergossen) und macht sowohl das Vanilleeis wie auch den Fichtenhonig selber, letzteres übrigens ohne Bienen, indem sie die grünen, jungen Spitzen der Fichten sammelt und daraus einen

dicken Sirup kocht. Regionale Küche in solcher Reinheit hat heute leider Seltenheitswert.

Frau Anemone Szczesny-Friedmann hat Mangos und Papayas schon in Tansania gegessen. Bei uns aber, findet die Münchnerin, schmecken solche Exoten auch dann nicht, wenn sie der letzte Küchenschrei sind. Ihr Dessert ist deshalb ebenso naheliegend wie lekker: Pochierte Birnen, gefüllt mit eingeweichten Pflaumen. Simpel ist das aber keineswegs: Getrocknete Orangen- und Jasminblüten werden dazu gebraucht, echte Orangenessenz, Sezuan-Pfeffer, und die Pflaumen dürfen nicht aus Kalifornien sein, sondern aus Agen. Vorausgegangen ist dieser süßen Kostbarkeit eine Zitronenpoularde und Salat mit Rosenblütenblättern/Kraftbrühe mit roten Rüben (kalt oder warm)/Gefüllte Artischockenböden. Unter einer Poularde versteht Frau Szczesny-Friedmann ausschließlich ein schweres, körnergefüttertes Huhn aus der Bresse, weil »das insofern billiger ist als jedes deutsche Huhn, als daß es seinen Preis wert ist«. Wie schon in ihrem Dessert arbeitet sie auch beim Huhn und im Salat mit Blüten (sie macht auch ihren eigenen Essig aus Orangenblüten); die Artischockenböden belegt sie mit einem rohen Eigelb und Tomatensugo – ihr Sonntagsmenü ist also vom Alltag tatsächlich weit entfernt. Wenn sie von diesem nicht unbeträchtlichen Aufwand schreibt, »er ist einfach nachzukochen, es verlangt lediglich etwas Zeit und die besten Zutaten, die aufzutreiben sind«, dann ist das genau der Geist, den die deutsche Küche, den jede Küche, ob am Sonntag oder im Alltag, braucht, um dem Begriff »Kochkunst« einen Sinn zu geben.

Das ungewöhnlichste Menü des Kochwettbewerbs kommt aus Coburg. Es stammt von Frau Ute Wiegand-Nehab, und ungewöhnlich ist es, weil Frau Wiegand-Nehab als Hauptgericht Pferdefleisch serviert.
Pferdefleisch in der deutschen Küche, das scheint unmöglich, und sei es nur,

weil Willy Birgel einst für Deutschland ritt und der Schimmel Friedrichs des Großen ausgestopft im Zeughaus stand. In Frankreichs Städten gehört die Fassade einer Pferdemetzgerei zu den Erinnerungen jedes Touristen: Die goldenen oder rot lackierten Halbskulpturen der Pferde über den Geschäften prägen sich ein. In Italien steht Pferdefleisch sogar auf Speisekarten. Nicht oft zwar und wohl auch nur in Regionen, wo Pferdefleisch zur Regionalküche gehört. So bieten die renommierten *12 Apostoli* in Verona aus Tradition ein Pferdegulasch an. Vor einigen Jahrhunderten wurde vor den Toren der Stadt eine Schlacht geschlagen, bei der Rösser tonnenweise auf der Walstatt blieben. Und weil die Veronesen hungrig waren, entdeckten sie die Schmackhaftigkeit des Pferdes. Es gehört seitdem zur Küche der Region.

Ich habe das Gulasch probiert, es war von einem mittelmäßigen Rindergulasch nicht zu unterscheiden (was nicht am Fleisch gelegen haben muß: Die Küche dieses Restaurants ist schlechter, als sie es ihrem Ruf entsprechend sein dürfte). Wie oft sonst ich Pferdefleisch als Rinderbraten vorgesetzt bekommen habe, weiß ich natürlich nicht. Aber die Vorstellung ist nicht einmal absurd: vorher Burgundische Weinbergschnecken, die in Südostasien gezüchtet wurden, hinterher einen bulgarischen Schafskäse, der in Wirklichkeit von der Kuh und aus dem Allgäu stammt, und dazu eine Spätlese vom Rhein, die ihre Existenz dem Rübenzucker verdankt ... Doch es ist unfair, Pferdefleisch derart in die Nachbarschaft von Apokryphen zu bringen. Das Vorurteil, das ihm entgegengebracht wird, erscheint angesichts unseres wäßrigen und chemiehaltigen Kalbfleisches geradezu lächerlich und bei einem Preisvergleich unverständlich: Fohlenfilet kostet 25 Mark pro Kilo, Lende 20 Mark. Für einen Lendenbraten von 2 kg, den ich kaufte, bezahlte ich sage und schreibe nur 32 Mark! Er war allerdings vom ausgewachsenen Pferd. Gespart habe ich dabei trotzdem nichts, im Gegenteil: Ich mußte 100 km fahren, um meinen Braten kaufen zu können! Denn Pferdemetzger sind rar. Ich habe die Metzgerinnungen in Hamburg und München angerufen. In München belehrte man mich, daß Pferdemetzger nicht in der Innung seien. Nein, auch von der Handwerkskammer würde ich sicherlich nichts erfahren. Pferdemetzger wären nämlich – das mißbilligende Zögern in der Stimme der Auskunft gebenden Dame war unüberhörbar – nirgendwo organisiert und überhaupt ... Das Branchenadreßbuch verzeichnet drei Betriebe. In Hamburg war man auskunftsfreudiger: etwa 15 Metzger gebe es insgesamt, im Stadtgebiet zehn. Bei der Zubereitung habe ich mich an das Rezept von Frau Wiegand-Nehab gehalten: Das Fleisch in Buttermilch einlegen, wobei die Marinade mit 2 EL Sojasauce, 1 EL Zucker, Sherry, Öl, Senf, Salz, Wacholderbeeren und Lorbeer gewürzt wird. Nach 24 Stunden habe ich die Lende abgetrocknet, in Öl angebraten und im gußeisernen Brattopf 45 Minuten im Backofen bei 180 Grad weiterbraten lassen. Beim Anbraten schrumpfte das Fleisch beträchtlich zusammen, der Saft trat aus. Das ist nun, wie jede geplagte Hausfrau weiß, keineswegs ein Charakteristikum für eine bestimmte Fleischsorte, sondern generell ein

Zeichen für zu großen Wassergehalt, das Fleisch ist zu frisch. Ich habe dem Braten ein *Bouquet garni* und die üblichen Kräuter beigegeben. Als es gar war, hätte ich das Fleisch um nichts in der Welt von einem Rinderbraten unterscheiden können. Allerdings war es nicht perfekt. Kurzfaserig zwar, wie das bei Rindfleisch leider selten ist, und innen noch rosa, oder richtiger: rostrot, war das Fleisch dennoch ziemlich fest, um nicht zu sagen hart (kein Wunder bei dem Saftverlust).
Ich halte nicht viel vom Marinieren. Diese Technik stammt aus der Zeit, als es keine Eisschränke gab. Da wurde das Fleisch, vor allem im Sommer, schnell schmierig und roch. Also konservierte man es vorübergehend entweder in Wein (weiß oder rot) oder in Buttermilch. Das ist heute nicht mehr nötig und sinnvoll nur dort, wo das Fleisch den Geschmack der Marinade annehmen soll (Sauerbraten). Die erhoffte Zartheit bringt das Marinieren jedenfalls nicht. Demnächst werde ich versuchen, eine Pferdelende wie einen Rinderschmorbraten zuzubereiten: gespickt (weil das Fleisch mager ist) und, sofern es sich nicht um Fohlen handelt, schmoren, bis es durch und durch mürbe ist. Nicht überraschend bestätigte sich bei meiner Coburger Pferdelende die alte Erfahrung, daß es zuerst einmal am Züchter und dann am Metzger liegt, ob das Stück Fleisch, das ich nach Hause trage, ein Lekkerbissen wird oder eine mehr oder weniger unvollkommene Angelegenheit. Aus diesem — aber wirklich nur aus diesem — Grund hat die Zurückhaltung der Käufer beim Pferdefleisch eine gewisse Berechtigung: Die Auswahl ist so gering, daß gute Qualität oft wohl nur Zufall ist. Um seine Erfahrungen klüger machte mich Dr. Klaus B. aus München, der mir zum Umgang mit Pferdefleisch schrieb: »Die meisten Fleischsorten müssen mehrere Tage vor der Verwertung abhängen, bis die Totenstarre sich gelöst hat und die autolysierenden Enzyme das Fleisch mürbe machen. In den Muskelfasern des Pferdefleisches sorgt ein spezifischer biologischer Vorgang dafür, daß

dieser Prozeß beschleunigt abläuft. So kann das Pferdefleisch bereits 24 Stunden nach dem Schlachten ohne Qualitätseinbußen in der Küche verarbeitet werden. Das Fohlen zeichnet sich durch ein helleres Fleisch von neutralem Geschmack aus, es ist ähnlich dem Kalbfleisch und kann auch so verarbeitet werden. Das ausgewachsene Pferd ist als Schlachttier bereits im Alter von 3–4 Jahren geeignet, jedoch am besten nach dem 7. Lebensjahr, vorausgesetzt, das Pferd hat nicht gerade vor einem Pflug geschuftet. Erst im höheren Lebensalter wird das Fleisch reif und geschmacklich voll entwickelt sein.«

Über Quark, Lamm und Wagemut

Wenn der Kochwettbewerb des ZEIT*magazins* einen interessanten Nebenaspekt hatte, dann sind es die Zuschriften, die dazu eintrafen. Unmöglich, auf die verschiedenen Fragen und Anregungen einzugehen. Immerhin wurde mir durch Leserpost eindeutig bewiesen, wo man sich in deutschen Küchen auskennt: bei den Quarkspeisen! Als ich die der Oma Hünnekens beschrieb, identifizierten unzählige Leserinnen sie als einen russischen Paska (oder Pascha). In Rußland läßt man den Paska in speziellen Formen aus Holz abtropfen; er ist eine traditionellerweise zu Ostern zubereitete Süßspeise, die »auch schwer im Magen liegen« kann. Eine Leserin schlug vor, statt eines Blumentopfes Kaffeefilter zu nehmen, eine andere warnte vor den schädlichen Beimengungen in modernen Tontöpfen und empfahl solche aus Plastik. Darüber hinaus habe ich erfahren, wie man Paska in Kyrillischer Schrift schreibt, und daß er in der Nacht zum Ostersonntag vor die Kirche getragen und vom Popen gesegnet wird, aber höchstens bis zum Montag hält, weil er trocken und ranzig wird.

Aus Stuttgart fragte der Leser K., ob ich nicht etwas zum Lob des Hammel schreiben könnte. Immer wieder Lamm, klagte der Schreiber; dabei sei Hammel dem Lamm doch weit überlegen. Leser K. hat schon recht. Jungtiere sind fast immer schwächer im Geschmack; ihre Zartheit geht zu Lasten der Eigenart. Man vergleiche nur das fade Kalbsfilet mit dem kräftigen Ochsenfilet. Dennoch ist es dem Konsumenten nicht möglich, einfach vom Lamm zum Hammel zu wechseln. Schließlich war es ja der Hammel, der Schaffleisch in Verruf gebracht hat. Sein penetranter Bockgeruch, der strenge Geschmack des alten Fetts, das war nicht gerade delikat (und gewiß nicht das, was Leser K. meinte). Solche Hammel verlangen eine entsprechend sorgfältige Präparierung und sind kaum im Angebot. Die Züchter haben sich ganz auf die Nachfrage nach Lammfleisch eingestellt. Und diese Lämmer sind ja keine Milchlämmer (die gibt es nur um Ostern herum, sie sind sehr teuer und tatsächlich fast geschmackslos), sondern fast immer ein Jahr alt. Ich finde ihren Schafsgeschmack ausreichend, wobei es allerdings eine Rolle spielt, wo die Lämmer aufgewachsen sind, wovon also sie sich ernährt haben.

Über die in den Einsendungen zum Ausdruck gekommenen Eß- und Kochgewohnheiten berichtete ich bereits. Dazu schrieb mir eine Leserin, die an einem Frankfurter Gymnasium Kochkurse für die Kinder, aber auch Abendkurse für Erwachsene gibt. Nach ihren Erfahrungen existiere eine »negative Einstellung zum Kochen«, das »häufig als Übel und Last empfunden« werde. Gewiß existiert die; anders wäre der allgemeine Eindruck, den die deutsche Küche immer noch hinterläßt, nicht zu erklären. Aber soviel Freude am Kochen, sowenig Furcht vor der Küchenarbeit, wie sie aus den 500 Einsendungen herauszulesen waren, das

widerspricht allen Befürchtungen. Wahrscheinlich ist das überhaupt das schönste Resultat des Wettbewerbs, wie sich hier erwies, daß die Tradition der guten Küche in guten, und zwar, das darf wohl aus der Zahl der Einsendungen hochgerechnet werden, in vielen guten Händen liegt. Dem Enthusiasmus entspricht ein Qualitätsbewußtsein, das sich in der unermüdlichen Suche nach dem frischeren Gemüse und dem besseren Käse ausdrückt. Was will man mehr? Vielleicht mehr Wagemut, mehr Ideen. Ich meine nicht den Mut zum Ausgefallenen. Das Ausgefallene ist oft nur Krampf, unlogisch und ridikül. In der Privatküche wie in der Gastronomie kompensiert es doch nur mangelndes Selbstbewußtsein. Ich meine zuerst und vor allem die verwunderliche Einseitigkeit bei der Zubereitung einheimischer Gemüse. Nehmen wir die Gurke: Im Salat sorgt sie oft genug für die Verwässerung der *Vinaigrette*; als Suppe ist sie schon selten zu finden, als Gemüse aber fast überhaupt nicht. Dabei spielt gerade die Gurke jede Rolle perfekt, vom Gratin bis zur Nudelsauce, mit Kapern, zum Steinbutt oder als Ergänzung zur Kalbs- oder Kaninchenleber. Auch der Wirsing wird kaum erwähnt, wahrscheinlich weil er traditionellerweise nur zu deftigem Eintopf verkocht wird, was vielen Einsendern, mit Recht, als nicht sonntagsgemäß erschien.
Jedenfalls scheint die Möglichkeit, Wirsing zusammen mit gedünstetem Fisch zu servieren, nicht bekannt zu

sein. Mir scheint es überhaupt an der Zeit, einen in unseren Eßgewohnheiten fest verwurzelten Irrtum zu korrigieren: Daß Deftiges immer zu Deftigem paßt. Grünkohl *und* fette Würste; Sauerkraut in Schmalz *und* Eisbein; Hülsenfrüchte *und* Gepökeltes … das sind die furchterregenden Kombinationen, die den Ruf der deutschen Küche auf dem Gewissen haben. Dabei läßt sich aus jeder einzelnen Zutat nicht nur Verdauliches, sondern auch Delikates machen. Wobei ich nicht zögere, zu bekennen, daß ich eine provençalische Artischocke zwar beneide, weil sie im warmen Süden aufwachsen konnte, daß mir aber ein heimischer Wirsing, von einem modernen Koch perfekt zubereitet, besser schmeckt.

Das Finale

Als Jochen Steinmayr, der für das ZEIT*magazin* verantwortliche Redakteur, den 1. Preis, eine 150 Jahre alte Tonschale aus Siebenbürgen, an Frau Renate Stadler aus Hutthurm bei Passau vergab, war das nicht nur das offizielle Ende unseres Kochwettbewerbs und nicht nur der Abschluß eines anstrengenden, aufregenden Tages im Ernährungs-Studio der Union Deutsche Lebensmittelwerke; es war nicht nur der Beginn eines festlichen Abschieds-Diners im *Landhaus Scherrer* an der Elbchaussee – es war eine kleine Sensation. Denn Frau Stadler gewann den 1. Preis mit Gerichten der bayerischen Regionalküche gegen die Konkurrenz von raffinierten, zum Teil aufwendigen und fast immer komplizierten Menüs! Die Jury – Gräfin Schönfeldt von der ZEIT, Armin Scherrer und ich – vergab den Preis einstimmig und ohne lange Diskussion. Dabei lag es keineswegs in unserer Absicht, einer Neuen Deftigkeit das Wort zu reden: Mit Deftigkeit hatte das überhaupt nichts zu tun. Das war nämlich das Überraschende, daß dieses Menü zwar so aussah, wie eines jener Attentate, die täglich in unzähligen bayerischen Gasthäusern auf den Gast verübt werden: Kleine Pfannenkuchen gefüllt mit Pfifferlingen in Sauerrahmsauce/Rinderkraftbrühe mit Backerbsen/Jungschweinebraten in Dunkelbier-Sauce mit Semmelknödeln und Sauerkraut/Aufgeschmalzener Kopfsalat/Vanilleeis mit Fichtenhonig.

Doch die Reinheit des Geschmacks, das heißt, die Eindeutigkeit, die keinen Zweifel aufkommen läßt: dies ist eine Brühe von Rindfleisch und nichts anderes, diese Eindeutigkeit sowie die Perfektion, mit der das alles vom ersten bis zum letzten Detail gekocht wurde, waren beispiellos. Im Vergleich zu Lachsklößchen, zu Salat mit Kumquat-Öl ist das sicherlich eine einfache Küche. Aber erst wenn man es in seiner Vollkommenheit erlebt, weiß man, wie groß das Einfache sein kann. Und Vollkommenheit ist nun einmal in jeder Disziplin der höchste zu erreichende Wert. Deshalb ist ein vollkommener Schweinebraten höher zu bewerten als ein unvollkommener Hummer. Deshalb war die Jury entzückt von den leckeren Pfannenkuchen mit ihrer delikaten Füllung, deshalb überzeugten die knusprigen Backerbsen in der Rinderbrühe beim ersten Löffel; deshalb bekenne ich gern, noch nie einen besseren Schweinebraten gegessen zu haben. Deshalb bekam Frau Stadler den Preis der ZEIT. Eigentlich – sagte mir Frau Stadler – sei das gar nicht ihre Lieblingsküche. Am besten schmecke es ihr nämlich im Elsaß. Bayerisch kocht sie ohnehin nur an Sonntagen, wenn ihre Großfamilie (zwei Kinder im Grundschulalter, ihr Mann, ein Bauunternehmer, und dessen Brüder mit Anhang) zum traditionellen und ausgiebigen Sonntagsessen zusammenkommt. Kochen sei ihre Lieblingsbeschäftigung, bekennt Frau Stadler. Sie läßt aber keinen Zweifel daran, daß ihr andere Dinge ebenso wichtig sind. Und Kochbücher liest sie kaum, zeigt überhaupt nicht jenen Fanatismus, der sich so oft aus der Leidenschaft fürs Kulinarische entwickelt. In ihrer Küche steht ein Uralt-Herd, ihre Töpfe sind von durchschnittlicher Güte. Im Urlaub sorgen sie und ihr Mann zwar dafür, daß sie möglichst gut zu Abend essen, aber ihre Reiseziele werden eher von sehenswerten Kathedralen bestimmt als von besternten Freßtempeln. Dennoch bringt sie von ihren Reisen manche Idee mit, die sie in der eigenen Küche dann verwirklicht. Gleichzeitig aber steht diese Küche deutlich unter dem Zeichen der Tradition: »Ostern muß es bei uns einen ›Ostergugelhupf‹ geben und Weihnachten unbedingt einen Truthahn oder eine Gans. Freitags gibt es immer eine Mehlspeise wie Apfelstrudel, Zwetschgenknödel, Dampfnudeln, Reisauflauf usw. Weihnachten backe ich zwölf bis fünfzehn verschiedene Sorten Plätzchen, die Rezepte dafür stammen größtenteils aus einem alten Kochbuch meiner Großmutter, die ein kleines Gasthaus am Leopoldsteiner See in der Steiermark hatte, und bei der schon der Kaiser Franz-Josef gespeist hat … Ich nehme keine Zutaten oder Weine von minderer Qualität und verwende fast nur Butter. Marmeladen, Gelees und Obstsäfte machen wir grundsätzlich selbst ein, dazu verwende ich auch kein Fallobst, sondern nur erstklassige Ware …«

Die heile Küchenwelt in Hutthurm; man möchte auf der Stelle hinfahren und hoffen, an der Stadlerschen Tafel noch einen freien Platz zu finden. Das war es auch, was die Jury beim abschließenden Kochen so überzeugte. Die Gelassenheit, die darin besteht, mit Semmelknödeln und Sauerkraut um den 1. Preis zu kochen, machte sich auch bei der Zubereitung, den Kochzei-

ten, beim Abschmecken bemerkbar. Perfektion nennt man das, wenn nicht einmal der kleinste Einwand möglich ist, wenn der Wunsch nach einer Variation erst gar nicht aufkommt. Man sehe sich die Rezepte für die gefüllten Pfannenkuchen an: Simpler geht's kaum, so steht's in allen Kochbüchern. Warum aber habe ich sie selten so delikat gefunden wie bei Frau Stadler? Warum war ihr Schweinebraten einmalig? Warum ihre schlichte Suppe unübertrefflich? Warum, zum Teufel, bringen das die ausgebildeten Gastronomen südlich der Donau nicht fertig, die das doch täglich üben und Geld dafür verlangen? Es ist wohl so, wie es Eckart Witzigmann einmal sagte, daß nämlich die beste Küche in

den Privathaushaltungen zu finden sei. Und damit meinte er genau das, was Frau Renate Stadler aus Bärnbach beim Wettkochen in Hamburg vorwies: Das Einfache in seiner Vollkommenheit. Wenn es darum gegangen wäre, wer sich die meiste Mühe macht, wer bei den Zutaten am penibelsten auf höchste Qualität, auf eine ganz bestimmte Herkunft achtet, auch dann wäre Frau Anemone Szczesny-Friedmann unter den ersten 6 gewesen. Das Bresse-Huhn, das sie für ihren Hauptgang brauchte, brachte sie vorsichtshalber aus München mit, das Zitronenöl dazu hatte sie sowieso selbst hergestellt. Ihr Salat mit Rosenblütenblättern war sicherlich das ungewöhnlichste Gericht, das die Jury zu beurteilen hatte; er brachte mehr als einen Hauch von Frühling in den Hamburger Oktobertag. Ihm voraus gingen gefüllte Artischockenböden, für Frau Szczesny-Friedmann eine Erinnerung an längere Aufenthalte in Südfrankreich, wo sie einen großen Teil ihrer kulinarischen Erfahrungen gesammelt hat. Der südlichen Küche entsprechend war die Füllung leicht. Sie bestand aus Tomatenfleisch, das in Olivenöl gedünstet und mit feingehackten Schalotten und Knoblauch sowie (mit der Schere geschnittenem!) Estragon gewürzt war. Vorher hatte sie ein rohes Eigelb auf die lauwarmen Artischockenböden gesetzt und bestreute dann die Füllung mit Parmesan. Eine angenehme sommerliche Vorspeise, die einen nicht geringen Arbeitsaufwand erfordert. Deshalb halte ich sie vor allem für eine größere Tafel geeignet; denn ob man davon nur drei oder acht zubereitet, macht wenig Unterschied. Bei ihrer weitgereisten Zitronenpoularde beachtete sie selbstverständlich zwei Regeln, die im allgemeinen überhaupt nicht

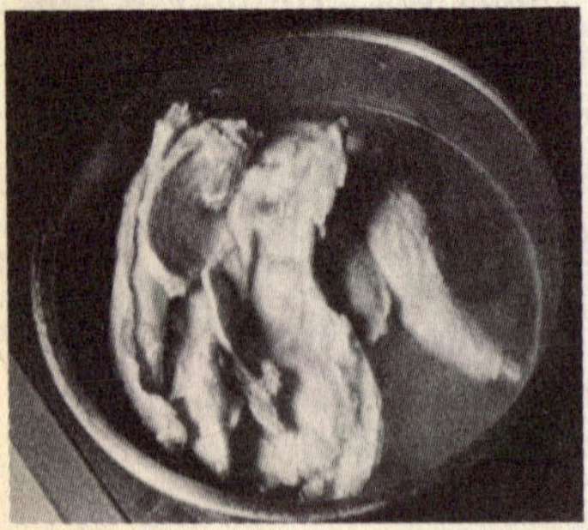

selbstverständlich sind, obwohl ihre Vorteile auf der Hand liegen: Das in Stücke zerteilte Huhn wird enthäutet. »Ungehäutet sieht Huhn immer so fröstelnd aus!« sagt sie dazu und weiß natürlich, daß die Haut viel Fett und Cholesterin enthält und ohnehin nur beim knusprigen Brathuhn schmeckt.
Bei einem geschmorten Huhn ist sie eher unappetitlich. Die zweite wichtige Regel ist, die verschiedenen Garzeiten zu respektieren, welche die Keulen und die Brust des Huhns benötigen. Wer eine Hühnerbrust so lange schmoren läßt, bis auch die Keulen gar sind, hat trockenes Brustfleisch auf dem Teller. Also muß die Brust früher als die Keulen aus dem Topf genommen und warm gehalten werden. Nur so behält sie ihre Saftigkeit, nur so ist verständlich, daß eine Hühnerbrust zu den ganz großen Delikatessen der Feinen Küche zählt. Der Höhepunkt im Menü der Frau Heinke Schupp aus Icking war eindeutig ihre Lammkeule nach Danziger Art. Wieso »Danzig«, das wußte auch Frau Schupp nicht, und wieso diese Keule

mit Mehl bedeckt und in ein Tuch eingebunden werden muß, bevor sie, nach einer Überlieferung, in einer Bouillon langsam gar gekocht wird, ist mir nicht klar. Denn lediglich mit einem Faden zusammengeschnürt, gelingt sie auch nicht schlecht. Aber da es bei unserem Wettkochen nicht darauf ankam, *wie* die einzelnen Gerichte gekocht wurden, sondern wie sie hinterher schmeckten, spielt das auch keine Rolle. Geschmeckt jedenfalls hat die Lammkeule auf Danziger Art hervorragend – so zart, so rosa, so saftig und so artig gewürzt wünscht man sie sich immer. Die zu den Gemüsen servierte Kapernbutter gibt dem Gericht einen leichten und frischen Charakter, den man darüber hinaus getrost ostpreußisch nennen darf (die Kapern bei den Königsberger Klopsen!), und somit ist Danzig dann doch in Reichweite. Grundsätzlich aber sind die Kochtechniken und kulinarischen Erfahrungen der Frau Schupp eher an Frankreich geschult: Sie hat nicht nur im Elsaß, im Restaurant *Aux Armes de France* in Ammerschwihr, einen der berühmten Kochkurse mitgemacht, sondern sogar eines der besseren französischen Kochbücher ins Deutsche übersetzt, obwohl das nicht ihr Beruf ist; sie arbeitet in einem Forschungsinstitut. Ebenfalls bemerkenswert an ihrem gut komponierten Menü war die Gurkensuppe, weil sie durch den angedünsteten Spinat und die Kräuter ein schönes Aroma und Farbe bekommt. In einem kleineren Menü, wo sie

mehr zur Sättigung beitragen soll, verträgt die Suppe, so der Vorschlag von Frau Heinke Schupp, auch eine größere Portion Sahne. Auch für die Lammkeule hat sie einen ergänzenden Vorschlag – für den unwahrscheinlichen Fall, daß davon etwas übriggelassen wird: Sie serviert sie kalt mit einer Grünen Sauce (Petersilie, Kapern, Sardelle, Zwiebel, Knoblauch, Basilikum, Zitrone, Olivenöl). Oder, falls auch vom Gemüse etwas übriggeblieben ist: Sie schneidet das Fleisch in Würfel und wärmt es mit dem Gemüse als Eintopf auf. Icking im Isartal, so scheint mir, muß man aus der Liste der kulinarisch benachteiligten Ortschaften streichen.
In jüngster Zeit hat sich unsere Einstellung zum Essen geändert. In vielen Familien wird so gekocht, daß das Es-

sen nichts mehr mit der schweren und schwerverdaulichen Plumpsküche unserer Eltern zu tun hat. Dennoch war ich überrascht von der Konsequenz, mit der so viele Einsenderinnen die veralteten Kochtechniken über Bord geworfen haben. Die dicken, weißen Saucen, mit denen früher die Gemüse zusammengekleistert wurden, fehlten fast vollständig; die kleinbürgerliche Aversion gegen Lamm ist einer aufgeklärten Bevorzugung dieses delikaten Fleisches gewichen; die gallenmordende Einbrenne spielt kaum noch eine Rolle. Dafür ist etwas sehr wichtiges hinzugekommen: die Erkenntnis, daß die erste Voraussetzung für das Gelingen eines guten Essens die Qualität der Grundprodukte ist. Gewiß, früher hat es diese vergifteten Gemüse, diese drogenverseuchten Kälber und Schweine, die fettlos-zähen Kellerrinder und die geschmacklos-weichen Hühner gar nicht gegeben. Früher hatten die Äpfel noch Würmer, und die Karotten waren krumm, aber die Äpfel schmeckten nach Apfel und die Karotten nicht nach

Apothekerschweiß. So mag sie also Notwehr sein, diese Suche nach dem Einwandfreien, dem besseren Produkt. Doch sie ist unerläßlich, wenn das Resultat mehr sein soll als eine wertlose Schundkost. Unerläßlich ist natürlich auch eine gewisse Vertrautheit mit dem, was ich — trotz der Gefahr, modischen Schnickschnack dabei mit aufzuwerten — den neuen Kochstil nenne. Die sechs besten Menüs des Kochwettbewerbs repräsentieren ihn mehr oder weniger alle. Hätte die Siegerin, Frau Stadler, nicht so überzeugend bewiesen, wie gut die heruntergekommene bayerische Küche sein kann, hätte also nicht — ich möchte behaupten: ausnahmsweise — die Regionalküche sich in solcher Vollkommenheit präsentiert wie bei ihr, es wäre das Siegermenü wahrscheinlich deutlich progressiver gewesen.

Daß diese Alternative überhaupt bestand, daß sie allem Anschein nach kein Einzelfall ist, sondern in vielen anderen Privatküchen ebenfalls existiert, daß also beides auf so hohem Niveau vorhanden war und ist, das, meine ich, war das positivste Resultat dieses Kochwettbewerbs. Ein Resultat, das wahrscheinlich nicht typisch ist für die kulinarischen Zustände in bundesdeutschen Privatküchen, das aber, da bin ich ganz sicher, mehr ist als nur eine Ausnahme, die die Regel bestätigt. Die immer noch gültige Regel nämlich, daß mit deutscher Hausmannskost kein Staat zu machen sei.

Die sechs Siegermenüs

Kleine Pfannkuchen gefüllt mit Pfifferlingen

Renate Stadler, Hutthurm

ZUTATEN:

für den Teig:
125 g Mehl
⅛ l Milch
⅛ l Wasser
1 Ei
1 Prise Salz
Butter

für die Füllung:
200–250 g Pfifferlinge
1 Schalotte
1–2 EL herber Weißwein
1 TL Mehl
Petersilie, Schnittlauch, Dill (alles frisch)
Salz, Pfeffer
1 Becher saure Sahne oder Crème fraîche

ZUBEREITUNG PFANNKUCHEN:

Zutaten verrühren und mindestens 20 Minuten quellen lassen, dann mit Butter in einer kleinen Pfanne ausbacken.

ZUBEREITUNG FÜLLUNG:

Die Pilze je nach Größe teilen oder im Ganzen lassen, die Schalotte klein schneiden und in Butter glasig werden lassen, die Pilze dazugeben und 3–4 Minuten dünsten. Mit Weißwein ablöschen, mit Salz und Pfeffer abschmecken, die fein gehackten Kräuter dazugeben und in die nicht mehr kochende Masse zum Schluß den Rahm unterziehen.

Kraftbrühe mit selbstgemachten Backerbsen Aufgeschmalzener Kopfsalat

Renate Stadler, Hutthurm

ZUTATEN KRAFTBRÜHE:

Brühe aus Rindfleisch, Markknochen, Lauch, Sellerie, Karotten, Petersilienwurzel, Zwiebeln, Salz und einigen Pfefferkörnern mindestens 3 Stunden köcheln lassen

Backerbsen:
1/8 l Milch
20 g Butter
70 g Mehl
2 Eier
2 cl Arrak oder Branntwein

ZUBEREITUNG:

Milch mit Butter aufkochen, vom Feuer nehmen, Mehl dazurühren, wieder auf dem Feuer rühren, bis sich der Teig von Löffel und Topf löst. In einem zweiten Gefäß unter Rühren kalt werden lassen. Eier und Arrak einrühren, den Teig durch Spatzenseiher in sehr heißes Fett tropfen lassen, 3—5 Minuten backen.

ZUTATEN KOPFSALAT:

1 großer Kopfsalat
2 EL Öl
2 EL Essig
1 kleine Zwiebel
1 Bund Schnittlauch
Salz, Pfeffer
50 g rohes, mageres Wammerl (Bauchspeck)

ZUBEREITUNG:

Vom Kopfsalat die äußeren Blätter entfernen, Kopf vierteln, vorsichtig waschen. Aus Öl, Essig, der kleingeschnittenen Zwiebel, dem feingeschnittenen Schnittlauch, Salz, Pfeffer und etwas Wasser eine Sauce machen, ca. 20 Minuten ziehen lassen. Dann die Salatviertel vorsichtig darin wälzen. Das Wammerl in Würfelchen schneiden, auslassen und noch heiß über die Salatviertel gießen.

Jungschweinebraten in Sauce aus dunklem Bier mit Semmelknödel, Sauerkraut

Renate Stadler, Hutthurm

ZUTATEN:

für den Jungschweinebraten:
Jungschweinekeule (4 kg)
1 Zwiebel
1 Apfel
1 Stück Sellerie
1 Stück Lauch
1 Stück Petersilienwurzel
1 l dunkles Bier
Salz, Pfeffer, Kümmel, Majoran

für die Semmelknödel:
Knödelbrot von 10 Semmeln oder 10 alte Semmeln
¼ l Milch
Salz, Pfeffer, Muskat
Petersilie
2–3 Eier

für das Sauerkraut:
1 kg Sauerkraut
1 Apfel
1 Zwiebel
100 g rohes, geräuchertes Wammerl (durchwachsener Speck)
1 Lorbeerblatt, Wacholderbeeren, Kümmel, Salz, Zucker
½ l Rinderbrühe
½ l trockener Riesling oder Champagner

ZUBEREITUNG JUNGSCHWEINEBRATEN:

Die Keule im Bräter mit ¾ l leicht gesalzenem Wasser begießen und zugedeckt in den 240 Grad heißen Ofen stellen. Nach ½ Stunde die Brühe abgießen, das Fleisch rautenförmig einschneiden, gut mit Kümmel, Majoran, Salz einreiben. Die Keule mit dem Gemüse und Apfelstückchen umlegen und bei 220 Grad 3 Stunden braten. Abwechselnd mit Bier und Brühe begießen. Nach der Garzeit die Sauce abgießen, mit dem Rest der Brühe mischen. Das Gemüse durch ein Sieb in die Sauce streichen, mit Salz, Pfeffer und Bier abschmecken und verrühren. Getrennt servieren.

ZUBEREITUNG SEMMELKNÖDEL:

Knödelbrot oder sehr fein geschnittene Semmeln mit ca. ¼ l heißer Milch übergießen, 15—30 Minuten ziehen lassen. Mit Salz, Pfeffer, Muskat und fein gehackter Petersilie würzen. Die Eier dazugeben und mit der Hand gut verkneten. Knödel formen und in reichlich kochendes Wasser geben. 20 Minuten ziehen lassen.

ZUBEREITUNG SAUERKRAUT:

Das Wammerl in Würfel schneiden und auslassen. Klein geschnittene Zwiebel und Apfel, Sauerkraut, Kümmel, Wacholderbeeren, Lorbeerblatt dazugeben, mit Brühe aufgießen, mit Salz und etwas Zucker würzen. Nach 20 Minuten einen Teil des Weins dazugießen, nach Bedarf in Abständen den Rest beimengen. 1—2 Stunden köcheln lassen.

Selbstgemachtes Vanilleeis mit Fichtenhonig

Renate Stadler, Hutthurm

ZUTATEN:

½ l Milch
1 Vanillestange
1 Prise Salz
100 g Zucker
4 Eigelb
¼ l süße Sahne
süße Sahne, Zimt

ZUBEREITUNG VANILLEEIS:

Milch mit der ausgeschabten Vanille, der Vanillestange und dem Zucker aufkochen lassen. Eigelb verschlagen, langsam die heiße Milch dazugeben, alles im heißen Wasserbad zu einer dicklichen Creme schlagen. Abkühlen lassen, gelegentlich umrühren, damit keine Haut entsteht. Sahne steif schlagen, mit der Creme vermengen, in der Eismaschine zu Eiscreme rühren.

ANMERKUNG:

Eis selbst machen hat nur Sinn, wenn man eine Eismaschine hat, in der die Masse verrührt wird. Im Tiefkühlfach bekommt das Eis keinen Schmelz, dann lieber das Eis fertig kaufen.

ZUBEREITUNG FICHTENHONIG:

Ca. 1 kg Fichtenspitzen waschen und mit Wasser bedeckt etwa 30 Minuten kochen, bis eine goldgelbe Flüssigkeit entsteht. Abseihen und die Flüssigkeit 1:1 (1 l Flüssigkeit, 1 kg Zucker) 2–3 Stunden kochen, bis die Masse honigartig wird. In Gläser füllen und mit Einmachfolie verschließen.
Honig über das Eis tröpfeln und mit Sahne und einer Prise Zimt garnieren.

ANMERKUNG:

Fichtenhonig kann man nur im Frühling aus den Spitzen junger Fichten machen.

Melonensuppe

Elke Bierther, Köln

ZUTATEN:

Knapp 1 l dünnes Cantaloupe-Melonen-Püree, eiskalt (geht auch mit Cavaillon- oder Honig-Melone)
1/8 l Zitronensaft
70 ml Cognac
Salz, frischer weißer Pfeffer
1 TL feingehackter frischer Ingwer
Zitronenmelisse

ZUBEREITUNG:

Alle Zutaten im Mixer zu einer schaumigen Suppe aufschlagen, in gekühlte Glasschalen füllen, mit Zitronenmelisse dekorieren und sofort servieren.

ANMERKUNG:

Die Qualität der Melone ist entscheidend, sie muß vollreif, aber noch fest sein. Wer den Ingwer nicht mag, kann statt dessen einen Hauch Muskat versuchen. Die Suppe verträgt keine Wartezeit. Kleine Eiswürfel in der Suppenschale sorgen zwar für Kühlung, aber auch für Verdünnung.

Schaumbrot von Scholle mit »verlorenem Eigelb«

Elke Bierther, Köln

ZUTATEN:

250 g Schollenfilet oder Seezunge
1 ganzes Ei
1 Eiweiß
250 g Crème fraîche
Saft von 1 Zitrone
Schale von ½ Zitrone
Salz, Pfeffer
4 Eigelb
4 TL zerlassene, heiße, gesalzene Butter
ein paar Tropfen Zitronensaft

ZUBEREITUNG:

Fischfleisch mit Salz und Pfeffer im Mixer pürieren, im Kühlschrank 30—45 Minuten gut durchkühlen lassen oder vorher den Fisch stark kühlen. Dann das ganze Ei und das Eiweiß zugeben, gut durchmixen und weitere 30 Minuten kühlen. Nun nach und nach die Crème fraîche zugeben, nicht zu lange schlagen. Die Masse ist so in der Kühlung einige Stunden stabil. In gebutterte Portionsförmchen füllen und im Wasserbad im Backofen bei 220 Grad zugedeckt 30 Minuten kochen. Herausnehmen und auf vorgewärmte Teller stürzen. Eigelb sauber vom Eiweiß trennen, in heißem Salzwasser gerade anziehen lassen. Auf jedes Schaumbrot ein solches Eigelb plazieren, mit etwas Zitrone beträufeln, die Butter darübergeben und sofort servieren.

ANMERKUNG:

Die Eier sollten sehr frisch sein, Eigelb sehr sorgfältig vom Eiweiß trennen. Damit die Dotter ganz bleiben, benutze ich einen tiefen Schaumlöffel und tauche sie darin in das Wasser. Der Löffel sollte dünn geölt werden, nach jedem Eigelb neu, sonst kleben sie leicht fest.

Kaninchenrücken in Zitronensauce

Elke Bierther, Köln

ZUTATEN:

1 Kaninchenrücken und Vorderteil (Stallkaninchen)
1–2 naturreine Zitronen
1 EL Butter
Salz, frischer weißer Pfeffer

für die Sauce:
ca. 1/4 l Kaninchenfond, gekocht aus dem gehackten Vorderteil
2–3 EL dicke Crème fraîche
1 EL Butter
ein wenig Zitronensaft
ca. 1 gestrichener TL abgeriebene Zitronenschale

für die Beilage:
Tomaten
Butter
Salz, weißer Pfeffer
Zucker
Basilikum

ZUBEREITUNG:

Der beschnittene Rücken sollte etwa 1 kg wiegen, er wird nicht gehäutet. Zitronen mit der Schale in etwa 2 mm dicke Scheiben schneiden, den Rücken und die Innenseite dicht damit belegen, fest in Alufolie wickeln und 24 Stunden im Kühlschrank durchziehen lassen.
Danach die Zitronenscheiben entfernen, 3 zurücklegen, den Rest wegwerfen. Rücken jetzt häuten, mit Salz und Pfeffer einreiben.
Butter in einem ausreichend großen Topf zerlassen, sie darf auf keinen Fall ölig werden oder bräunen. Den Rücken mit den drei Zitronenscheiben hineingeben, Deckel auflegen und auf kleinstem Feuer ca. 20–30 Minuten von allen Seiten schön weiß werden lassen, *nicht bräunen!* Immer wieder nachsehen, ob die Butter nicht zu heiß wird, im Notfall etwas Wasser zugießen.
Mit einem dünnen Holzspieß (Zahnstocher) direkt am Rückgrat einstechen; wenn der Saft nur noch wenig rosa ist, den Rücken herausnehmen, in Alufolie wickeln und im

Backofen bei ca. 80 Grad ruhen lassen, bis die Sauce fertig ist.
Für die Sauce den Fond (Zitronenscheiben entfernen) mit der Kaninchenbrühe loskochen, um die Hälfte reduzieren, Crème fraîche einrühren, Zitronensaft und Zitronenschale zufügen, abschmecken. Mit frischer Butter aufschlagen.
Den Rücken auspacken, die evtl. angesammelte Flüssigkeit noch in die Sauce gießen. Das Fleisch in dünne Scheiben schneiden, auf vier vorgewärmte Teller verteilen, die Sauce angießen und sofort servieren.
Als Beilage kleine Tomatenwürfel (gehäutet, entkernt) eben in Butter warm werden lassen, mit Salz, weißem Pfeffer, einer Prise Zucker und fein gehacktem Basilikum abschmekken, dazu frisches Weißbrot.

Champagner-Zitronen-Creme mit Mandel-Caramel-Puder

Elke Bierther, Köln

ZUTATEN:

4 große Eigelb
250 g Zucker
1/5 l Champagner
Saft von 1 Zitrone
Schale von 1/2 Zitrone
1/4 l süße Sahne
2 Eiweiß
70 g geschälte, im Backofen leicht gebräunte Mandeln
70 g Zucker

ZUBEREITUNG:

Eigelb im Wasserbad mit 125 g des Zuckers, dem Zitronensaft, der Zitronenschale und dem Champagner aufschlagen, bis eine dicke Creme entsteht; abkühlen, mehrfach durchschlagen. Sahne steif schlagen und unter die erkaltete Creme heben. Eiweiß fast steif schlagen und dann den restlichen Zucker einlaufen lassen wie für eine Baisermasse, ebenfalls vorsichtig unterheben.
Zucker hell caramelisieren, die Mandeln zugeben, durchrühren, und die Masse auf einer geölten Alufolie erkalten lassen. In Stücke brechen und im Mixer pürieren. Gut verschlossen aufbewahren, sonst wird sie klebrig.
Die Creme in Portionsschalen abwechselnd mit dem Mandel-Caramel-Puder füllen. 1–2 Stunden gut durchkühlen.

ANMERKUNG:

Wenn die Creme nach 2 Stunden Kühlung gegessen wird, kann man den Mandel-Puder auch unterziehen, ich bevorzuge entweder Lagen oder nur »Topping«.

Steinpilze

Gisela Heyel, Wachenheim

ZUTATEN:

4 feste Steinpilze
Petersilie
Butter
Salz, Pfeffer
1 TL Zitronensaft

ZUBEREITUNG:

Die Pilze nicht waschen (lieber sandige Stellen abschneiden), in ½ cm dicke Scheiben schneiden und in Butter braten. Zitronensaft, Salz und Pfeffer dazugeben. Mit gehackter Petersilie bestreuen.

Morchel-Rahmsuppe mit Forellenklößchen

Gisela Heyel, Wachenheim

ZUTATEN:

20 g getrocknete Morcheln
250 g Forellenfleisch ohne Haut und Gräten
½ l süße Sahne
2 Eiweiß, 2 Eigelb
Salz, Pfeffer
¾ l Fischbrühe aus dem Forellensud
Sherry-Essig
Cognac

ZUBEREITUNG:

Alle Zutaten für die Klößchen-Masse müssen sehr kalt sein. Das Fischfleisch mit Eiweiß, Salz und Pfeffer im Mixer pürieren, dann nach und nach ¼ l eiskalte Sahne einarbeiten – kühl stellen.
Die Morcheln 1 Stunde in warmem Wasser einweichen, sorgfältig waschen und ausdrücken.
Fischbrühe mit ¼ l Sahne zum Kochen bringen, Morcheln dazugeben und 10 Minuten pochieren.
Aus der Fischmasse mit 2 Kaffeelöffeln kleine Klößchen formen und in der Brühe 4–5 Minuten garziehen lassen.
Die Suppe mit Salz, Sherry-Essig und Cognac abschmecken – mit Eigelb legieren.

Reh-Filet in Wacholderrahm

Gisela Heyel, Wachenheim

ZUTATEN:

1 Reh-Filet =
½ Rehrücken ohne Knochen
300 g Crème fraîche
10 Wacholderbeeren
Salz, 1 TL grüner Pfeffer
Öl
Himbeer-Essig
Wacholderschnaps
Reh-Fond

ZUBEREITUNG:

Das Reh-Filet bei mäßiger Hitze von allen Seiten in Öl anbraten und im Backofen bei 180 Grad 10 Minuten ruhen lassen, damit es gleichmäßig rosa wird. Salzen. Das Bratfett abgießen, den Satz mit Crème fraîche und Reh-Fond loskochen, Pfeffer und die im Mörser zerdrückten Wacholderbeeren dazugeben; reduzieren, bis die gewünschte Konsistenz der Sauce erreicht ist. Mit Himbeer-Essig und Wacholderschnaps abschmecken und über das Fleisch gießen.

SCHWARZWURZELGEMÜSE

Schwarzwurzeln in ganz dünne Stäbchen schneiden und in Salz-Essig-Wasser weichkochen, abgießen. Das Gemüse in ¼ l süßer Sahne an der Herdseite so lange ziehen lassen, bis alle Flüssigkeit aufgenommen ist.

Kastanien-Schnee mit Himbeersauce

Gisela Heyel, Wachenheim

ZUTATEN:

1 kg Kastanien
½ l süße Sahne
300 g Himbeerkonfitüre
4 EL Himbeerwasser

für die Sauce:
500 g Himbeermark
200 g Zucker
4 EL Himbeerwasser
einige ganze Himbeeren

ZUBEREITUNG:

De Kastanien mit der Schale in Wasser kochen, schälen und durch eine Kartoffelpresse drücken. Die Kastanien müssen zu einem ganz locker-luftigen Berg werden.
Himbeerkonfitüre mit Himbeerwasser verrühren, Sahne steif schlagen.
In eine Glasschale eine Lage Kastanien-Schnee geben, darauf etwas Marmelade verteilen, darüber eine Schicht Sahne usw., bis die verschiedenen Massen verbraucht sind. Mit Himbeeren garnieren. Die Sauce aus Himbeermark, Zucker und Himbeerwasser wird separat gereicht.

Quark mit kandierten Früchten

Gisela Heyel, Wachenheim

ZUTATEN:

1 kg Sahnequark (20 %)
3 Eigelb
¼ l süße Sahne
1 Vanilleschote
1 TL Orangenschale
1 TL Zitronenschale
4 cl Grand Marnier
150 g Vanillezucker
100 g kandierte Früchte
(Zitronat, Orangeat, Ingwer)
50 g gehackte Mandeln
Angelika, Mandeln

ZUBEREITUNG:

Quark in ein Tuch binden, auf ein Sieb legen und beschweren, um alle Flüssigkeit auszupressen.
Kandierte Früchte klein schneiden, mit gehackten Mandeln und Grand Marnier mischen. Vanilleschote längs halbieren, in ⅛ l Sahne aufkochen, 10 Minuten ziehen lassen – Vanilleschote herausnehmen. Eigelb und Zucker zu der Sahne geben, im Wasserbad abschlagen, danach kalt rühren.
Den sehr trockenen Quark durch ein Sieb streichen, mit der restlichen Sahne, den Früchten und Schalen vermischen. Dann vorsichtig den Eierschaum dazugeben.
Eine Souffléform mit einem Mulltuch auslegen, die Quarkmasse einfüllen und gut festdrücken; nach 1–2 Tagen im Kühlschrank kann die Creme auf eine Tortenplatte gestürzt werden. Das Mulltuch abziehen, die Oberfläche glätten, verzieren mit Angelika und Mandeln.

Hasenpastete mit Aprikosensauce

Yvonne Luh, Seesen

ZUTATEN:

für die Pastete:
650–700 g Mehl
ca. 80 g Schweineschmalz
1 Ei
Salz
ca. 6 cl Wasser

für die Füllung:
2 Hasenrücken (ungespickt)

für die Beize:
¼ l Rotwein
3 Zwiebeln
2 Lorbeerblätter
2 Gewürznelken
4 Pimentkörner
6 Wacholderbeeren
Thymian

für die Würzpaste:
20 g Butterschmalz
Salz, Pfeffer aus der Mühle
Rosmarin, Salbei
ca. 2 EL Cognac

für die Füllung:
250 g Schweinefleisch (aus der Keule)
ca. 20 g Butterschmalz
ca. 80 g fetter Speck (im Stück)
1 Schalotte
4 cl Madeira
ca. 6 cl süße Sahne
35 g geschälte Pistazienkörner
Salz, Pfeffer

für das Gelee:
¼ l guter Madeira
etwas Fleischextrakt
3 Blatt weiße Gelatine

außerdem:
Schmalz für die Form
Öl und 1 Eigelb zum Bestreichen
(Nach »essen & trinken«)

ZUBEREITUNG:

Am Vortag den Pastetenteig bereiten. Das Mehl auf ein Backbrett schütten, eine Kuhle hineindrücken und das lauwarme Schweineschmalz, das Ei, etwas Salz und lauwarmes Wasser nach und nach dazugeben und zu einem geschmeidigen Teig verkneten. Teig zudecken und in den Kühlschrank stellen.

Dann von den Hasenrücken die Filets lösen (auch die kleinen unteren). Aus Rotwein, grob zerteilten Zwiebeln und den Gewürzen eine Beize mischen, die Filets darin über Nacht bei Zimmertemperatur marinieren. Die Rückenknochen des Hasens zerbrechen oder zerhacken und in einem Topf in 20 g Butterschmalz scharf anbraten, mit Salz, Pfeffer, Rosmarin und Salbei würzen. Den Cognac in eine Kelle gießen, leicht erwärmen, anzünden und brennend über die Knochen gießen. Den Cognac ausbrennen lassen, dann die Knochen mit 1—1½ l Wasser begießen und im geschlossenen Topf 2—3 Stunden leise kochen lassen.

Lachsklößchen mit Gemüse-Rahmsauce

Yvonne Luh, Seesen

ZUTATEN:

für die Lachsklößchen:
500 g schieres Lachsfleisch
3/8 l Sahne
Salz, weißer Pfeffer
(für 8 Personen)

für die Gemüse-Rahmsauce:
1/2 l süße Sahne
3–4 Tomaten
etwas Lauch
1 Möhre
1 Handvoll frische Champignons
Petersilie, Dill
etwas Fleischbrühe
Pfeffer, Salz
(Nach »Feinschmeckerart«)

ZUBEREITUNG LACHSKLÖSSCHEN:

Das Lachsfleisch zweimal durch die feine Scheibe des Fleischwolfs drehen, dann durch ein Sieb streichen. In einer Schüssel auf Eis mit dem Schneebesen die Sahne in die Fischmasse einarbeiten, mit Salz und Pfeffer abschmecken. Die Masse im Kühlschrank mehrere Stunden ruhen lassen, dann mit einem nassen Suppenlöffel Klößchen abstechen und in einem auf ca. 80 Grad abgekühlten Fischsud ziehen lassen.

ZUBEREITUNG GEMÜSE-RAHMSAUCE:

Die Tomaten häuten, entkernen und klein schneiden, die Champignons blättrig schneiden und zusammen mit dem Lauch, der Möhre sowie der Petersilie und dem Dill in der Sahne so lange kochen, bis die Menge auf knapp die Hälfte reduziert ist. Das Ganze durch ein Sieb oder Tuch passieren, mit Salz, Pfeffer und etwas Fleischbrühe abschmecken.

Steinpilzbouillon

Yvonne Luh, Seesen

ZUTATEN:

1 kg Ochsenbrust oder Ochsenbein
1 Suppengrün
3 Lorbeerblätter
1 EL schwarze Pfefferkörner
4 Tüten getrocknete Steinpilze à 5 g
1 EL Rindfleischsuppenpaste
1 Bund Schnittlauch
(Nach »essen & trinken«)

ZUBEREITUNG:

Fleisch mit $1\frac{1}{2}$ l kaltem Wasser aufsetzen. Das Suppengrün putzen, unzerteilt mit Lorbeerblättern, Pfefferkörnern, Steinpilzen und Suppenpaste zum Kochen bringen, etwa 2 Stunden im offenen Topf kochen. Etwas abkühlen lassen und entfetten. Durch ein Sieb in einen anderen Topf gießen und knapp $\frac{3}{4}$ l einkochen lassen. In vorgewärmten kleinen Tassen anrichten, mit Schnittlauchröllchen bestreuen und servieren.

Gekräutertes Rinderfilet mit Kartoffel-Auflauf

Yvonne Luh, Seesen

ZUTATEN:

für das Rinderfilet:
700—800 g Rinderfilet
2—3 Bund Petersilie
2—3 Bund Dill
Thymian, Rosmarin, Salbei
Majoran, einige Knoblauchzehen
ca. 6 EL Olivenöl
Salz, Pfeffer

für den Kartoffel-Auflauf:
8 mittelgroße Kartoffeln
ca. ¼ l süße Sahne
Pfeffer, Salz, Muskat
Butter

ZUBEREITUNG RINDERFILET:

Die Kräuter klein hacken bzw. im Mörser zerstoßen, ebenso den Knoblauch. Diese Zutaten miteinander vermischen, etwas Pfeffer und Salz zugeben und mit dem Olivenöl zu einer zusammenhängenden Masse verarbeiten.
Ein Backblech mit Alufolie belegen, eine dem Filet entsprechende Fläche der Folie mit Kräutermasse versehen, das Filet drauflegen und die noch freien Seiten und die Oberfläche des Filets ebenfalls mit Kräutermasse bedecken.
Im vorgeheizten Backofen ca. 25 Minuten garen und dann vor dem Anschneiden noch ca. 10 Minuten ruhen lassen.

ZUBEREITUNG KARTOFFEL-AUFLAUF:

Rohe Kartoffeln schälen und mit dem Gurkenhobel in dünne Scheiben hobeln, in eine gebutterte Auflaufform geben. Den Rahm mit Pfeffer, Salz, Muskat kräftig abschmecken und davon soviel über die Kartoffeln gießen, daß diese vollständig bedeckt sind. Butterflöckchen aufsetzen und ca. 1 Stunde im Backofen garen.

ANMERKUNG:

Wir haben einen Heißluftherd, der nur 180 Grad heiß wird. Bei dieser höchsten Stufe gare ich das Fleisch.

Eis-Gugelhupf

Yvonne Luh, Seesen

ZUTATEN:

100 g Sultaninen
Kirschwasser
4 Eier, getrennt
150 g Zucker
1 Prise Salz
½ l süße Sahne
2 unbehandelte Zitronen
2 Vanilleschoten
1 EL Kakao
(Nach »essen & trinken«)

ZUBEREITUNG:

Mindestens einen Tag vor der Zubereitung des Eises die gewaschenen Sultaninen in das Kirschwasser einlegen, die ganz bedeckt sein sollen.
Für das Eis die Eigelb mit 100 g Zucker schaumig rühren, bis eine weißliche, dicke Creme entsteht. Die abgeriebene Zitronenschale und das Vanillemark dazugeben, ebenfalls die Kirschwasser-Rosinen. Die Eiweiß mit dem restlichen Zucker und 1 Prise Salz steif schlagen und unter die Eimasse heben. Unter diese Mischung dann die steifgeschlagene Sahne geben. Das Ganze mindestens 6 Stunden, besser aber über Nacht, in einer Gugelhupf-Form gefrieren lassen.
Den gestürzten Gugelhupf mit Kakao bestäuben und sofort servieren.

Shrimpssalat

Heinke Schupp, Icking

ZUTATEN:

junger Frühlingsspinat
Brunnenkresse
Löwenzahn
Sauerampfer
Kopfsalat
pro Person je 80—100 g
frische Shrimps
italienischer Weinessig
Olivenöl (vergine)

ZUBEREITUNG:

Die Salate einige Stunden im voraus waschen, auf einem Handtuch trocknen lassen, Stiele und Rippen wegschneiden. Dann in ein feuchtes Tuch gehüllt im Kühlschrank im Gemüsefach bis kurz vor dem Anrichten aufheben. (So wird der Salat besonders knackig.) Von den fünf Salatsorten je ein kleines Häufchen dekorativ auf einen großen Teller verteilen. Mittendrauf die Shrimps häufeln.
Wenig Essig mit viel Öl (ca. 1:4) und der richtigen Menge Salz in einem Marmeladenglas mit Deckel zu einer dicken grünlich-gelben Emulsion schütteln; die Sauce über Salate und Shrimps löffeln. Dazu gewärmtes, knuspriges Baguette.

ANMERKUNG:

In anderen Jahreszeiten können Sauerampfer und Löwenzahn durch Feldsalat und Radicchio ersetzt werden, wichtig ist die Brunnenkresse, die so besonders gut zu den Krabben paßt.

Gurkensuppe

Heinke Schupp, Icking

ZUTATEN:

1 Handvoll Spinat
Butter
2 Salatgurken
Kerbel, Estragon, Petersilie
500 g süße Sahne
Salz, weißer Pfeffer
(für 8 Personen)

ZUBEREITUNG:

Den Spinat kleinhacken und mit etwas feingewiegtem Kerbel, Estragon und Petersilie in Butter andünsten. Wasser zugießen (ca. 12 Suppentassen, die dann auf 8 Tassen eingekocht werden). Die Gurken schälen. Ein Stück von ca. 10 cm Länge beiseite legen. Den Rest in grobe Würfel schneiden und zu der Suppe geben. Etwa 20 Minuten lebhaft kochen lassen. Das beiseite gelegte Gurkenstück von Kernen befreien und in winzig kleine Würfel schneiden (5 x 5 mm).
Die Gurkensuppe durch ein Sieb passieren. Die Sahne und die Gurkenwürfel zugeben und nochmals 5 Minuten kochen lassen. Mit Salz und wenig weißem Pfeffer abschmecken. Derweil die Blättchen vom Kerbel abzupfen und jede Tasse reichlich damit bestreuen.

ANMERKUNG:

Die Suppe schmeckt auch eisgekühlt köstlich.

Lammkeule

Heinke Schupp, Icking

ZUTATEN:

1 Lammkeule (ca. 1½ kg), ausgebeint
Mehl

für den Sud:
Karotten, Sellerie, Lauch
weiße Rübchen
Petersilienwurzeln oder -stiele
Zwiebeln
3 Knoblauchzehen
2 Lorbeerblätter
1 Zweiglein Thymian
20 Pfefferkörner
Salz

für die Sauce:
ca. 200 g Butter
ca. 5 EL möglichst kleine Kapern

Frühlingsgemüse:
400 g neue Kartoffeln
400 g weiße Rübchen (in Ermangelung: junger Kohlrabi)
400 g junge Karotten
250 g Zuckererbsen
250 g ausgeschälte Erbsen
300 g frische weiße Bohnenkerne (oder 1 Paket tiefgefrorene Dicke Bohnen, kurz in wenig Wasser gargekocht; s. Gebrauchsanweisung!)
Salz, weißer Pfeffer
Petersilie

ZUBEREITUNG:

In einem großen Topf aus den Gemüsen und Kräutern einen sehr würzigen Sud kochen. Gut salzen. Der Sud sollte zu aromatisch und leicht versalzen schmecken. Ca. ½ Stunde kochen lassen.
Die Lammkeule wiegen. Eine Serviette oder ein Küchentuch dick mit Mehl ausstreuen, die Lammkeule darauflegen und das bemehlte Tuch behutsam darumwickeln und das Ganze verschnüren. Die Keule in den kochenden Sud legen. Sie sollte während der ganzen Kochzeit von dem Sud bedeckt sein.
Gegebenenfalls kochendes Wasser nachgießen und nachsalzen.
Die Kochzeit errechnet sich so: Pro Pfund Lammkeule

20 Minuten und dann noch anschließend weitere 20 Minuten dazu, bei einem Gewicht von 1½ kg wären das also 80 Minuten. Die Keule die nach dem Gewicht bestimmte Zeit sieden lassen.

FRÜHLINGSGEMÜSE:

Die Gemüse putzen und unzerteilt, jedes für sich, in kochendem Salzwasser al dente kochen. Es ist wichtig, genau den Zeitpunkt zwischen zu weich und zu hart abzupassen. Gemüse abtropfen lassen. Kartoffeln, Karotten und weiße Rübchen in Würfel schneiden (ca. 1 cm × 1 cm).
Die Keule aus dem Sud nehmen und aus dem Tuch wickeln. Das Mehl ist nun fast ein Teig geworden und bleibt an dem

Tuch kleben. Etwaige Reste von der Keule abschaben. Die Keule tranchieren und servieren. Die Keule ist einmalig saftig, zart und aromatisch.
Die Gemüse alle miteinander in heißer Butter schwenken und erhitzen. Salz überprüfen, weißer Pfeffer von der Pfeffermühle (nicht mehr als zwei Umdrehungen). Mit Petersilie bestreuen und auf einer hübschen Platte auftragen.
Während die Gemüse heiß werden, die Butter für die Sauce zerlassen und heiß werden lassen, doch nicht kochen, die abgetropften Kapern hineingeben, nochmals heiß werden lassen (nicht kochen) und in einer Saucière auftragen.

ANMERKUNG:

Übrigens schmeckt das Lammfleisch, so bereitet, auch kalt gut. Ich serviere dann eine italienische grüne Sauce dazu (Petersilie, Kapern, Sardellen, Zwiebeln, Knoblauch, Basilikum, Zitrone, Olivenöl).

Himmlamaat

Heinke Schupp, Icking

ZUTATEN:

2 Pakete Löffelbiskuits
½ l Schlagsahne
2 Gläser Preiselbeeren

ZUBEREITUNG:

In einer Glasschüssel eine Lage Löffelbiskuits verteilen. Darauf eine Schicht Preiselbeeren löffeln und darauf wiederum eine Schicht steifgeschlagenen Schlagrahm. Das ganze wiederholen, solange der Vorrat reicht. Die oberste Schicht Schlagrahm nicht gleichmäßig verteilen, sondern dekorativ häufeln. Im Kühlschrank (mit Plastikfolie bedeckt) einige Stunden durchziehen lassen.

Gefüllte Artischockenböden

Anemone Szczesny-Friedmann, München

ZUTATEN:

6 ziemlich große Artischocken
750 g reife italienische oder französische Fleischtomaten
2 Schalotten
2 Knoblauchzehen
3 EL Olivenöl (Jungfernöl, kalt gepreßt, aus der Provence [intensiv] oder Toscana [mild])
2 Estragonzweige
6 Eigelb
30 g frisch geriebener Parmesan
Pfeffer (Mischung aus schwarzem, weißem und Piment, im Mörser zerstoßen)
Salz
Zitronensaft

ZUBEREITUNG:

Einen großen Topf Salzwasser mit 4 EL Zitronensaft zum Kochen bringen. Von den Artischocken ca. zwei Drittel der oberen Blätter und die Stiele abschneiden. Schnittstellen sofort mit Zitronensaft einreiben. Artischocken ins kochende Wasser geben, ca. 30 Minuten kochen. Probieren ist geraten, sie dürfen nicht weich-matschig werden. (Die Stiele werden nicht mitserviert, schmecken aber sehr gut.) Während die Artischocken kochen, Tomaten überbrühen, häuten, vierteln, entkernen, grob hacken, im Sieb abtropfen lassen.
Knoblauch und Schalotten schälen, klein würfeln, in Olivenöl andünsten, Tomaten dazugeben, etwas einkochen lassen, mit Salz, Pfeffer und dem mit der Schere geschnittenen Estragon würzen. Warmhalten. Die Artischocken sollten fertig sein. Gründlich abtropfen lassen, soweit abkühlen, daß man Blätter und Heu entfernen kann, ohne sich zu verbrennen. Auf jeden Boden ein rohes Eigelb setzen, Tomatenmasse darüber verteilen und mit geriebenem Parmesan bestreuen. Lauwarm servieren.

ANMERKUNG:

Diese Vorspeise kann auch vorbereitet werden: Ca. 5 Minuten vor dem Servieren die Artischocken füllen, statt mit Parmesan mit Gruyère bestreuen und ganz kurz unter den Grill stellen. Der Käse soll schmelzen (Parmesan würde verbrennen), das Eigelb darf nicht hart werden.

Kalte Kraftbrühe mit roten Rüben

Anemone Szczesny-Friedmann, München

ZUTATEN:

750 g Ochsenbein
500 g Ochsenschwanz
1 Suppengrün
1 Bouquet garni (2 Stengel Petersilie, 1 Zweig Thymian, 1 Lorbeerblatt)
1 TL weiße Pfefferkörner
2 junge, mittelgroße rote Rüben
2 TL Essig
½ TL Zucker
¼ TL Salz
Suppengrün
Zwiebeln
Dill
6 TL Crème fraîche
6 TL sehr milder Forellenkaviar oder echter Kaviar
französischer Weißweinessig
Forellenkaviar unbedingt vorher probieren, er ist meist zu salzig. Den Kaviar kann man unbesorgt weglassen, das ist nur Spielerei. Suppe am Vortag herstellen, sie läßt sich dann besser entfetten

ZUBEREITUNG:

Ochsenbein und Ochsenschwanz mit gut 1½ l kaltem Wasser aufsetzen, langsam zum Kochen bringen, abschäumen. Drei Stunden leise sieden lassen, häufig abschäumen. In der Zwischenzeit rote Beete von den Blättern befreien, 1 cm Stielansatz und Schwanz dranlassen, damit sie nicht ausbluten, ca. 30 Minuten in einem Extratopf halbweich kochen. Abkühlen lassen, schälen, in eine Schüssel raspeln, 2 TL Essig, ½ TL Zucker, ¼ TL Salz zugeben, Suppengrün putzen, klein schneiden, Zwiebeln ungeschält vierteln, zum Fleisch geben. Sobald nicht mehr abgeschäumt werden muß, Pfefferkörner, Bouquet garni und rote Rüben mit Flüssigkeit zugeben. Noch 1½ bis 2 Stunden sieden lassen (niemals heftig kochen), vorsichtig durch ein Haarsieb gießen, dabei aufpassen, daß der Bodensatz nicht mitkommt. Falls nötig, die Brühe jetzt auf einen ¾ l einkochen, jetzt erst salzen. Kalt stellen.

Am anderen Tag erstarrtes Fett abheben, klären sollte nicht nötig sein. (Falls doch, dann auf die bewährte Methode mit

Eiweiß.) Erhitzen, mit Salz (erst jetzt!), Zucker und Essig abschmecken. Daran denken, daß die kalte Suppe etwas intensiver gewürzt sein muß. Kalt stellen. Die Suppe sollte gelieren, rötlich aussehen und leicht nach Borschtsch schmecken. Vor dem Servieren auf jede Tasse 1 TL Crème fraîche geben, eventuell den Kaviar und etwas Dill.

Salat mit Himmelschlüsselblüten

Anemone Szczesny-Friedmann, München

ZUTATEN:

1 fester Kopfsalat
1 Handvoll Sauerampfer
1 Handvoll Radieschenblätter
je 1 Handvoll Blätter von roten Rüben (nur zarte), Löwenzahn (nicht der gebleichte, der ist bitter), Himmelschlüsselblüten (schmecken ganz leicht süßlich)
und Brunnenkresse
ein paar Radieschen (die länglichen französischen Radis de dixhuit jours sind die besten)
Salz
Pfeffermischung
italienisches Olivenöl (die angegebene Salatmischung braucht mildes Öl)
Petersilie
1 Blatt Minze
3 Blätter Melisse
Cidreessig

ZUBEREITUNG:

Salat und Kräuter nicht waschen, sondern mit Küchenpapier vorsichtig abreiben. Kopfsalat in Blätter teilen (die äußeren wegwerfen), Radieschen in feine Scheiben schneiden, Blüten ganz lassen, restliche Blätter (Brunnenkresse, Radieschenblätter, Löwenzahn, etc.) ziemlich klein zupfen, Salatkräuter hacken, mit den Himmelschlüsselblüten in die Schüssel geben, Salatsauce aus dem Olivenöl, Salz, Pfeffermischung und Cidreessig rühren, über den Salat geben, vorsichtig mischen und versuchen, die Blüten nach oben zu bringen (oder erst am Tisch mischen) und sofort servieren.

ANMERKUNG:

Anstelle von Himmelschlüsselblüten können auch Gänseblümchen, Kapuzinerkresseblüten oder Rosenblätter (von Gartenrosen – wie beim Kochwettbewerb) genommen werden.

Zitronenpoularde

Anemone Szczesny-Friedmann, München

ZUTATEN:

1 Bresse-Poularde von mindestens 1,8 kg oder zwei französische Poulets label rouge fermier
2 EL Olivenöl
30 g Butter
20 Schalotten
350 g Egerlinge oder rosa Champignons
Saft von 1 Zitrone
1 Glas trockener Weißwein
2 ungespritzte Zitronen
1 TL getrocknete und reichlich frische Zitronenmelisse
6 EL Crème fraîche
1 TL brauner Zucker
Salz
Pfeffermischung
2 Thymianblüten

ZUBEREITUNG:

Poularde in 12 Stücke zerlegen und häuten. In Butter und Olivenöl im schweren Schmortopf mit gut schließendem Deckel kräftig anbraten. Zitronensaft, Weißwein und geschälte Schalotten zugeben, mit etwas Salz, der Pfeffermischung und getrockneter Melisse würzen. Gut sind zwei Thymianblüten dazu. 15 Minuten schmoren lassen, dann die ganzen, geputzten Champignons, den Abrieb einer Zitrone und die in Scheiben geschnittene zweite Zitrone zugeben. Weitere 5—7 Minuten schmoren, dann die Bruststücke prüfen. Die Bruststücke vor den Schenkeln rausnehmen und warm stellen. (Sie brauchen ca. 30 Minuten, der Rest 35 Minuten.) Fleisch und Gemüse auf einer Platte warm stellen, Sauce sehr vorsichtig mit Zucker abschmecken, mit Crème fraîche ganz leicht einkochen, frische Melisse zugeben und über den Hühnerstücken verteilen.

ANMERKUNG:

Noch intensiver schmeckt das Gericht, wenn man Zitronenöl benützt. Dazu muß man aber 6 Monate vorher kleine, unbehandelte Zitronen mit der Gabel anstechen, mit Salz einreiben, eine Woche liegen lassen und dann mit Korianderkörnern in Olivenöl einlegen.

Pochierte Birnen, gefüllt mit eingemachten Pflaumen

Anemone Szczesny-Friedmann, München

ZUTATEN:

Als Birnen Williams Christ oder Gute Luise, sie müssen aromatisch sein. Sie werden völlig normal pochiert.

Ca. 20 Trockenpflaumen aus Agen (keine kalifornischen oder irgendwelche andere!)
0,3 l Burgunder
150 g Zucker
2 ungespritzte Orangen
12 schwarze Pfefferkörner
1 Tropfen Orangenessenz
½ Sternanis
1 Nelke
1 TL getrocknete Orangenblüten
1 TL getrocknete Jasminblüten (frische Blüten sind noch besser, man braucht aber mehr davon)

ZUBEREITUNG:

Pflaumen nicht entkernen (verlieren die Form), mehrmals mit einer Nadel anstechen, 2 Stunden in lauwarmem Wasser quellen lassen. Pfefferkörner etwas zerdrücken. (Sehr gut ist Sezuan-Pfeffer, es gibt ihn in Feinkostgeschäften. Man muß ihn, obwohl das auf keiner Packung steht, zuerst in einer Pfanne trocken leicht anrösten, bei Bedarf dann zerdrücken. Nur so entwickelt er sein Aroma. Verwendet man Sezuan-Pfeffer, reichen sechs Körner.) Mit Sternanis, Nelken und Blüten in eine Schüssel geben. Wein bis kurz vor dem Kochen erhitzen, über die Gewürze gießen, 12 Minuten ziehen lassen, abseihen. Mit dem Zucker ca. 20 Minuten kochen. Die letzten 5 Minuten die Orangenschciben zugeben. Über die Pflaumen schütten (Pflaumen natürlich vorher abtropfen lassen). Orangenessenz zugeben, mindestens 12 Stunden ziehen lassen.

Zum Servieren die Birnen halbieren, Kernhaus mit Teelöffel aushöhlen, jeweils zwei Birnenhälften auf einen Teller legen, mit je einer Pflaume füllen, mit den restlichen Pflaumen umlegen, mit Pflaumensirup begießen. Für die, die's nicht lassen können, dazu Schlagsahne.

294 Rezepte aus deutschen Privatküchen

Vorspeisen und Salate

Gefüllte Artischockenböden

Anemone Szczesny-Friedmann, München

ZUTATEN:

6 ziemlich große Artischocken
750 g reife italienische oder französische Fleischtomaten
2 Schalotten
2 Knoblauchzehen
3 EL Olivenöl (Jungfernöl, kalt gepreßt, aus der Provence [intensiv] oder Toscana [mild])
2 Estragonzweige
6 Eigelb
30 g frisch geriebener Parmesan
Pfeffer (Mischung aus schwarzem, weißem und Piment, im Mörser zerstoßen)
Salz
Zitronensaft

ZUBEREITUNG:

Einen großen Topf Salzwasser mit 4 EL Zitronensaft zum Kochen bringen. Von den Artischocken ca. zwei Drittel der oberen Blätter und die Stiele abschneiden. Schnittstellen sofort mit Zitronensaft einreiben. Artischocken ins kochende Wasser geben, ca. 30 Minuten kochen. Probieren ist geraten, sie dürfen nicht weich-matschig werden. (Die Stiele werden nicht mitserviert, schmecken aber sehr gut.) Während die Artischocken kochen, Tomaten überbrühen, häuten, vierteln, entkernen, grob hacken, im Sieb abtropfen lassen.
Knoblauch und Schalotten schälen, klein würfeln, in Olivenöl andünsten, Tomaten dazugeben, etwas einkochen lassen, mit Salz, Pfeffer und dem mit der Schere geschnittenen

Estragon würzen. Warm halten. Die Artischocken sollten fertig sein. Gründlich abtropfen lassen, soweit abkühlen, daß man Blätter und Heu entfernen kann, ohne sich zu verbrennen. Auf jeden Boden ein rohes Eigelb setzen, Tomatenmasse darüber verteilen und mit geriebenem Parmesan bestreuen. Lauwarm servieren.

ANMERKUNG:

Die Vorspeise kann auch vorbereitet werden: Ca. 5 Minuten vor dem Servieren die Artischocken füllen, statt mit Parmesan mit Gruyère bestreuen und ganz kurz unter den Grill stellen. Der Käse soll schmelzen (Parmesan würde verbrennen), das Eigelb darf nicht hart werden.

Rote Auberginen

Johanna Huth-Habermann, Köln

ZUTATEN:

400 g mittelgroße Auberginen (2 Stück)
850 g geschälte Tomaten (große Dose)
Pflanzenöl
Salz
Basilikum
schwarzer Pfeffer
1 TL Zucker

ZUBEREITUNG:

Auberginen in ½ cm dicke Scheiben schneiden, salzen und 1 Stunde stehenlassen. In dieser Zeit die Tomaten bei kleiner Hitze in breitem Topf bis zu pastenartiger Konsistenz einköcheln lassen. Mit Salz, Pfeffer und je nach Tomatenqualität auch mit Zucker abschmecken.
Die Auberginenscheiben abtrocknen und in heißem, geschmacksneutralem Öl von beiden Seiten goldbraun braten. Im Ofen warm stellen, bis alle Scheiben gebraten sind.
Die Auberginenscheiben mit der heißen Tomatenpaste einzeln bestreichen, gehacktes Basilikum darüberstreuen und auf vorgewärmter Platte auf den Tisch bringen.

Avocadocreme

Marianne Romaker, Karlsruhe

ZUTATEN:

2 schöne reife Avocados
2 Schalotten
Salz
Zitronensaft
Pfeffer

ZUBEREITUNG:

Die Avocados halbieren, das Fruchtfleisch herauslösen und mit der Gabel zerdrücken. Die ganz fein geschnittenen Schalotten zum Avocadofleisch geben, miteinander vermischen und mit Salz, Zitronensaft und frisch gemahlenem Pfeffer würzen. Alles wieder in die Avocadoschalen füllen. Mit einem Stückchen Graubrot servieren.

Champignons in Rahm in der Muschel überbacken

Luise Commerell, Stuttgart

ZUTATEN:

500 g frische Champignons
100 g Butter
¼ l süße Sahne
Salz, Pfeffer
etwas Zwiebel
Knoblauch

ZUBEREITUNG:

Die Champignons waschen, putzen, in feine Blättchen schneiden. Die Butter schmelzen, die Füllung einer Knoblauchzehenpresse voll Zwiebeln und die Champignons dazugeben und so lange dämpfen, bis das Wasser verschwunden ist. Die Sahne zugeben und weiterköcheln, bis die Sauce etwas sämig ist. Mit Salz, Pfeffer und einem winzigen Hauch Knoblauch würzen. In gebutterte Muscheln füllen und kurz unter dem Grill überbacken.

Ausgebackener Salbei

Brigitte Thoms, Hilden

ZUTATEN:

⅛ l herber Weißwein
1 Eigelb, 1 Eiweiß
125 g Mehl
Salz, Pfeffer
32 große Salbeiblätter
1 l Sonnenblumenöl

ZUBEREITUNG:

Wein, Eigelb und Mehl miteinander verquirlen und mit Salz und Pfeffer abschmecken. Das Eiweiß zu steifem Schnee schlagen, unter die Masse heben. Die Salbeiblätter durch den Teig ziehen und im Öl schwimmend ausbacken.

Gebackener Kürbis

Erika Altenburg, Bonn

ZUTATEN:

1 gelber Spaghetti-Kürbis
¼ l süße Sahne
4 EL Parmesan
Salz, Pfeffer

ZUBEREITUNG:

Vom Kürbis einen Deckel abschneiden, die Kerne und das flusige Fleisch auskratzen, die Sahne halbsteif schlagen, mit dem Parmesan mischen, vorsichtig würzen und in den Kürbis füllen.
Deckel aufsetzen, Kürbis in eine kleine feuerfeste Form oder ähnliches stellen, im vorgeheizten Backofen bei mittlerer Hitze gut 1 Stunde backen, die goldgelbe Außenhaut darf nicht dunkel werden.
Zum Essen wird der Deckel abgehoben und die Kürbismasse, die sich von selbst von der Außenwand löst (spaghettiartig in kurzen dünnen Fäden), zusammen mit der würzigen Sauce herausgelöffelt.

Tomaten-Croutons

Bärbel Bayer, Welschbillig

ZUTATEN:

6 reife kleine Tomaten
Salz, schwarzer Pfeffer
Butter
frisches Basilikum
1 Meterbrot
Butter

ZUBEREITUNG:

Die Tomaten halbieren, salzen, pfeffern, buttern und mit frischem Basilikum bestreuen. In einer Deckelpfanne 10–15 Minuten ohne Flüssigkeit dünsten; sie müssen stabil bleiben und ihre volle Süße entfalten.
Mit Croutons servieren.

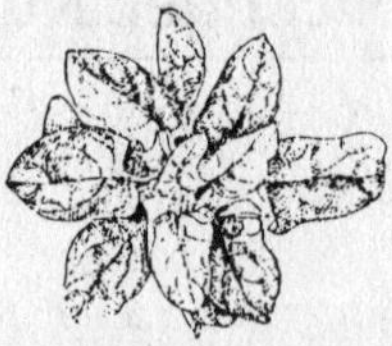

Porreestangen mit brauner Butter

Gudrun Brosey, Großalmerode

ZUTATEN:

¾–1 kg Porree
Salz
50 g Butter

ZUBEREITUNG:

Den Porree putzen, gründlich waschen und in wenig leicht gesalzenem Wasser gar kochen, abtropfen lassen und mit brauner Butter übergießen.

Lauch mit Sauce Vinaigrette

Maria Grabinger, München

ZUTATEN:

1 kg Lauch
etwas Dijonsenf
Salz, Pfeffer
4 EL Öl
1 EL Essig
4 Cornichons
1 Schalotte
1 hartgekochtes Ei
einige Kapern
1 EL Petersilie

ZUBEREITUNG:

Cornichons, Schalotte, Ei, Kapern und Petersilie fein hacken und mit dem Senf, Salz, Pfeffer, Öl und Essig gut vermischen.
Den geputzten Lauch in 10 cm lange Stücke schneiden, zusammengebündelt in Salzwasser weich kochen. Mit der Sauce Vinaigrette übergießen und gut durchziehen lassen.

Kleiner Lauchauflauf

Renate Härdle, Heidelberg

ZUTATEN:

2 Stangen Lauch
¼ saure 28 %ige Sahne
2 Eier
Salz, Pfeffer

ZUBEREITUNG:

Die zwei Stangen Lauch waschen und putzen und dabei alle allzu dunkelgrünen Teile entfernen. In mittelfeine Ringe schneiden und ca. 5 Minuten blanchieren. Etwas abkühlen lassen, dann mit der sauren Sahne und den Eiern vermischen, mit Salz und sehr wenig Pfeffer abschmecken und in gut gebutterte kleine Auflaufförmchen füllen. So lange backen, bis an der Oberfläche hellbraune Punkte erscheinen.

Frischer Spargel mit Sauce hollandaise

Barbara Pattberg, Berlin

ZUTATEN:

1 kg frischer Spargel (pro Person 4–5 Stangen)
50 g Butter
Salz, Zucker, Zitronensaft

für die Sauce:
4 Eigelb
4 EL Spargelwasser
50 g Butter
Salz, Zitronensaft
Pfeffer, Cayennepfeffer

ZUBEREITUNG:

Den Spargel schälen, die Enden abschneiden und kurz in kaltes Wasser tauchen.
Butter schmelzen, Spargel darin rundum wenden. Salzen, etwas zuckern, mit einigen Spritzern Zitronensaft ansäuern. ¼, maximal ½ l kochendes Wasser zufügen, zum Kochen bringen und bei kleiner Hitze gar werden lassen. Herausnehmen und in einem Tuch abtropfen lassen.
In der Zwischenzeit die Sauce bereiten: Eigelb und Spargelwasser (beides sollte die gleiche Temperatur haben) im Wasserbad aufschlagen, bis die Masse dick cremig ist. Nach und nach die abgeschäumte Butter dazugeben und mit Zitronensaft, frisch gemahlenem Pfeffer und evtl. noch etwas Salz abschmecken.
Den Spargel auf einer heißen Platte so schichten, daß die Köpfe zu sehen sind. Die Sauce getrennt reichen.

Spinatsalat mit Melonenkugeln und Nußcreme

Margrit Kiefer, Bübingen

Ganz jungen Spinat verlesen, die dicken Stiele abschneiden, waschen, trocknen und mit Vinaigrette anmachen. Melonenkugeln ausstechen und daruntermischen.
50 g Walnüsse pürieren, mit 1 TL Dijonsenf und 80 g Crème fraîche vermischen. Salat anrichten und mit der Spritztülle Nußcremehäufchen daraufsetzen.

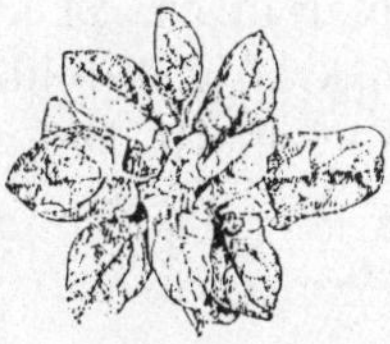

Feldsalat-Spargel-Cocktail mit Walnüssen

Petra Weskott, Wülfrath

ZUTATEN:

100–200 g Feldsalat
500 g Spargel
Walnußstückchen
Vinaigrette

ZUBEREITUNG:

Feldsalat putzen und waschen, abtropfen lassen. Den frischen Spargel kochen, nicht zu klein schneiden. Feldsalat und Spargel in vier Gläsern anrichten (Feldsalat außen, Spargel innen, in der Mitte wieder Feldsalat). Zum Schluß mit einer sanften, mit Honig abgeschmeckten Vinaigrette übergießen. Dann mit Walnußstückchen garnieren.

Blattspinat

Bärbel Bayer, Welschbillig

ZUTATEN:

Eine 5-l-Schüssel frische Spinatblätter
viel Sauerampfer
je 1 Handvoll Kerbel, Schafgarbe, Pimpinelle
3 Zweige Gundelrebe
3 Zweige wilder Majoran
3 Zweige Ysop
etwas Schnittlauch
2 EL Butter, Salz
1 Meterbrot, Butter

ZUBEREITUNG:

Spinat und Sauerampfer in ca. 3 l kochendem Salzwasser verstopfen, 5 Minuten kräftig durchkochen, abtropfen lassen und mit Butter verfeinern. Die geschnittenen Kräuter bei Tisch unterheben.
Mit Croutons servieren.

Zucchini-Schiffchen

Ingeborg Grabert, Stuttgart

ZUTATEN:

4 Zucchini (etwa 15 cm lang)
2–3 EL Butter
Salz, Pfeffer
1 kg Petersilienwurzel
5 EL süße Sahne
2 EL Butter
Salz, Pfeffer

ZUBEREITUNG:

Zucchini putzen und der Länge nach durchschneiden. Aushöhlen, dabei aber ca. 1 cm Fleisch stehenlassen. Die Schiffchen in Salzwasser 4–5 Minuten nicht ganz weich kochen.

Dann mit geschmolzener Butter bepinseln und in eine Bratpfanne setzen. Kurz vor dem Servieren 1 cm Wasser zugießen und im oberen Drittel des auf 200 Grad vorgeheizten Ofens 4–5 Minuten backen. Die Petersilienwurzeln putzen und in 1 cm dicke Scheiben schneiden. Mit Salzwasser knapp bedecken und ca. 30 Minuten weich kochen. Pürieren, Sahne und Butter darunterschlagen, mit Salz und Pfeffer abschmecken. 20–30 Minuten im Wasserbad kochen. Vor dem Servieren die Zucchini-Schiffchen mit dem Spritzbeutel mit dem heißen Wurzelpüree garnieren.

Gefüllte Zucchini

Barbara Schwarz

ZUTATEN:

3 Zucchini
1 Zwiebel
Olivenöl
50 g Reis
frische Pfefferminze
20 g Rosinen
Salz, Pfeffer
Saft von ½ Zitrone
4 Scheiben Butterkäse
etwas Cayennepfeffer
Petersilie
½ Glas Weißwein

ZUBEREITUNG:

Zucchini in der Mitte auseinanderschneiden und kurz brühen, aushöhlen, Zwiebel klein schneiden und in 2 EL Olivenöl schmoren, 50 g Reis zufügen, ebenfalls die Pfefferminze, Rosinen, Salz, Pfeffer, das Innere der Zucchini in Würfel schneiden und mitschmoren. Mit Zitronensaft und Weißwein aufgießen. Mit der Masse die Zucchini füllen und in eine gebutterte Reine geben, den Käse darüberlegen, wenig pfeffern, Petersilie darüberstreuen und ½–¾ Stunde im Ofen garen lassen.

Feldsalat

Monika Malikiossis, München

ZUTATEN:

150 g Feldsalat
150 g Walnüsse
100 g Champignons
4 EL Walnußöl
Sherry-Essig, Salz, Pfeffer

ZUBEREITUNG:

Salatblätter waschen, die Stiele abschneiden, trockenschleudern. Rohe Champignons waschen und abtrocknen, wenn nötig, enthäuten. Die Köpfe in nicht zu feine Scheiben schneiden. Frische Walnüsse vierteln. Salat, Pilze und Nüsse auf einem Teller übereinanderschichten. Mit der Vinaigrette aus Walnußöl, Sherry-Essig, Salz und Pfeffer übergießen.

Kleine grüne Bohnen in Sauerrahm mit Knoblauchgrün

Annette Niederstein, Hattingen

ZUTATEN:

750 g frische Kenia-Bohnen
250 g Crème fraîche
2 Stangen Knoblauchgrün
Salz, weißer Pfeffer
1 TL Zucker

ZUBEREITUNG:

Die Bohnen in siedendem Salzwasser im offenen Topf je nach Größe 10–12 Minuten kochen, bis sie weich, aber noch knackig sind. In der Zwischenzeit die Crème fraîche mit Pfeffer, Salz und Zucker verrühren. Sehr fein gehacktes Knoblauchgrün dazugeben. Die Sauce muß ziemlich scharf abgeschmeckt werden, da die Bohnen nicht darin ziehen, sondern lauwarm auf Portionsteller gelegt und mit einem breiten Streifen Sauce überzogen werden.

ANMERKUNG:

Knoblauchgrün gibt es normalerweise nicht zu kaufen. Wenn man keinen Garten hat, in dem man mit Knoblauch-Anpflanzungen versucht, Wühlmäuse zu vertreiben, kann man leicht einige Zehen in einem Blumentopf ziehen. Sie wachsen schnell und unkompliziert. Das Grün sieht aus wie feiner Porree und hat einen frischeren, etwas feineren Geschmack als die Zehe.

Fenchelsalat

Ursula Bucke, Singen

ZUTATEN:

2–3 Fenchelknollen, Fenchelgrün
1 Handvoll Kresse
1 Handvoll Petersilie
Estragon, Zitronenmelisse
je 1 Blatt Salbei und Pfefferminze
1 Knoblauchzehe
Saft von 2 Zitronen
2–3 EL kaltgeschlagenes Olivenöl
1 Becher saure Sahne
Salz, Pfeffer, Zucker

ZUBEREITUNG:

Eine Schüssel mit der Knoblauchzehe ausreiben. Fenchelknollen waschen, vierteln, in sehr feine Scheibchen schneiden und in die Schüssel geben. Fenchelgrün, Kresse, Petersilie, Estragon, Zitronenmelisse, Salbei und Pfefferminze fein hacken. Aus dem Öl, dem Zitronensaft und der sauren Sahne eine Marinade mischen, mit Salz, Pfeffer und wenig Zukker abschmecken, die Kräuter hinzufügen und alles über den Fenchel gießen. Vorsichtig unterheben.

Salat mit Himmelschlüsselblüten

Anemone Szczesny-Friedmann, München

ZUTATEN:

1 fester Kopfsalat
1 Handvoll Sauerampfer
1 Handvoll Radieschenblätter
je 1 Handvoll Blätter von roten Rüben (nur zarte), Löwenzahn (nicht der gebleichte, der ist bitter), Himmelschlüsselblüten (schmecken ganz leicht süßlich) und Brunnenkresse
ein paar Radieschen (die länglichen französischen Radis de dixhuit jours sind die besten)
Salz
Pfeffermischung
italienisches Olivenöl (die angegebene Salzmischung braucht mildes Öl)
Petersilie
1 Blatt Minze
3 Blätter Melisse
Cidreessig

ZUBEREITUNG:

Salat und Kräuter nicht waschen, sondern mit Küchenpapier vorsichtig abreiben. Kopfsalat in Blätter teilen (die äußeren wegwerfen), Radieschen in feine Scheiben schneiden, Blüten ganz lassen, restliche Blätter (Brunnenkresse, Radieschenblätter, Löwenzahn, etc.) ziemlich klein zupfen, Salatkräuter hacken, mit den Himmelschlüsselblüten in die Schüssel geben, Salatsauce aus dem Olivenöl, Salz, Pfeffermischung und Cidreessig rühren, über den Salat geben, vorsichtig mischen und versuchen, die Blüten nach oben zu bringen (oder erst am Tisch mischen) und sofort servieren.

ANMERKUNG:

Anstelle von Himmelschlüsselblüten können auch Gänseblümchen, Kapuzinerkresseblüten oder Rosenblätter (von Gartenrosen) genommen werden.

Aufgeschmalzener Kopfsalat

Renate Stadler, Hutthurm

ZUTATEN:

1 großer Kopfsalat
2 EL Öl
2 EL Essig
1 kleine Zwiebel
1 Bund Schnittlauch
Salz, Pfeffer
50 g rohes, mageres Wammerl (Bauchspeck)

ZUBEREITUNG:

Vom Kopfsalat die äußeren Blätter entfernen, Kopf vierteln, vorsichtig waschen. Aus Öl, Essig, der kleingeschnittenen Zwiebel, dem feingeschnittenen Schnittlauch, Salz, Pfeffer und etwas Wasser eine Sauce machen, ca. 20 Minuten ziehen lassen. Dann die Salatviertel vorsichtig darin wälzen. Das Wammerl in Würfelchen schneiden, auslassen und noch heiß über die Salatviertel gießen.

Salat mit Blüten von Kapuzinerkresse

Bärbel Speck-Schifferer, Heidelberg

ZUTATEN:

1 Kopfsalat
Kapuzinerkresseblüten
Öl
mit Erdbeeren aromatisierter Weißweinessig
wenig Salz und Pfeffer

ZUBEREITUNG:

Aus dem Öl, dem Essig und den Gewürzen die Salatsauce zubereiten. Vor dem Servieren die gewaschenen und gut abgetropften Salatblätter damit anmachen. Die Kapuzinerblüten darüberstreuen.

ANMERKUNG:

Wegen der pfeffrigen Schärfe der Kapuzinerblüten wenig Pfeffer nehmen.

Kohlrabi- und Karottensalat mit Gorgonzola-Dressing

Ute Heider, Fürth

ZUTATEN:

2–3 Kohlrabi
500 g Karotten
100 g Gorgonzola
3/10 l saure oder süße Sahne
1/5 l Bio-Joghurt
weißer Pfeffer, Salz
1 TL Zitronensaft
1 Prise Zucker
1 TL Cognac

ZUBEREITUNG:

Kohlrabi schälen und mit den Karotten kurz waschen und in streichholzdicke Stifte schneiden. Mit Zitronensaft marinieren.
Gorgonzola durch ein Sieb streichen und mit den anderen Zutaten gut verrühren.
In eine kleine Saucière füllen und getrennt zu den auf kleinen Tellern angerichteten Gemüsen reichen.

Selleriesalat

Helga Rick, Langenhagen

ZUTATEN:

1 Knolle Sellerie
Salz, Pfeffer
Zucker
Essig, Öl
1 Zwiebel

ZUBEREITUNG:

Sellerie schälen, in Scheibchen schneiden und in wenig Salzwasser mit einem Schuß Essig weich kochen. Mit Salz, Pfeffer, etwas Zucker, Essig, Öl und 1 feingewürfelten Zwiebel abschmecken.
Möglichst zwei Tage vor dem Essen zubereiten, kühl stellen, damit der Saft geliert.

Krautsalat

Thea Schnierstein, Koblenz

ZUTATEN:

1 kleiner fester Kopf Weißkraut
1 kleine Zwiebel
Essig, Öl
Pfeffer, Salz
1 Prise Zucker
evtl. Kümmel

ZUBEREITUNG:

Den Kohl in Streifen schneiden, nachdem man die starken Rippen entfernt hat, und in reichlich kochendem Salzwasser 10 Minuten abkochen, in einem Sieb abtropfen lassen.
Eine Marinade aus Essig, Öl, der kleingeschnittenen Zwiebel, Salz und Zucker herstellen und unter das abgekühlte Kraut mischen.
Zugedeckt mindestens 1 Stunde durchziehen lassen.

Rahnensalat

Dr. Elisabeth Busch, Gundelfingen

ZUTATEN:

Rahnen (Rote Bete)
Crème fraîche
Meerrettich
Pfeffer, Salz
Zitronensaft
evtl. Schalotten
Nüsse
Avocado

ZUBEREITUNG:

Die gekochten Rahnen in sehr kleine Würfel schneiden, mit Crème fraîche, frisch geriebenem Meerrettich, mit Pfeffer, Salz, Zitronensaft, evtl. ein paar Schalotten mischen und würzen, einige gehackte Nüsse dazugeben und auf Avocado-Vierteln arrangieren oder mit Scheiben von Avocado garnieren.

Forellenmus mit Sauce Mornay

Heidi Schatzmann, Kaiserslautern

ZUTATEN:

2 Forellen (je 500 g)
2 Eiweiß
4 EL Fischsud
⅛ l süße Sahne
Salz, weißer Pfeffer
frischer Dill

für den Fischsud:
Forellenabfall
1 Bund Wurzelwerk
1–2 Tomaten
1 Knoblauchzehe
1 Lorbeerblatt
2–3 Wacholderbeeren
1 EL Butter
¼ l Weißwein
½ l Wasser

für die Sauce:
30 g Butter
30 g Mehl
¼ l Milch
1 Schalotte
Muskat
Salz, weißer Pfeffer
Thymian
¼ l Fischsud
Safran
2–3 EL Gruyère

ZUBEREITUNG:

Aus den angegebenen Zutaten – die Knoblauchzehe durchpressen – den Fischsud herstellen.
Die Forellen filieren und im Mixer pürieren. Das geschlagene Eiweiß dazugeben und die Masse durch ein Sieb streichen. Fischsud, Sahne unterrühren und mit Salz und Pfeffer abschmecken. Kalt stellen. Dann in kleine Portionsförmchen füllen und im Wasserbad ca. 20 Minuten pochieren.
Aus der Butter, dem Mehl, der Milch, der kleingewürfelten Schalotte eine Béchamel-Sauce herstellen, mit Muskat, Salz, weißem Pfeffer und etwas Thymian abschmecken. Dann mit Fischsud auffüllen, nochmals mit Salz und Pfeffer abschmecken, eine Prise Safran zufügen. Vom Ofen nehmen. Gruyère reiben und unterziehen, nicht mehr kochen lassen. Forellenmus auf die Teller stürzen, mit Dill garnieren und Sauce Mornay dazu reichen.

Schaumbrot von Scholle mit »verlorenem Eigelb«

Elke Bierther, Köln

ZUTATEN:

250 g Schollenfilet oder Seezunge
1 ganzes Ei
1 Eiweiß
250 g Crème fraîche
Saft von 1 Zitrone
Schale von ½ Zitrone
Salz, Pfeffer
4 Eigelb
4 TL zerlassene, heiße, gesalzene Butter
ein paar Tropfen Zitronensaft

ZUBEREITUNG:

Fischfleisch mit Salz und Pfeffer im Mixer pürieren, im Kühlschrank 30–45 Minuten gut durchkühlen lassen oder vorher den Fisch stark kühlen. Dann das ganze Ei und das Eiweiß zugeben, gut durchmixen und weitere 30 Minuten kühlen. Nun nach und nach die Crème fraîche zugeben, nicht zu lange schlagen. Die Masse ist so in der Kühlung einige Stunden stabil. In gebutterte Portionsförmchen füllen und im Wasserbad im Backofen bei 220 Grad zugedeckt 30 Minuten kochen. Herausnehmen und auf vorgewärmte Teller stürzen.
Eigelb sauber vom Eiweiß trennen, in heißem Salzwasser gerade anziehen lassen. Auf jedes Schaumbrot ein solches Eigelb plazieren, mit etwas Zitrone beträufeln, die Butter darübergeben und sofort servieren.

ANMERKUNG:

Die Eier sollten sehr frisch sein, Eigelb sehr sorgfältig vom Eiweiß trennen. Damit die Dotter ganz bleiben, benutze ich einen tiefen Schaumlöffel und tauche sie darin in das Wasser. Der Löffel sollte dünn geölt werden, nach jedem Eigelb neu, sonst kleben sie leicht fest.

Geflügelleber-Mousse

Ingeborg Bauer, Böblingen

ZUTATEN:

250 g Geflügelleber
1 Zwiebel
2 EL Butter
Thymian
Salz, Pfeffer

für das Gelee:
¼ l kalte entfettete Fleischbrühe
6 Blatt helle Gelatine
½ Weinglas Madeira
Salz

ZUBEREITUNG:

Leber und gehackte Zwiebel in Butter anbraten und würzen. Nach dem Erkalten pürieren, ca. 2 cm dick auf eine Folie streichen und für 10 Minuten ins Tiefkühlfach legen.
Die kalte Fleischbrühe filtern und erwärmen. Die Gelatine in der Brühe auflösen, würzen und Madeira zufügen.
Die Mousse in Plätzchen von 5 cm Durchmesser ausstechen, auf eine Platte legen und mit dem Gelee übergießen. Kalt stellen und zum Schluß Plätzchen mit 7 cm Durchmesser ausstechen.
Mit Senffrüchten, Butter und Toast zu Tisch geben.

Kalbsleberschaum

Barbara Reimann, Köln

ZUTATEN:

400 g Kalbsleber
125 g Butter
1 Ei, 3 Eigelb
100 g Crème fraîche
2 cl Cognac
2 cl Portwein
2 cl Kirschwasser
Salz
Pariser Pfeffergewürz
ca. 125 g braune französische Champignons
pro Person 1 Apfel (Boskop oder Berlepsch)
¼ l Rotwein
Zitrone
Zucker nach Geschmack

ZUBEREITUNG:

Die Leber mit Salz und Pfeffergewürz pürieren, mit der weichen Butter, dem Ei und dem Eigelb verrühren, Sahne und Spirituosen zugeben und abschmecken.
In einer Pastetenform bei ca. 175 Grad 1 gute Stunde im Wasserbad ziehen lassen und mindestens 1 Tag auskühlen und durchziehen lassen. Am folgenden Tag gehackte frische Champignons unterziehen.
Die Äpfel aushöhlen und in Rotwein mit Zitrone und Zucker dünsten. Den Kalbsleberschaum in den ausgekühlten Äpfeln auf Portionstellern anrichten.

Salat aus Bückling

M. Westphal, Schleswig

ZUTATEN:

2 Bücklinge
4 Handvoll Spinat
1 Eigelb
Olivenöl
1 EL Obstessig
Salz, Pfeffer
2 Stiele Petersilie
3–6 Blätter Minze
1 Zitrone
evtl. Quark

ZUBEREITUNG:

Die Bücklinge ausnehmen, das Fleisch in mundgerechte Stücke zerpflücken. Den Spinat waschen, abtropfen lassen und vorsichtig mit dem Bücklingfleisch in 4 Gläser schichten. Eigelb, Essig, Salz, Pfeffer, Öl, kleingehackte Petersilie und die zerkleinerten Minzblätter zu einer Sauce verrühren und evtl. mit etwas Quark andicken.
Über den Salat verteilen und mit Zitrone garnieren.

Karpfen-Klößchen

Michal Agnon, Bühl/Baden

ZUTATEN:

1 Karpfen (ca. 1½ kg)
2—3 Eier, je nach Größe
2 große Zwiebeln
ca. 4 EL Mazzemehl
Salz, Pfeffer
1 TL Zucker

für die Tunke:
4 große Zwiebeln
2 Karotten
Pfefferkörner
1 TL Salz
1 TL Zucker

ZUBEREITUNG:

Die Zwiebeln in feine Würfel schneiden, die Karotten in nicht zu dünne Scheibchen, damit sie nicht zerfallen. Beides zusammen mit dem Karpfenkopf, den Pfefferkörnern, dem Salz und dem Zucker in einen sehr großen Topf geben, zu einem Drittel mit Wasser auffüllen, zum Kochen bringen und auf kleiner Flamme kochen lassen. Den Karpfen in Scheiben schneiden und mit einem scharfen Messer das Fleisch von Rückgrat und Gräten abtrennen. Den Fisch durch den Fleischwolf drehen, ebenfalls die Zwiebeln. Eier, Mazzemehl, Salz, frisch gemahlenen Pfeffer und 1 TL Zucker zufügen, alles verkneten und ein paar Minuten ruhen lassen, damit sich das Mehl vollständig auflöst. Mit nassen Händen kleine Kugeln formen und in die Tunke geben. Die Klößchen sollen eben mit Wasser bedeckt sein. Auf ganz kleiner Flamme etwa 1 Stunden kochen.
Die Klößchen herausnehmen und vorsichtig in eine große, flache Schale legen. Die Karotten ebenfalls herausnehmen, dann die Tunke durch ein Sieb über die Klößchen gießen, gut ausdrücken. Die Karottenscheibchen als Verzierung auf die Klößchen setzen.
Abkühlen lassen und dann mindestens einen, am besten 2 Tage im Kühlschrank kalt stellen.

ANMERKUNG:

Der Karpfenkopf muß unbedingt mitgekocht werden, damit das Gelee steif genug wird.

Lachsklößchen mit Gemüse-Rahmsauce

Yvonne Luh, Seesen

ZUTATEN:

für die Lachsklößchen:
500 g schieres Lachsfleisch
Salz, weißer Pfeffer
(für 8 Personen)

für die Gemüse-Rahmsauce:
½ l süße Sahne
3–4 Tomaten
etwas Lauch
1 Möhre
1 Handvoll frische Champignons
Petersilie, Dill
etwas Fleischbrühe
Pfeffer, Salz
(Nach »Feinschmecker«)

ZUBEREITUNG LACHSKLÖSSCHEN:

Das Lachsfleisch zweimal durch die feine Scheibe des Fleischwolfs drehen, dann durch ein Sieb streichen. In einer Schüssel auf Eis mit dem Schneebesen die Sahne in die Fischmasse einarbeiten, mit Salz und Pfeffer abschmecken. Die Masse im Kühlschrank mehrere Stunden ruhen lassen, dann mit einem nassen Suppenlöffel Klößchen abstechen und in einem auf ca. 80 Grad abgekühlten Fischsud ziehen lassen.

ZUBEREITUNG GEMÜSE-RAHMSAUCE:

Die Tomaten häuten, entkernen und klein schneiden, die Champignons blättrig schneiden und zusammen mit dem Lauch, der Möhre sowie der Petersilie und dem Dill in der Sahne so lange kochen, bis die Menge auf knapp die Hälfte reduziert ist. Das Ganze durch ein Sieb oder Tuch passieren, mit Salz, Pfeffer und etwas Fleischbrühe abschmecken.

Fischsalat

Margrit Kiefer, Bübingen

ZUTATEN:

4 Seezungenfilets
200 g Lachs
200 g Steinbutt

für den Fond:
1 Zwiebel
1 Lauchstange
1 Tomate, Sellerie
1 Lorbeerblatt
Pimentkörner
Seezungenabfälle
1 Lachs- oder Hechtkopf
½ l trockener Weißwein
Salz, Pfeffer

für die Sauce:
Estragon
Schnittlauch
Kerbel, Kresse
100 g Crème fraîche
50 g Mayonnaise
1 TL Essig
Salz, Pfeffer
Fischsud
4 Artischocken
Vinaigrette

ZUBEREITUNG:

Für den Fond Zwiebel, Lauchstange, Tomate, etwas Sellerie, Lorbeerblatt, einige Pimentkörner, Seezungenabfälle, Fischkopf ohne Flüssigkeit aufsetzen, nach einiger Zeit den Weißwein zugeben, 45 Minuten ohne Deckel kochen lassen. Durch ein Sieb geben, salzen und pfeffern.
In einer gebutterten Kasserolle bei 220 Grad im Backofen die Seezungenfilets, den Lachs und den Steinbutt in dem Fischfond garziehen lassen. Den Fisch herausnehmen, abkühlen lassen und in Stücke schneiden.
Die Artischocken kochen, die Böden herausnehmen und in Stücke schneiden. Mit Vinaigrette anmachen und ziehen lassen.
Aus den kleingehackten Kräutern, der Crème fraîche, der Mayonnaise eine Sauce bereiten, mit Essig, Salz, Pfeffer und etwas Fischsud würzen.
Die Artischockenböden mit Fischstücken mischen, auf 4 kleinere tiefe Teller mit breitem Rand anrichten, etwas Kräutersauce darübergießen, mit Artischockenblättern garnieren. Restliche Sauce getrennt servieren.

Shrimpssalat

Heinke Schupp, Icking

ZUTATEN:

junger Frühlingsspinat
Brunnenkresse
Löwenzahn
Sauerampfer
Kopfsalat

pro Person je 80—100 g
frische Shrimps
italienischer Weinessig
Olivenöl (vergine)

ZUBEREITUNG:

Die Salate einige Stunden im voraus waschen, auf einem Handtuch trocknen lassen, Stiele und Rippen wegschneiden. Dann in ein feuchtes Tuch gehüllt im Kühlschrank im Gemüsefach bis kurz vor dem Anrichten aufheben. (So wird der Salat besonders knackig.) Von den fünf Salatsorten je ein kleines Häufchen dekorativ auf einen großen Teller verteilen. Mittendrauf die Shrimps häufeln.
Wenig Essig mit viel Öl (ca. 1:4) und der richtigen Menge Salz in einem Marmeladenglas mit Deckel zu einer dicken grünlich-gelben Emulsion schütteln; die Sauce über Salate und Shrimps löffeln. Dazu gewärmtes, knuspriges Baguette.

ANMERKUNG:

In anderen Jahreszeiten können Sauerampfer und Löwenzahn durch Feldsalat und Radicchio ersetzt werden, wichtig ist die Brunnenkresse, die so besonders gut zu den Krabben paßt.

Forellenfilets in Estragonsauce mit Lauchrondellen

Ellen Fuhrmann, Waibstadt

ZUTATEN:

2 schöne frische Forellen
1 große Zitrone
Salz, Pfeffer
½ Tasse Weißwein (Riesling)
1 Glas leichte Mayonnaise oder Joghurtmayonnaise
1 Becher Joghurt
1 EL frische Estragonblätter
1 fingerdicke Stange Lauch
1 Tomate
Petersilie

ZUBEREITUNG:

Die Forellen säubern, mit Zitronensaft, Salz und frischgemahlenem Pfeffer innen und außen marinieren, mindestens 30 Minuten durchziehen lassen. Im gewässerten Fischrömertopf mit dem Weißwein ca. 40 Minuten bei 200 Grad garen lassen. Inzwischen die gewaschene Lauchstange in ½ cm dicke Ringe schneiden, in wenig kochendem Wasser kurz ziehen lassen, in ein Sieb schütten.
Die gegarten Forellen häuten, vorsichtig entgräten und in gefällige Stücke filieren.
Aus dem Fischsud, der Mayonnaise und dem Joghurt eine geschmeidige, cremige Sauce rühren, die Lauchrondellen und den kleingehackten Estragon unterheben.
In 4 Cocktailschalen etwas Sauce geben, die Forellenfilets darauf verteilen, mit der restlichen Sauce auffüllen und bis zum Verzehr im Kühlschrank aufbewahren. Vor dem Servieren mit einem Tomatenachtel und einem kleinen Petersilientuff garnieren.
Französisches Weißbrot oder Toast dazu reichen.

Lachs mit Kräutersauce

Maria Donath, Köln

ZUTATEN:

500 g frischer Lachs (aus der Mitte, 2 Koteletts)

für den Sud:
1 Stange Staudensellerie
1 Bund glatte Petersilie
3 Frühlingszwiebeln
1 Mohrrübe
1 Zitrone (in Scheiben)
1 Lorbeerblatt
1 TL Salz

für die Sauce:
1 Becher Sahnejoghurt
1 EL Mayonnaise (50 %)
frische Kräuter (Petersilie, Schnittlauch, Dill, Kresse, Zitronenmelisse usw.)
1 EL Kapern
1 TL Kräutersenf
Salz, Pfeffer

ZUBEREITUNG:

1 l Wasser mit den für den Sud angegebenen Zutaten ca. 20 Minuten leicht kochen lassen. Dann die 2 Lachsstücke hineingeben, ca. 15 Minuten garziehen (auf keinen Fall kochen!) und im Sud über Nacht erkalten lassen.
Aus Joghurt, Mayonnaise, gehackten Kapern, Kräutern und Senf eine Sauce rühren, mit Salz und Pfeffer abschmecken.
Erkalteten Fisch vorsichtig aus dem Sud heben, von Haut und Gräten befreien und auf 4 Tellern anrichten, Sauce gesondert reichen. Dazu Baguette und trockenen Weißwein.

Gravlachs

Ingeborg Grabert, Stuttgart

ZUTATEN:

$2\frac{1}{2}$ kg Mittelstück vom Lachs (also zwei Hälften oder Filets) mit unbeschädigter Haut
Fichtenzweige (falls verfügbar)
$2\frac{1}{2}$ EL grobes Salz und
$1\frac{1}{4}$ EL Zucker gemischt
1 großer Bund frischer Dill
4–5 EL Cognac

Außerdem benötigt man ein Gefäß, gerade groß genug für den Fisch, ein Brett oder einen Teller mit etwas kleinerem Durchmesser zum Beschweren, ein 2-kg-Gewicht (z. B. Dose mit italienischen Tomaten) und Plastikfolie

ZUBEREITUNG:

Den Fisch mit den Fingern nach Gräten abtasten und diese sorgfältig mit einer Pinzette entfernen. Den Boden des Gefäßes mit den Fichtenzweigen bedecken. Darüber kommt eine Lage frische Dillzweige, darauf ein Fischfilet mit der Haut nach unten. Das zweite Filet mit der Haut nach unten auf den Arbeitstisch legen.
Die Fleischseite jedes Filets mit der Salz/Zucker-Mischung einreiben und den Cognac darüberträufeln. Dann kommt eine Lage Dillkraut auf den Fisch im Gefäß und das zweite Filet darauf, Fleisch auf Fleisch, jedoch in Gegenrichtung, so daß der dickere Rückenteil des zweiten auf den dünneren Bauchteil des ersten Filets zu liegen kommt. Alles mit weiteren Dill- und Fichtenzweigen bedecken und das Ganze mit Plastikfolie abdecken.
Das Brett auf die Folie legen und mit dem Gewicht beschweren. In den Kühlschrank stellen. Täglich mit der sich absondernden Flüssigkeit begießen. Nach 2 Tagen ein Stückchen Fisch kosten und, falls nötig, mit Salz und Cognac nachwürzen. Den Fisch umdrehen, so daß das obere Filet unten zu liegen kommt, wieder beschweren und für weitere

2–3 Tage in den Kühlschrank stellen. Nach insgesamt 4–5 Tagen kann der Fisch serviert werden.
Zum Aufschneiden legt man ein Filet, Hautseite nach unten, auf ein Brett. Mit einem sehr scharfen langen Messer schneidet man möglichst dünne Scheiben ab. Dabei setzt man etwa 10 cm vom dickeren Ende entfernt an und führt das Messer nahezu parallel zum Brett zum dünneren Ende hin.
Mit gebuttertem Pumpernickel servieren.
Der Gravlachs hält sich im Kühlschrank bis zu 2 Wochen.

Warme Lachsbrötchen

Anke Richter, Hamburg

ZUTATEN:

4 Weißbrotscheiben
4 Scheiben Räucherlachs
¼ l Milch
4 EL Butter
geriebener Käse

ZUBEREITUNG:

Die dünnen Weißbrotscheiben durch die Milch ziehen, mit einer passend zurechtgeschnittenen, in Milch aufgeweichten Scheibe Räucherlachs belegen und mit je einer durch Milch gezogenen Scheibe Weißbrot belegen. Auf einem gefetteten Blech im Backofen auf der mittleren Schiene 20 Minuten bei 200 Grad ohne Vorheizen backen.

Räuchermakrele süßsauer

A. M. Gramse

ZUTATEN:

1 geräucherte Makrele (ca. 500 g)
1 Bund Dill
2 EL Zitronensaft
4 EL Öl
Wasser
Salz, Pfeffer, Zucker

ZUBEREITUNG:

Die Makrele häuten, entgräten, filieren. Die etwas zerkleinerten Filets in einer flachen Schüssel anrichten, mit dem feingehackten Dill bestreuen.
Aus dem Zitronensaft, dem Öl und soviel Wasser, daß es $^1/_8$ l Flüssigkeit wird, mit Pfeffer, Salz und einer Prise Zucker eine Marinade schlagen, über die Filets gießen und 24 Stunden kühl stellen. Evtl. nach 12 Stunden die Filets wenden. Mit aufgerösteten Roggenbrötchen servieren.

Haricots verts mit Garnelen

Susanne Sewering, Dachau

ZUTATEN:

600 g Haricots verts
150 g Garnelenschwänze
1 Handvoll Schalotten
Sherry-Essig
1 TL Dijonsenf
Haselnuß- oder Walnußöl
Salz, Pfeffer

ZUBEREITUNG:

Die Schalotten sehr klein hacken und in kaltes Wasser legen, um evtl. vorhandene Schärfe zu nehmen.
Die Bohnen putzen, waschen, in Stücke brechen und in viel

sprudelndem Salzwasser knackig kochen, anschließend gründlich eiskalt abbrausen.
Salz und grob gemahlenen Pfeffer in Sherry-Essig auflösen, Dijonsenf unterrühren, die ausgedrückten Schalotten dazugeben und alles mit reichlich Öl abrunden. Die Bohnen zufügen und gut durchziehen lassen.
½ Stunde vor dem Servieren die Garnelen untermischen.

Krabben mit Rührei und Löwenzahnsalat

Barbara Hoffmann, Karlsruhe

ZUTATEN:

300 g Löwenzahn
750 g frische Krabben in der Schale
3 Eier
1 EL Butter
1 Sträußchen Dill
50 g Schinkenspeck
1 EL Olivenöl
½ TL Weinessig
Salz
Zucker
½ TL süßer Senf

ZUBEREITUNG:

Vom Löwenzahn nur die gelbstieligen Teile verwenden, gut waschen, abtropfen lassen. In der Pfanne den kleingeschnittenen Schinkenspeck auslassen, bis er goldgelb ist, und auf Krepp abtropfen. Aus Öl, Essig, jeweils 1 Prise Salz und Zukker und dem Senf eine Sauce herstellen, den erkalteten Speck hinzufügen und kurz vor dem Anrichten über den Salat geben.
Krabben aus der Schale pulen und mit feingehacktem Dill bestreuen. Butter in der Pfanne zerlassen und aus den Eiern ein lockeres Rührei herstellen.
Das Gericht auf halbtiefen Tellern anrichten: in der Mitte das Ei, dann die Krabben und außen der Salat.

Krabbenauflauf

Gabriele Meister, Heidelberg

ZUTATEN:

300 g Krabben oder Shrimps
200 g frische Champignons
½ Zitrone
3/10 l süße Sahne
2 gestrichene TL Mehl
100 g Butter
3 EL geriebener Emmentaler
Pfeffer, Salz, Muskat

ZUBEREITUNG:

Die Champignons putzen und fein blättern, mit etwas Zitronensaft beträufeln und in 75 g Butter kurz braten. Die Krabben hinzufügen und nur eben warm werden lassen. Die restliche Butter in einem kleinen Topf schmelzen, das Mehl hinzufügen, aufkochen lassen, die Sahne nach und nach zufügen und zum Schluß ca. 3 Minuten auf ganz kleiner Flamme kochen lassen. Mit Pfeffer, Salz und einer Spur Muskat würzen, evtl. noch etwas Zitronensaft hinzufügen.
4 kleine Gratinformen buttern, Krabben, Pilze und Sahnesauce miteinander mischen und in die Gratinformen füllen. Mit dem Käse bestreuen und kurz überbacken.

Fischkuchen

Kathrin Wachter, Wezembeek-Oppem

ZUTATEN:

100 g Mehl
70 g kalte Butter, weitere Butter
2 EL dicke saure Sahne
1 Zwiebel
100 g Champignons
1 EL gehackte Petersilie
300–350 g Fischfilet (Kabeljau, Seelachs, Dorade)
Salz, Pfeffer
Zitronensaft, Öl
3 mittelgroße Tomaten

ZUBEREITUNG:

Aus Mehl, Salz, der kalten, in Flocken geschnittenen Butter und der sauren Sahne einen Teig machen, dabei mehr mit dem Handballen drücken als kneten. Kühl stellen.
Für die Fülle die Zwiebel in Butter glasig dünsten, die blättrig geschnittenen Champignons und die Petersilie dazugeben und mit 1 EL Butter braten lassen, bis die Masse trokken und ein wenig braun ist. Kräftig mit Salz und Pfeffer würzen.
Das Fischfilet waschen, trocknen, in Würfel schneiden, salzen, pfeffern und mit Zitronensaft beträufeln. Den Fisch leicht mit Mehl bestäuben und in sehr heißem Öl in der Pfanne sehr, sehr kurz braten. Beiseite stellen.
Eine 20-cm-Pieform mit gut der Hälfte des Teiges auskleiden, mit einer Gabel mehrmals einstechen und mit der Champignonmasse bedecken. Darauf den Fisch verteilen und die enthäuteten, in Scheiben geschnittenen Tomaten zufügen. Salzen, pfeffern. Aus dem restlichen Teig den Dekkel machen und darüberbreiten. Wieder mit der Gabel einstechen. Bei größter Hitze 15–20 Minuten backen.

Stangensellerie-Thunfischsalat mit Fleurons

Hedwig Benzinger, Ansbach

ZUTATEN:

200 g Stangensellerie
100 g Thunfisch
1 Kopfsalat
4 EL Distelöl oder Olivenöl
2 EL Zitronensaft
Salz, weißer Pfeffer
1 Prise Zucker
1 TL Senf
1 Stengel frischer oder zerriebener Estragon
1 Packung Blätterteig
1 Eigelb

ZUBEREITUNG:

Salat waschen und gut abtropfen lassen, den Stangensellerie in feine Scheiben schneiden, Salatblätter in Streifen schneiden, Thunfisch in Stückchen schneiden. Aus Öl, Zitronensaft, Salz, Pfeffer, Zucker, Senf und Estragon eine Marinade herstellen und vorsichtig unter Salat, Sellerie und Thunfisch heben.
Aus dem Blätterteig Blüten oder Blätter ausstechen, mit Eigelb bestreichen und backen.

Überbackene Muscheln

Christa Lemcke, Stelle

ZUTATEN:

ca. 1½ kg Miesmuscheln
60 g Butter
1 EL Petersilie
2 Knoblauchzehen
50 g Walnußkerne
Pfeffer, Salz
Reibkäse (Emmentaler)
Cognac
Weißwein

ZUBEREITUNG:

Die Muscheln in wenig Weißwein garen, Muschelschalen teilen, das Muschelfleisch in einer Schalenhälfte lassen. Die Butter, feingehackte Petersilie, durchgepreßten Knoblauch, die geriebenen Walnußkerne, Pfeffer und Salz gut miteinander vermischen und damit die Muscheln in den Schalen bestreichen. Den Käse darüberstreuen, alles mit etwas Cognac beträufeln und im Ofen ca. 10–15 Minuten überbacken. Heiß servieren.

Eingemachte Gans als Vorspeise

Cornelia Wachsmuth, Simbach

ZUTATEN:

1/8 einer eingemachten Gans
2 Tomaten
4 kleine Zweige Thymian (ersatzweise Petersilie)
10 kleine Roggensemmeln (Partybrötchen)
Gänseschmalz

ZUBEREITUNG:

Den irdenen Topf mit der eingemachten Gans in ein Wasserbad stellen, bis das Fett geschmolzen ist, ein passendes Stück Fleisch entnehmen und das Schmalz entfernen. In der Pfanne langsam bräunen. Nach dem Abkühlen in feine Scheiben schneiden, auf Teller verteilen, mit Tomatenscheiben und Thymian garnieren. Dazu kleine Roggensemmeln und gewürztes Gänseschmalz servieren.
Die restliche Gans im Topf wieder gut mit Schmalz verschließen; bis zur weiteren Verwendung kühl stellen.

ANMERKUNG:

Rezept »Eingemachte Gans« siehe Seite 245.

Leberschmalz

Lilly Koloczek, Passau

ZUTATEN:

250 g Leber (Huhn oder Pute)
180 g Schweineschmalz
1 kleine Zwiebel
3 Knoblauchzehen
Salz, Pfeffer
Straßburger-Pasteten-Gewürz
Piment

ZUBEREITUNG:

Zwiebel sehr fein schneiden, in der Pfanne mit etwas Schweineschmalz zart anschwitzen, Leber pürieren und dazugeben, bei leichter Hitze gut rühren, bis die Masse gar ist. Knoblauch durch die Presse drücken und mit den Gewürzen und dem restlichen Schweineschmalz dazugeben. Bis zum Erkalten immer wieder umrühren. In Steinguttopf füllen und zu Schwarzbrot reichen.

Lammleber mit Lauchsalat

Rosemarie Schwarz, Mannheim

ZUTATEN:

4 Scheiben Lammleber à ca. 75 g
750 g Lauch
Weißwein
Olivenöl
Salz, Pfeffer
glatte Petersilie
Weißweinessig

ZUBEREITUNG:

Lauch putzen, grobfaserige, grüne Blätter abschneiden, der Länge nach halbieren, gut waschen. In nicht zu kleine Stükke schneiden. In wenig Salzwasser, das mit einem guten

Schuß Weißwein versehen ist, knapp garkochen. Abschütten und mit kaltem Wasser abschrecken. Dann sofort mit der in der Zwischenzeit aus Weißweinessig, Olivenöl, Salz, Pfeffer und klein geschnittener glatter Petersilie gerührten Salatsauce übergießen. Gut mischen und auf die Vorspeisenteller verteilen.
Die Lammleberscheiben in heißem Olivenöl auf beiden Seiten kurz braten, mit Salz und frisch gemahlenem Pfeffer würzen. Neben dem Lauchsalat anrichten, sofort mit Weißbrot servieren. Evtl. noch Zitronenachtel dazu anbieten.

Spaghetti al pesto

Brigitte Meyer, Münster

ZUTATEN:

250 g italienische Spaghetti
2 l Salzwasser
2 EL Pinienkerne
4 EL frisches oder gefrorenes Basilikum
1 Knoblauchzehe
4 EL Olivenöl
100 g Schafskäse
1 Tasse Fleischbrühe
schwarzer Pfeffer

ZUBEREITUNG:

Die Spaghetti in kochendem Salzwasser, mit einem Spritzer Öl, damit sie nicht zusammenkleben, 2 Minuten kürzer als nach Packungsangabe al dente kochen. Währenddessen in einem Mörser die Pinienkerne mit den Kräutern zerstoßen. In einer kleinen Kasserolle zusammen mit dem Saft der Knoblauchzehe, Olivenöl und der Fleischbrühe verrühren. Darin den zerbröckelten Schafskäse vorsichtig schmelzen lassen.
Die Spaghetti abgießen und in eine angewärmte Schüssel füllen. Darauf die Sauce schütten und mit grob gemahlenem schwarzem Pfeffer bestreuen.

Grüne Nudeln mit Champignons in Rahm

Rosemarie Schwarz, Mannheim

ZUTATEN:

250 g grüne Bandnudeln
500 g frische Champignons (am besten die großen braunköpfigen aus Frankreich)
¼ l 34 %ige Sahne oder Crème fraîche
2 Schalotten
40 g Butter
Salz, Pfeffer
150 g Räucherlachs (man kann dafür sehr gut die preiswerteren Anschnitte verwenden)
1 großer Bund Dill

ZUBEREITUNG:

Die Champignons putzen und waschen, in nicht zu dünne, ca. 5 mm dicke Scheiben schneiden. Schalotten schälen und fein hacken. In einer großen Pfanne (am besten Gußeisen emailliert) Butter zerlassen, Schalotten kurz andünsten, dann die Champignons zugeben und bei großem Feuer unter Wenden kräftig anbraten. Einen Teil der Sahne zugeben, aufkochen lassen, salzen, pfeffern aus der Mühle. Jetzt das Feuer kleiner stellen, weiter Sahne portionsweise zufügen und langsam köcheln lassen.
In der Zwischenzeit Räucherlachs in feine Streifen schneiden, Dill fein hacken, mit dem Lachs mischen und zugedeckt ziehen lassen.
Nudeln in reichlich Salzwasser al dente kochen. Abschütten, mit kaltem Wasser abbrausen und abtropfen lassen. Zu den Pilzen in die Pfanne geben und miteinander vermengen. Nochmals abschmecken. Auf vorgewärmten Tellern anrichten und mit den Lachsstreifen bestreuen.

Tagliatelle im Grünen

Doris Fricker, Stuttgart

ZUTATEN:

150 g grüne Tagliatelle
100 g frischer Spinat
40 g Butter
⅕ l süße Sahne
30 g Parmesan
40 g gekochter Schinken
Salz, schwarzer Pfeffer
Öl
Parmesan zum Bestreuen

ZUBEREITUNG:

Die Tagliatelle in Salzwasser mit einem Schuß Öl kochen. Den frischen Salat in Salzwasser 2 Minuten zusammenfallen lassen, mit Eiswasser abschrecken, gut ausdrücken und in Streifchen schneiden. Butter zerlassen und darin die Sahne reduzieren. 30 g frisch geriebenen Parmesan dazugeben, den Schinken in Streifen schneiden und ebenfalls einrühren. Den Spinat dazugeben, mit Salz und frisch gemahlenem Pfeffer abschmecken. Die gut abgetropften Nudeln darin wenden, mit Parmesan bestreuen und servieren.

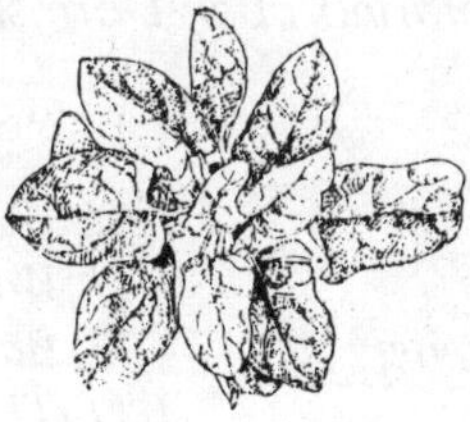

Fasanenpastetchen

Gisela Bauer, Gärtringen-Rohrau

ZUTATEN:

1 Paket Blätterteig
1 Fasan
100 g fetter Speck
1 Schalotte
1 Ei
Crème fraîche
1–2 EL Pinienkerne
Cognac
Salz, Pfeffer
2 Wacholderbeeren
Pastetengewürz

ZUBEREITUNG:

Fasan entbeinen, Brust und Schenkel mit der Schalotte und dem Speck in der Moulinette pürieren, Pinienkerne in der trockenen Pfanne rösten, Fleischfarce in wenig Butter anschmoren, mit Ei und Crème fraîche binden und würzen. Aus Blätterteig mit dem Weinglas große Taler ausstechen, je zwei Taler mit Eigelb bestreichen, mit Farce füllen und zusammensetzen. Eigelb mit Milch verquirlen und die Pastetchen damit bestreichen. Bei 220 Grad ca. 20 Minuten goldbraun backen.

Pastetchen mit Fleischfüllung

Katarina Ebel, Darmstadt

ZUTATEN:

250 g Mehl
250 g Butter
250 g trockener, frischer Quark
Salz
Eigelb
gekochtes Hühnerfleisch
Saft von ¼ Zitrone
1 EL Weinbrand
1 TL Worcestersauce
1 TL Basilikum
1 TL Thymian
½ Bund Petersilie
25 g geriebener Käse
1 EL Butter

ZUBEREITUNG:

Aus Mehl, Butter, Quark und einer Prise Salz einen Teig herstellen und ziemlich dick ausrollen. Dann runde Platten ausstechen, aus der Hälfte dieser Platten nochmals in der Mitte kleine runde Plätzchen, so daß man Ringe erhält. Platten und Ringe mit Eigelb zusammensetzen, anschließend mit Eigelb bepinseln. Auf ein bemehltes Blech setzen und bei ziemlich hoher Temperatur goldgelb backen.
In der Zwischenzeit die Fleischfüllung herstellen: Hühnerfleisch klein schneiden. Die restlichen Zutaten miteinander vermischen, das Hühnerfleisch unterziehen und alles in die noch warmen Pastetchen füllen und gleich servieren.

Blätterteigpastetchen mit Roquefortfüllung

Rosemarie Schwarz, Mannheim

ZUTATEN:

1 Paket Tiefkühlblätterteig (fünf Streifen)
150 g Roquefort
2 Eigelb
2 EL Crème fraîche
Pfeffer aus der Mühle

ZUBEREITUNG:

Den Roquefort mit der Gabel zerdrücken, mit Eigelb und Crème fraîche cremig rühren, mit frisch gemahlenem Pfeffer würzen.
Die angetauten Teigstreifen auf leicht bemehltem Brett etwas auswellen, jeden Streifen einmal in der Mitte durchschneiden. Jedes Viereck mit einem gehäuften Teelöffel Käsemasse füllen, die Ränder mit Wasser bestreichen, zusammenklappen und die Schnittstellen mit einer Gabel fest zusammendrücken. Mit Eigelb bestreichen, auf ein mit Wasser abgespültes Backblech setzen und bei ca. 230 Grad goldbraun backen.
Warm zum Aperitif servieren.

Blätterteig-Mais-Taschen

Gudrun Marie Hanneck-Kloes, Köln

ZUTATEN:

1 Paket tiefgekühlter Blätterteig
1 kleine Dose Mais
200 g mittelalter geriebener Holländer
6 Scheiben gekochter Schinken
⅛ l süße Sahne
Butter
Schnittlauch
Muskat, wenig Dill
1 Eigelb
(für 6 Personen)

ZUBEREITUNG:

Blätterteig auftauen und ausrollen, in 6 gleichgroße Stücke schneiden. Jedes davon mit einer Scheibe Schinken belegen. Den Mais mit etwas Butter und Sahne in einem kleinen Topf erhitzen, Käse und Kräuter sowie eine Prise Muskat zugeben, rühren, bis der Käse geschmolzen ist, und die Masse zu gleichen Teilen auf dem vorbereiteten Blätterteig verteilen. Taschen herstellen, Ränder mit einer Gabel festdrücken und die Mais-Taschen auf ein gefettetes Blech legen.
Bei ca. 180 Grad etwas mehr als ½ Stunde gar werden lassen. Kurz vor Ende der Garzeit die Taschen mit dem verquirlten Eigelb bestreichen.

Kleine Pfannkuchen gefüllt mit Pfifferlingen

Renate Stadler, Hutthurm

ZUTATEN:

für den Teig:
125 g Mehl
1/8 l Milch
1/8 l Wasser
1 Ei
1 Prise Salz
Butter

für die Füllung:
200–250 g Pfifferlinge
1 Schalotte
1–2 EL herber Weißwein
1 TL Mehl
Petersilie, Schnittlauch, Dill (alles frisch)
Salz, Pfeffer
1 Becher saure Sahne oder Crème fraîche

ZUBEREITUNG:

Zutaten verrühren und mindestens 20 Minuten quellen lassen, dann mit Butter in einer kleinen Pfanne ausbacken. Die Pilze je nach Größe teilen oder im Ganzen lassen, die Schalotte klein schneiden und in Butter glasig werden lassen, die Pilze dazugeben und 3–4 Minuten dünsten. Mit Weißwein ablöschen, mit Salz und Pfeffer abschmecken, die feingehackten Kräuter dazugeben und in die nicht mehr kochende Masse zum Schluß den Rahm unterziehen.

Eierkuchen mit Broccoli und Mozzarella

Christa Porath, Lübeck

ZUTATEN:

20 g Mehl
1/10 l Milch
250 g Broccoli
150 g Mozzarella
100 g gekochter Schinken
100 g Parmesan
50 g Pinienkerne
1/2 Knoblauchzehe
1/4 l süße Sahne
2 Eigelb
Salz, Zucker, Öl

ZUBEREITUNG:

Mehl und Milch verrühren und 30 Minuten ausquellen lassen. Broccoli ca. 3 Minuten in Salzwasser vorgaren, abtropfen lassen. Mozzarella in dünne Scheiben, Schinken in Streifen schneiden. Eigelb unter den ausgequollenen Teig rühren, mit je 1 Prise Salz und Zucker würzen. Im heißen Öl 4 kleine Eierkuchen backen. Parmesan reiben, den Knoblauch auspressen und beides mit der Sahne mischen. Jeweils Broccoli, Pinienkerne, Mozzarella und Schinken auf den Eierkuchen schichten, Kuchen zusammenklappen. In einer feuerfesten Form mit der Parmesansahne ca. 10 Minuten überbacken.

Windbeutel mit Käsefüllung

Margrit Kiefer, Bübingen

ZUTATEN:

für den Teig:	für die Füllung:
1/8 l Wasser	Roquefort
65 g Butter	Gervais
Salz	Crème fraîche
20 g Stärkemehl	Tomatenmark
65 g Mehl	Orangensaft
2 Eier	Cognac

ZUBEREITUNG:

Aus den Zutaten einen Brandteig herstellen, mit der großen Tülle des Spritzbeutels kleine Häufchen (1,5 cm) auf das Backblech spritzen. Bei 220 Grad backen, erkalten lassen. Jeweils getrennt Roquefort und Gervais mit Crème fraîche glattrühren und mit etwas Tomatenmark, ein paar Tropfen Orangensaft und Cognac würzen. Mit dem Spritzbeutel in die Windbeutel füllen.

ANMERKUNG:

Die Windbeutel erst 10 Minuten vor dem Servieren füllen, damit sie nicht zu weich werden.

Salz-Rahm-Kuchen

Erika Ricker-Possmann, Schorndorf-Haubersbronn

Einen mürben Hefeteig herstellen und eine runde Kuchenform damit auslegen.
1/4 l saure Sahne mit 2 Eiern verquirlen, mit Pfeffer und Salz abschmecken, feingeschnittenen Schnittlauch zufügen, auf den Teig geben und bei guter Hitze im Ofen ausbacken.

Lauchtorte

Hannelore Paul, München

ZUTATEN:

3 Stangen Lauch
1/8 l kräftige Fleischbrühe (ersatzweise kräftige Würfelbrühe)
1/8 l trockener Weißwein
Butter
2 EL Rosinen
100 g gekochter Schinken
50 g milder Butterkäse
100 g geraspelter Emmentaler
2 Eier
1/5 l saure Sahne
50 g durchwachsener Speck
Salz, Pfeffer, Zucker

für den Teig:
150 g Mehl
1 Eigelb
70 g Butter

ZUBEREITUNG:

In das gehäufte Mehl eine Mulde drücken und das Eigelb sowie 1–2 EL kaltes Wasser mit einer Prise Salz hineingeben. Die Butterflöckchen auf den Rand setzen und von der Mitte aus mit einem Messerrücken zu einem glatten Teig durchhacken oder mit dem Knethaken eines Elektroquirls durcharbeiten. Dann mindestens 30 Minuten in den Kühlschrank stellen.
Lauch putzen, in Ringe schneiden, gut waschen und in der Brühe 10 Minuten dünsten. Danach gut abtropfen lassen. Jetzt den klein gewürfelten Speck auslassen. Den Lauch darin unter Wenden anbraten, den Wein und die Rosinen zugeben, mit Salz, Pfeffer und etwas Zucker abschmecken und fast einkochen lassen.
Währenddessen den ausgerollten Teig in eine Quiche-Form legen, dabei den Rand gut hochdrücken. Im auf 200 Grad vorgeheizten Backofen ca. 10 Minuten anbacken. Dann den Lauch mit den Rosinen darauf verteilen, den in schmale Streifen geschnittenen Schinken und die Butterkäsescheiben auflegen und mit der verquirlten Masse aus geraspel-

tem Emmentaler, Eiern und der sauren Sahne übergießen. Nochmals für 20 Minuten in den Backofen schieben. Die Lauchtorte heiß servieren.

Quiche Lorraine

Corinna Tilse, Au/Breisgau

ZUTATEN:

150 g Mehl
3 EL kaltes Wasser
½ TL Salz
150 g Butter
etwas Semmelmehl
150 g Schinkenspeck
100 g gekochter Bauernschinken
250 g Emmentaler
100 g holländischer Schmelzkäse
⅛ l Crème fraîche oder saure Sahne
1 Bund Petersilie
4 Eier
1 gestrichener TL Paprika

ZUBEREITUNG:

Mehl und Wasser miteinander verrühren, die Butter stückchenweise dazugeben und mit dem Salz zu einem glatten Teig verkneten. 1 Stunde ruhen lassen. Eine Springform einfetten und den Teig ganz dünn darin verteilen (es kann sein, daß Teig übrigbleibt). Mit Semmelbröseln bestreuen.
Käse, Speck und Schinken in Würfel schneiden, Sahne und Eier miteinander verquirlen, dann die gehackte Petersilie, Paprika und die Käse-/Schinken-/Speckwürfel dazufügen. Den Teig 15 Minuten vorbacken, dann die Masse darauf verteilen und bei mittlerer Hitze etwa 40 Minuten backen, bis die Oberfläche schön braun ist. Die Quiche als Kuchen mit Salat servieren.

Gebackener Ziegenkäse

Margrit Kiefer, Bübingen

Ziegenkäse in 1 cm dicke Scheiben schneiden, in geschlagenem Ei, dann in Semmelbrösel wenden und in Butter von beiden Seiten braten. Mit getoastetem Weißbrot servieren.

Schinkenmus-Eclairs

Yvonne Luh, Seesen

ZUTATEN:

für die Eclairs:
2 Eier
5 cl Milch
5 cl Wasser
1 Prise Salz
1 Prise Zucker
50 g Butter
60 g Mehl
(Nach Le Nôtre)

für die Füllung:
50 g Butter
125 g gekochter Schinken
$^1/_{12}$ l süße Sahne
25 g gestiftete Mandeln
Pfeffer, Salz

ZUBEREITUNG:

Einen Topf mit dickem Boden auf den Ofen stellen, Milch, Wasser, Salz, Zucker und Butter langsam erhitzen. Wenn die Masse anfängt zu kochen, den Topf vom Ofen nehmen und das Mehl auf einmal hineinschütten. Den Topf wieder auf den Ofen stellen und den Teig 1 Minute lang mit einem hölzernen Kochlöffel trocknen. Er ist fertig, wenn er sich vom Topfboden zu lösen beginnt. In eine gut vorgewärmte Schüssel (möglichst aus Metall) umfüllen, die Eier nacheinander zufügen und jeweils rasch mit dem Schneebesen einarbeiten. Sobald beide Eier untergerührt sind und der Teig geschmeidig ist, mit dem Rühren aufhören. Ein Backblech

möglichst mit Backtrennpapier belegen und den Teig mit dem Spritzbeutel auf das Blech spritzen. Den Ofen auf 220 Grad vorheizen, das Blech hineinschieben, nach etwa 10 Minuten auf 200 Grad zurückschalten und weiterbacken lassen. Während dem Backen die Ofentür leicht geöffnet halten. Die Eclairs sollten innen weich bleiben, deshalb das Backen genau überwachen. Den Schinken pürieren, die Butter schaumig rühren und den Schinken in die Butter einarbeiten, mit Pfeffer und Salz abschmecken. Die Mandeln zufügen und die steif geschlagene Sahne unterheben.
Die fertig gebackenen Eclairs aufschneiden und mit der Schinkenmasse füllen.

Gefüllte Äpfel

Marianne Seitz, Sandesneben

ZUTATEN:

4 Äpfel
100 g Käse (Edamer oder Gouda)
100 g gekochter Schinken
2 Cornichons oder 1 Gewürzgurke
1 kleine Zwiebel
Salz, Pfeffer
Majoran
Zitronensaft
4 EL Schlagsahne
1 EL Kräutermischung

ZUBEREITUNG:

Einen Deckel von den Äpfeln schneiden, dann das Fruchtfleisch aus den Äpfeln lösen und in Würfel schneiden. Käse, Schinken, Cornichons/Gurke, Zwiebel ebenfalls würfeln, zu den Apfelwürfeln geben und mit der Schlagsahne vermischen. Mit Salz, Pfeffer, Zitronensaft abschmecken, Kräuter dazugeben. Vor dem Einfüllen der Mischung die Äpfel mit Zitronensaft beträufeln, damit sie hell bleiben.
Im vorgeheizten Backofen bei etwa 225 Grad ca. 15 Minuten überbacken.

Käsesoufflé

Adelheid Vogel, Leimen

ZUTATEN:

100 g Parmesan
200 g Quark
25 g Butter
3 Eier
25 ml süße Sahne
Salz, Pfeffer, Paprika

ZUBEREITUNG:

In einem hochwandigen Gefäß mit dem Handmixer den Quark mit dem geriebenen Parmesan verrühren, die weiche, aber nicht geschmolzene Butter und die Gewürze dazugeben und nach und nach die Eier unterrühren, dann die Sahne, bis eine homogene Masse entstanden ist. Keramikförmchen nur am Boden buttern, Mischung einfüllen und in den auf 200 Grad vorgeheizten Ofen schieben. Temperatur auf 180 Grad zurückschalten und etwa 45 Minuten backen, bis die kleinen Soufflés goldbraun sind.
Mit Salat servieren.

Steinpilze

Gisela Heyel, Wachenheim

ZUTATEN:

4 feste Steinpilze
Petersilie
Butter
Salz, Pfeffer
1 TL Zitronensaft

ZUBEREITUNG:

Die Pilze nicht waschen (lieber sandige Stellen abschneiden), in $\frac{1}{2}$ cm dicke Scheiben schneiden und in Butter braten. Zitronensaft, Salz und Pfeffer dazugeben. Mit gehackter Petersilie bestreuen.

Fischterrine mit Dill-Crème fraîche

Gertrud Thomas-Book, Haltern

ZUTATEN:

750 g Kabeljaufilet (ca. 20 Scheiben)
1 Eiweiß
¾ Becher süße Sahne
20 g gehackte Mandeln
4 Räucherforellenfilets
4 Scheiben Räucherlachs (echter)
2 Bund Dill
2 Becher Crème fraîche
Streuwürze
Salz, Pfeffer, Butter

ZUBEREITUNG:

Kabeljaufilets säubern, abtrocknen, zerkleinern und in der Moulinette sehr fein zerhacken. In eine Rührschüssel geben und mit dem Handmixer (Knethaken) das Eiweiß, die Sahne, die gehackten Mandeln, etwas Streuwürze, Salz und Pfeffer unterrühren.
Die Forellenfilets enthäuten und jeweils 1 Filet in 1 Scheibe Lachs wickeln.
Eine kleine Kastenform buttern und lagenweise die Fischmasse, umwickelte Forellenfilets und Dill schichten. Die Form mit Alufolie schließen und in die 2 cm hoch mit Wasser gefüllte Fettpfanne stellen.
Bei 180 Grad 1–1½ Stunden garen. 24 Stunden ruhen lassen. Mit einer Sauce aus 1 Bund gehacktem Dill und 2 Bechern Crème fraîche servieren.

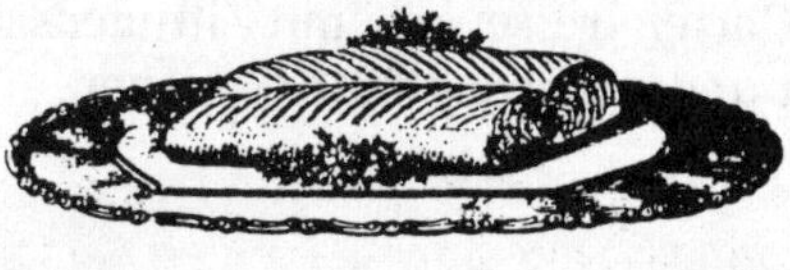

Forellenterrine »Fränkische Schweiz«

Ute Heider, Fürth

ZUTATEN:

1 kg frische Forellenfilets
4 geräucherte Forellenfilets
5 Eiweiß
Salz
$^{3}/_{10}$–$^{4}/_{10}$ l süße Sahne
weißer Pfeffer
Cayennepfeffer
5 cl Portwein oder Cognac
1 Bund Dill

ZUBEREITUNG:

Die frischen Forellenfilets, falls notwendig, noch entgräten und im Mixer pürieren. Das Eiweiß mit etwas Salz schaumig schlagen und unter das Fischmus mischen. Langsam die Sahne dazugeben und mit Portwein oder Cognac, Pfeffer, einer Prise Cayennepfeffer und evtl. etwas Salz abschmecken. Eine Pastetenform mit Alufolie auskleiden und zu 1 Drittel mit der Fischmasse füllen. 2 geräucherte Forellenfilets und etwas gehackten Dill einlegen, dann das zweite Drittel der Fischfarce einfüllen, die anderen beiden Forellenfilets und den gehackten Dill darauflegen und mit der restlichen Farce bedecken. Die Masse glattstreichen, mit ein paar Dillstengeln verzieren, die Folie zuklappen und zusätzlich noch mit Folie abdecken.
Die Terrine im Wasserbad bei 200 Grad im vorgeheizten Ofen etwa 2 Stunden garen lassen. Herausnehmen, abkühlen und etwa 10 Stunden ruhen lassen. Dann auf eine Platte stürzen und gut gekühlt in ca. 1 cm dicke Scheiben schneiden und servieren.
Dazu frische Gartenkresse, evtl. mit Zitronensaft abschmekken, Weißbrot und gesalzene Butter reichen.

Geflügelleberpastete

Barbara Eggert, Ludwigsburg-Neckarweihingen

ZUTATEN:

250 g frische Hähnchenleber
200 g Kalbsbrät
1 kleine Zwiebel
1 Knoblauchzehe
Zitronensaft
Cognac
1/10 l Rotwein
1/10 l süße Sahne
2 Eier
Thymian, Nelkenpfeffer
Salz, Pfeffer
Butter
Schinkenspeck
1 Lorbeerblatt

ZUBEREITUNG:

Leber von den Häutchen etc. befreien und im Ganzen in Butter so braten, daß sie innen rosa sind. Je ein Stückchen Zwiebel und Knoblauchzehe durch die Presse dazugeben, mit Zitronensaft, etwas Cognac und dem Rotwein löschen und abkühlen lassen.
In der Zwischenzeit das Kalbsbrät mit der Sahne, den Eiern, mit Thymian, Nelkenpfeffer, Salz und Pfeffer schaumig schlagen. Die Leber unter die Masse heben, in eine kleine mit Schinkenspeck ausgelegte Terrine füllen, mit einem Lorbeerblatt verzieren und zugedeckt im Wasserbad bei 200 Grad etwa 1 Stunden im Ofen backen.
Mit Cumberlandsauce servieren.

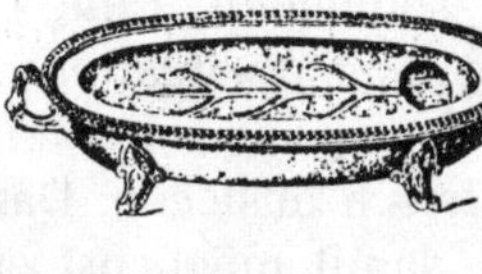

Feine Putenpastete mit Cumberlandsauce

Brigitte Weisbrodt, Bräuningshof

ZUTATEN:

200 g schieres Kalbfleisch (Keule)
125 g Kalbsschnitzel
175 g Schweineschnitzel
150 g frischer Speck
100 g Putenleber
2 Zwiebeln
2 Putenbrustfilets (zusammen ca. 1 kg, davon eines möglichst groß)
1 Scheibe trockenes Toastbrot
3 TL Salz
weißer Pfeffer
3 TL getrockneter Majoran
1 TL getrockneter Salbei
2 Eier
1/10 l Rotwein
100 g Pinienkerne
Fett für die Form
15 frische Salbeiblätter

ZUBEREITUNG:

Fleisch, Speck und Putenleber kühlen, dann in Streifen schneiden und mit den geschälten, geviertelten Zwiebeln durch den Fleischwolf drehen, einmal durch die grobe und zweimal durch die feine Scheibe. Zuletzt das trockene Toastbrot in den Fleischwolf geben, damit die Fleischreste herausgedrückt werden.
Den Fleischteig mit Salz, Pfeffer, Majoran und Salbei würzen. (Die getrockneten Kräuter evtl. durch ein Sieb reiben.) Fleischteig, Eier und Rotwein gründlich vermengen, über Nacht im Kühlschrank abgedeckt durchziehen lassen. Am nächsten Tag die Pinienkerne unterrühren. Das Kalbsschnitzel in Streifen schneiden. Eine große Kastenform (25 cm lang) ausfetten, die Salbeiblätter zur Dekoration auf den Boden legen.
Die Form mit Putenfleisch auslegen. Dazu Putenfilets geschickt aufschneiden, damit möglichst ein großer Lappen entsteht (1—1½ cm dick). Es soll so viel am Rand überhängen, daß man es nachher über der Farce zusammenschla-

gen kann. Kleine Lücken lassen sich mit übriggebliebenen Fleischflecken schließen.
Die Hälfte der Farce auf den Boden verteilen, dann die Kalbfleischstreifen hineindrücken. Die restliche Farce darüberfüllen und glattstreichen. Fleisch darüber zusammenschlagen, die Form mit Alufolie verschließen und auf die Saftpfanne vom Backofen stellen, in den vorgeheizten Ofen schieben und zwei Finger hoch Wasser in die Saftpfanne gießen. Die Pastete bei 175 Grad in 2½ Stunden garen. Danach die Form herausnehmen, den Fleischsaft, der sich gebildet hat, abgießen. Die Form wieder abdecken und abkühlen lassen.
Völlig erkaltete Pastete stürzen und in Scheiben schneiden. Als Vorspeise mit Cumberlandsauce und Toast reichen.

Cumberlandsauce:

1 ungespritzte Orange
⅛ l Rotwein
Ingwer
1 Tasse Johannisbeergelee
Saft von ½ Zitrone
1 TL Senf
1 EL Meerrettich
Cayennepfeffer

Dünn abgeschälte Orangenschale in feine Streifen schneiden, mit Rotwein und 1 Prise Ingwer 10 Minuten kochen. Abkühlen lassen, danach Orangensaft, Johannisbeergelee, Zitronensaft, Senf und Meerrettich darunterrühren. Mit Cayennepfeffer würzen.

Terrine nach Hausfrauenart

Anne Rittig, Grünstadt

ZUTATEN:

250 g Gänseleber
150 g Schweineleber
250 g mageres, entbeintes Schweinekotelett
125 g Kalbsschnitzel
350 g frischer Speck
1 Brötchen
1 Zwiebel
1 Knoblauchzehe
4 EL Cognac
1 Ei
5 EL Schlagsahne
1 Zweig frischer Thymian
abgeriebene Schale von ½ Orange
1 EL Butter
1 Handvoll Pistazienkerne
Salz, Pfeffer
3 Lorbeerblätter

ZUBEREITUNG:

Gänseleber in Cognac und Orangenschale marinieren, ganz kurz anbraten, beiseite stellen und später als Einlage der Terrine verwenden.
Das gut gekühlte Fleisch und die Schweineleber werden in Streifen geschnitten und zweimal durch den Fleischwolf (feine Scheibe) gedreht. Danach Zwiebel, Knoblauch und das eingeweichte Brötchen durchdrehen, die Zutaten in einer in Eiswasser gekühlten Schüssel aufbewahren und mit frisch gemahlenem Pfeffer, Salz und dem kleingeschnittenen Thymian würzen. Den in Streifen geschnittenen, gut gekühlten Speck zweimal durchdrehen und zusammen mit dem Ei, der Sahne und den Pistazien in die Fleischmasse einrühren. Eine Terrinenform ausbuttern, die Hälfte der Farce einfüllen, die Gänseleber in Stücken einlegen und darüber den Rest der Farce geben. Die Oberfläche mit Lorbeerblättern garnieren und die Terrine im Ofen 50–60 Minuten bei 200 Grad garen. Die Terrine wird mit einigen Löchern versehen, die mit ca. 2 EL Cognac aufgefüllt werden. Die Terrine wird kühl gestellt; sie kann nach einem Tag verzehrt werden.

ANMERKUNG:
Diese Terrine braucht nicht im Wasserbad zu garen, und auch das Auskleiden der Form mit Speckscheiben kann man sich bei diesem Rezept sparen.

Filetpastete

Elisabeth Dreher, Freiburg

ZUTATEN:

350 g Weizenmehl
250 g tiefgekühlte Butter oder Margarine
Salz
½ Glas kaltes Wasser
2 Eigelb
1 Eiweiß
1 großes Kalbsfilet
400 g feiner roher Schinken
Butter
zarte frische Salbeiblätter

ZUBEREITUNG:
Das Weizenmehl zusammen mit dem Salz auf den Tisch sieben, sehr kaltes Wasser dazustellen, ferner ein grobes Reibeisen. Butter oder Margarine aus dem Tiefkühlschrank nehmen, Hände unter kaltem Wasser kühlen. Nun das Fett sehr schnell in das Mehl reiben und immer wieder mischen. Das kalte Wasser in die Mitte gießen und mit Kraft den Teig zu einer glatten Kugel verarbeiten. Diese in ein Tuch wickeln und in den Kühlschrank legen.

WICHTIG: Das Gelingen des Teiges hängt davon ab, daß genau nach Vorschrift und sehr schnell gearbeitet wird, sonst gerinnt er. Das Ganze darf nicht länger als 3 Minuten dauern.
Das Kalbsfilet von Sehnen und Haut befreien und ohne Ge-

würze rundherum in Butter anbraten. Zum Abkühlen beiseite stellen.
Den Schinken in 2 cm große viereckige Stücke, die Salbeiblätter in feine Streifen schneiden.
Den Teig in einem Stück in etwa ¼ cm dick ausrollen. In die Mitte die Hälfte des Schinkens legen, darüber die Hälfte der Salbeistreifchen streuen. Das abgekühlte Filet darauflegen, geradestrecken, restlichen Schinken und Salbeiblätter auf das Filet legen. Den Teig von vorn und hinten über das Filet schlagen, so daß er in der oberen Mitte etwa 3 cm übereinanderlappt. Restlichen Teig abschneiden, aufheben. An den Seiten etwa 6—7 cm Teig stehenlassen, restlichen Teig ebenfalls abschneiden und aufheben.
Mit dem Eiweiß und einem Pinsel wird die Pastete der Länge nach auf der oberen Mitte zugeklebt und mit dieser geklebten Seite auf ein gebuttertes Backblech gelegt. Seitlich den Teig unterschlagen. Auf der Pastete in Abständen 3 ca. 1½ cm große »Kaminlöcher« anbringen. Die ganze Pastete mit Eigelb bestreichen.
Aus dem restlichen ausgerollten Teig Förmchen ausstechen und Zöpfchen flechten und damit die Pastete schön verzieren; ebenfalls mit Eigelb bestreichen.
Die Pastete im vorgeheizten Backofen bei 180 Grad etwa 1 Stunde goldgelb bis zartbraun backen; sie darf nicht dunkel werden.

Hasenpastete mit Aprikosensauce

Yvonne Luh, Seesen

ZUTATEN:

für die Pastete:
650–700 g Mehl
ca. 80 g Schweineschmalz
1 Ei
Salz
ca. 6 cl Wasser

für die Füllung:
2 Hasenrücken (ungespickt)

für die Beize:
¼ l Rotwein
3 Zwiebeln
2 Lorbeerblätter
2 Gewürznelken
4 Pimentkörner
6 Wacholderbeeren
Thymian

für die Würzpaste:
20 g Butterschmalz
Salz, Pfeffer aus der Mühle
Rosmarin, Salbei
ca. 2 EL Cognac

für die Füllung:
250 g Schweinefleisch (aus der Keule)
ca. 20 g Butterschmalz
ca. 80 g fetter Speck (im Stück)
1 Schalotte
4 cl Madeira
ca. 6 cl süße Sahne
35 g geschälte Pistazienkörner
Salz, Pfeffer

für das Gelee:
¼ l guter Madeira
etwas Fleischextrakt
3 Blatt weiße Gelatine

außerdem:
Schmalz für die Form
Öl und 1 Eigelb zum Bestreichen
(Nach »essen & trinken«)

ZUBEREITUNG:

Am Vortag den Pastetenteig bereiten. Das Mehl auf ein Backbrett schütten, eine Kuhle hineindrücken und das lauwarme Schweineschmalz, das Ei, etwas Salz und lauwarmes Wasser nach und nach dazugeben und zu einem geschmeidigen Teig verkneten. Teig zudecken und in den Kühlschrank stellen. Dann von den Hasenrücken die Filets lösen (auch die kleinen unteren). Aus Rotwein, grob zerteilten

Zwiebeln und den Gewürzen eine Beize mischen, die Filets darin über Nacht bei Zimmertemperatur marinieren. Die Rückenknochen des Hasen zerbrechen oder zerhacken und in einem Topf in 20 g Butterschmalz scharf anbraten, mit Salz, Pfeffer, Rosmarin und Salbei würzen. Den Cognac in eine Kelle gießen, leicht erwärmen, anzünden und brennend über die Knochen gießen. Den Cognac ausbrennen lassen, dann die Knochen mit 1—1½ l Wasser begießen und im geschlossenen Topf 2—3 Stunden leise kochen lassen.
Am nächsten Tag das Schweinefleisch mit Salz und Pfeffer würzen und in 10 g Butterschmalz rundum kräftig anbraten. Aus der Pfanne nehmen, in Streifen schneiden und abkühlen lassen. Speck in grobe Würfel schneiden, die Hasenfilets bis auf 1 kleines durch den Fleischwolf drehen (kleine Lochscheibe). Das Mus danach noch mit dem Schneidstab des Handrührers weiter pürieren.
Die gekochten Wildknochen auf ein Sieb schütten und das restliche Fleisch von den Knochen schaben. Dieses Fleisch mit dem Schneidstab pürieren.
10 g Butterschmalz in einer Pfanne erhitzen, die gehackte Schalotte darin anrösten, dann das eben pürierte Wildfleisch darin kräftig anbraten, etwas von der Brühe dazugeben und wieder völlig einkochen lassen. Dieses Wildfumet abkühlen lassen, dann unter die Pastetenfarce mischen. Auch Madeira, Sahne, Pistazien untermischen und die Füllung mit Salz und evtl. auch den anderen Gewürzen abschmecken.
Den Pastetenteig auf der bemehlten Arbeitsfläche ausrollen. Eine Kastenform (25 × 10 cm) in die Mitte des Teiges stellen und etwas andrücken, dann die Form nach allen Seiten kippen und ebenfalls etwas andrücken. Den Teig an den kurzen Enden entlang der Markierung schneiden, an den langen Kanten noch mehr Teig dranlassen. An den 4 Ecken jeweils einen Keil herausschneiden. Den Teig zusammenklappen und in die mit Schweineschmalz ausgestrichene Kastenform legen, in der Form wieder auseinanderklappen und die Schnittstellen in den Ecken gut zusammendrücken. Den übriggebliebenen Teig verkneten, wieder ausrollen und ei-

nen Deckel für die Form ausschneiden. Aus dem Rest kleine Formen zum Verzieren ausstechen. Beiseite legen.
Mit der Gabel den Teigboden in der Form mehrmals einstechen, damit später keine Blasen entstehen.
Die Hälfte der Farce in die Form füllen. Das rohe Hasenfilet mit Salz und Pfeffer würzen, darauflegen und mit der restlichen Farce bedecken. Die Form mehrmals kräftig auf den Tisch aufstoßen, damit sich in der Farce keine Luftblasen bilden. Die Oberseite der Farce mit Öl einpinseln, damit der Teig nicht ankleben kann. Den an den langen Seiten überhängenden Teig auf die Farce klappen, die Teigränder mit Eigelb bestreichen und den vorbereiteten Deckel auflegen. Mit einem kleinen Messer zwei Löcher in den Deckel schneiden, damit der Dampf später entweichen kann. Den Teigdeckel mit einem Messerrücken an den Rändern entlang in die Kastenform hineinschieben. Deckel mit Eigelb bestreichen, verzieren und mit den Teigfiguren belegen. Auch diese Figuren mit Eigelb bestreichen. Die Pastete im vorgeheizten Ofen bei 200–250 Grad 45 Minuten backen. Die Pastete völlig auskühlen lassen, dann aus der Form nehmen. Evtl. undichte Teigstellen mit Schweineschmalz zustreichen, damit das Gelee nicht auslaufen kann.
Für das Gelee Madeira mit Fleischextrakt würzen und lauwarm werden lassen. Die Gelatine einweichen, tropfnaß in ein Töpfchen geben und unter Rühren bei milder Hitze auflösen, dann unter den Madeira rühren. Das Gelee dann durch die Löcher im Deckel in die gut gekühlte Pastete füllen. Über Nacht kalt stellen. Wenn das Gelee fest ist, das zum Abdichten verwendete Schweineschmalz wieder von der Pastete entfernen.

Aprikosensauce:
1 kleine Dose Aprikosen (150–180 g)
1 Kumquat
Orangenbitter
Angostura
Sojasauce
Salz, Pfeffer

Aprikosen mit dem Saft pürieren, Kumquat fein hacken, das Mus mit Orangenbitter, Angostura, Sojasauce, Salz und Pfeffer aus der Mühle herzhaft abschmecken.

Suppen

Artischocken-Cremesuppe

Ingeborg Grabert, Stuttgart

ZUTATEN:

4 große Artischocken
30 g Mehl
Bouquet garni
2 Eigelb
Crème fraîche
Butter
Zitronensaft

für die Sauce:
40 g Butter
90 g Mehl
½ l trockener Weißwein (z.B. Chablis)
ca. 1 l Hühnerbrühe

ZUBEREITUNG:

Artischockenblätter entfernen, bis die Böden mit dem Heu freiliegen, dann mit Zitrone abreiben. Mehl mit 4–5 l kaltem Wasser verrühren, salzen, zum Kochen bringen, Bouquet garni zugeben und die Böden darin weich kochen. Dann kalt abschrecken, Heu entfernen und klein hacken.

Inzwischen die Sauce herstellen: Hühnerbrühe und Wein zu 1 l Brühe einkochen. Die Butter in einer Kasserolle schmelzen, Mehl einrühren und goldgelb anschwitzen. Nach und nach die heiße Brühe zugeben und unter Rühren aufkochen lassen. Auf kleinstem Feuer ½–1 Stunde köcheln lassen.

Mittlerweile die kleingehackten Artischockenböden in Butter vollends weich dämpfen. Dann zur Sauce geben und aufkochen lassen. Durch ein feines Sieb streichen und abschmecken.

Eigelb mit Crème fraîche verquirlen und zur Suppe geben.

Nicht mehr kochen. Vor dem Servieren mit dem Schneebesen etwas Butter einrühren.
Zur Hühnerbrühe: Brühe aus Huhn oder Hühnerklein mit den üblichen Wurzelgemüsen und Gewürzen herstellen und mindestens ½ Stunden einkochen lassen.

Bohneneintopf nach Art des Hauses (Kronfleisch)

Constanze Reiterer, Bayerisch Gmain

ZUTATEN:

ca. 800 g Rinderkronfleisch
ca. 20 g Fett zum Anbraten
1 EL Mehl
1 TL Paprikapulver
ca. ½–¾ l Fleischbrühe zum Aufgießen
1 Zwiebel
Salz und Pfeffer nach Geschmack
500 g grüne Bohnen
1 kg Salzkartoffeln

ZUBEREITUNG:

Kronfleisch kurz waschen, häuten und in dünne Streifen schneiden (etwas größer als Geschnetzeltes). Zwiebel klein hacken. Fleisch und Zwiebel scharf in heißem Fett anbraten. Das Ganze mit Mehl und Paprikapulver stäuben, mit Salz und Pfeffer würzen und dann mit Brühe aufgießen. Etwa eine ¾ Stunde bei mittlerer Hitze kochen.
Inzwischen die Bohnen waschen, abfädeln und in ca. 2 cm große Stücke schneiden. In etwas Salzwasser die Bohnen dann eine ½ Stunde garen. Abseihen und noch ca. ¼ Stunde mit dem Fleisch kochen. Die Gesamtkochzeit des Eintopfes beträgt ca. 1 Stunde.
Bohnentopf zum Schluß nochmals abschmecken und dann mit den Salzkartoffeln servieren.

Consommé double royal

Marie-Therese Brüger, Arnsberg

ZUTATEN:

250 g mageres Rindfleisch
125 g Rinderknochen
1½ l Wasser
1½ TL Salz
1 mittelgroße Stange Lauch
50 g Sellerie
1 Möhre
1 Zwiebel
1 Knoblauchzehe
2 Tomaten
200 g Klärfleisch
Salz, Muskat
Petersilie

für den Eierstich:
2 Eier
6 EL Milch
2 EL Wasser
Salz, Muskat
Butter zum Einfetten

ZUBEREITUNG:

Fleisch und Knochen kurz unter kaltem Wasser abspülen, in kaltem Wasser aufsetzen, einmal aufkochen lassen. Abschäumen, salzen. Lauch putzen, waschen, klein schneiden, Sellerie und Möhre schälen und würfeln. Zwiebel schälen, in Scheiben schneiden und ohne Fett in der Pfanne bräunen. Knoblauchzehe schälen und vierteln. Tomaten waschen und vierteln.
Das ganze Gemüse in den Topf geben und mit dem Fleisch 2–3 Stunden köcheln lassen. Das Fett abschöpfen. Die Brühe durch ein Haarsieb oder ein Geschirrtuch gießen. Klärfleisch in einen Topf geben, Brühe dazugießen und 10 bis 15 Minuten bei schwacher Hitze ziehen lassen. Das Fleisch setzt sich dann an der Oberfläche ab. Nochmals durch ein Haarsieb gießen, die Brühe mit Salz und Muskat abschmekken und mit gehackter Petersilie bestreuen.
Den Eierstich 1 Stunde vor dem Servieren der Suppe zubereiten: Eier mit Milch und Wasser verquirlen und in eine gebutterte, kleine, feuerfeste Form oder Tasse füllen. Die Form in einen Topf mit kochendem Wasser stellen, zudekken und im vorgeheizten Ofen bei 150 Grad 45 Minuten stocken lassen. Eierstich aus dem Ofen nehmen, leicht mit

den Fingerspitzen lösen und auf einen Teller stürzen. Dann den Eierstich in Streifen und danach in Rauten schneiden und in die Consommé double legen.

ANMERKUNG:

Das Wasser darf nicht kochen, sondern nur leicht sieden, sonst bilden sich große Poren im Eierstich.

Brennesselsuppe

Dr. Gisela Lockwald, Rheinau

ZUTATEN:

das Gerippe eines Räucherhuhns
1½ l Wasser
Suppengrün nach Geschmack
Kalbsfond 1 Würfel (selbstgemacht)
1 kg junge Brennesselblätter und junge Triebe ohne Stiele
Cognac
Salz, schwarzer Pfeffer

ZUBEREITUNG:

Das Gerippe des Räucherhuhns mit dem Suppengrün 1 Stunde kochen, abseihen, die Flüssigkeit auf 1 l reduzieren. In der Zwischenzeit Brennesseln verlesen und waschen, anschließend 15 Minuten in leicht gesalzenem Wasser kochen. Nach dem Abtropfen die Blätter mit dem Wiegemesser fein hacken. Kalbsfondwürfel und Nesseln in die heiße Bouillon geben und fast bis zum Kochen erhitzen. Die Brennesselsuppe mit Cognac, Salz und Pfeffer würzen.

ANMERKUNG:

Den selbstbereiteten Kalbsfond frieren wir im Eiskühlkasten ein, lösen dann die Würfel aus dem Behälter, packen sie einzeln in Alufolie und legen sie in die Gefriertruhe.

Lamm-Consommé

Barbara Reimann, Köln

ZUTATEN:

750 g Lammfleisch mit Knochen (z. B. Hals)
Sellerie
1 Möhre
1 Lauchstange
1 Zwiebel
Petersilie
1 Zweig Thymian
1 Knoblauchzehe
Salz, Pfefferkörner
250 g schieres Lammfleisch
3 Eiweiß

als Einlage:
verschiedene Gemüse

ZUBEREITUNG:

Lammhals mit dem geputzten und geschnittenen Gemüse und den Gewürzen in 1–1½ l Wasser 2 Stunden sieden lassen. Durch ein Sieb gießen und die Brühe kalt stellen. Am nächsten Tag entfetten.
Ca. 1 Stunde vor dem Servieren das schiere Lammfleisch durch den Fleischwolf drehen und mit dem Eiweiß verrühren. Die Brühe erhitzen, das Fleisch-Ei-Gemisch einrühren und absetzen lassen. Die fertige Consommé abgießen, evtl. einkochen. Gemüse in feine Streifen schneiden, nur kurz in der Brühe ziehen lassen, damit sie noch knackig sind.

Fasanenbouillon mit Fasanenleberklößchen

Anne Herrmann, Meppen

ZUTATEN:

für die Fasanenbouillon:
1 Fasanenhenne
½ l Kalbsjus
½ l Wasser
1 Zweig Selleriegrün
1 Stange Porree
1 Möhre
1 Zwiebel
1 TL Salz
2 Pfefferkörner
2 Wacholderbeeren
1 Macisblüte
Sherry oder Cognac

für die Fasanenleberklößchen:
6–8 Fasanenlebern
1 EL Semmelbrösel
1 Eigelb
evtl. Stärkemehl
½ Schalotte
½ TL Petersilie
Thymian
1 Wacholderbeere
Salz
Pfeffer oder Piment

ZUBEREITUNG:

Die Fasanenhenne rupfen, ausnehmen, abbrennen, kurz waschen, in kochende Brühe aus ½ l Kalbsjus und ½ l Wasser legen. Die Henne muß mit der Flüssigkeit bedeckt sein. Sellerie, Porree und Möhre putzen, waschen und zerkleinern, die Zwiebel halbieren und bräunen, zusammen mit dem Salz, Pfefferkörnern, Wacholderbeeren und der Macisblüte in den Topf geben. 1–1½ Stunden langsam kochen (nicht sprudelnd) und mit Sherry oder Cognac abschmekken.
Für die Klößchen die Fasanenlebern unendlich fein hacken oder durch die feinste Scheibe eines kleinen Fleischwolfs drehen oder durch ein Sieb passieren. Die Masse mit 1 EL Semmelbrösel und 1 Eigelb, evtl. etwas Stärkemehl vermischen. Schalotte, Petersilie, wenig Thymian und Wacholderbeere ganz fein hacken und daruntermengen, salzen und pfeffern. Sehr kleine Klöße aus dieser Masse formen. In etwas Fasanenbouillon gesondert garen.

Klare Champignonsuppe

Barbara Breuer-Friese, Uelzen

ZUTATEN:

500 g Champignons, evtl. nur die Köpfe
Saft von 1 Zitrone
2–3 EL Weintraubenöl
Salz, weißer Pfeffer
1/4 l trockener Weißwein
3/4 l entfettete Hühnerbrühe
Petersilie

ZUBEREITUNG:

Champignons waschen, putzen, in Scheiben schneiden, in Zitronenwasser schwenken, Flüssigkeit abgießen. Die Champignons in das erhitzte Öl geben, gut umrühren, etwas Salz, Pfeffer hinzugeben, etwas Wein und Brühe hineingeben und etwa 15 Minuten dünsten, den Rest Wein und Brühe dazugeben, aufkochen lassen, abschmecken, feingehackte Petersilie dazugeben.

Klare Fleischbrühe mit gebackenen Grießklößchen

Doris Stiefel, Nagold

ZUTATEN:

500 g Rindfleisch (z. B. Brustkern)
1–2 Knochen
2 l Wasser
Salz
250 g grobgeschnittenes Suppengemüse (Lauch, Sellerie, Karotte, Zwiebel, Petersilienwurzel)
1 Prise Muskatblüte
Schnittlauch

ZUBEREITUNG:

Fleisch und Knochen mit kaltem Wasser ansetzen, langsam ankochen und auf kleiner Flamme 45 Minuten leise köcheln lassen. Während des Kochens salzen und die Muskatblüte zugeben.

ANMERKUNG:

Niemals sprudelnd kochen lassen, sonst wird die Brühe trüb.

Grießklößchen:
¼ l Milch
Salz
120 g Grieß
30 g Butter
2 große Eier
nach Belieben Reibkäse

In einem kleinen Topf die Milch mit Salz und Butter aufkochen lassen, unter Rühren den Grieß dazugeben und die Masse zu einem Kloß abrühren. Den Topf vom Herd nehmen und sofort ein Ei darunterrühren, abkühlen lassen. Das zweite Ei darunterrühren und je nach Geschmack den Reibkäse zugeben.
Nun setzt man mit einem Kaffeelöffel (oder einem Spritzbeutel) kleine Klößchen auf ein gefettetes Blech und bäckt sie bei 200 Grad ca. 15–20 Minuten goldgelb.
Fleischbrühe nochmals abschmecken, in eine Suppenschüssel seihen, die Grießklößchen dazugeben und mit feingeschnittenem Schnittlauch servieren.

Kraftbrühe Isabella

Dr. Annelore Dahlinger, Darmstadt

ZUTATEN:

500 g Suppenfleisch vom Rind
einige Markknochen
½ Huhn
150 g Kalbsleber
1 Suppengrün
3 Scheiben Ochsenschwanz
1 Ei
Paniermehl
etwas Kerbel
1 Glas Sherry

ZUBEREITUNG:

Am Vortag Rindfleisch in Würfel schneiden, Knochen und zerkleinertes Huhn mit 2 l kaltem Wasser ansetzen, langsam zum Kochen bringen, salzen und bei wenig geöffnetem Deckel ca. 5–6 Stunden ziehen lassen. Durch das langsame Ziehen bleibt die Brühe klar. In den letzten 2 Stunden den Ochsenschwanz und die Kalbsleber dazugeben. Durch die Leber wird die Brühe geklärt und bekommt eine goldbraune Farbe. In der letzten Stunde Suppengrün dazugeben. Danach das Fleisch herausnehmen und die Brühe – sie sollte auf einen knappen Liter eingekocht sein – durch ein feines Tuch gießen. Aus den Ochsenschwanzscheiben die Fleischstückchen herauslösen und – in Ei und Paniermehl gewendet – backen.
Ein Glas Sherry in die klare Suppe geben, mit kleinen Kerbel-Blättchen garnieren und sehr heiß servieren. Den gebackenen Ochsenschwanz reicht man extra dazu.

Rinderbrühe mit Fleischklößchen und Eierstich

Eva Maria Porth, Natendorf

ZUTATEN:

500 g Rindfleisch zum Kochen
250 g Rinderknochen
$1\frac{3}{4}$ l Wasser
Salz
2 Sellerieblätter
¼ Sellerieknolle
½ kleine Lauchstange
1 Zweig Liebstöckel
¼ Kohlrabi
1 Möhre
1 Zwiebelscheibe
4–8 Stangen Spargel
Petersilie

ZUBEREITUNG:

Fleisch und Knochen mit Salz im kalten Wasser ansetzen und sieden lassen. Nach etwa 1 Stunde Kochzeit Sellerieblätter und -knolle, Lauch, Liebstöckel, Kohlrabi, Möhre und die angeröstete Zwiebelscheibe dazugeben und 2 Stunden kochen lassen. Durch ein Sieb gießen. Spargel schälen, in Stückchen schneiden und in der Brühe garen.

Eierstich:
$2\frac{1}{2}$ Eier
2 EL Mehl
2 Msp Stärkemehl
Salz, Muskat

Zutaten miteinander verquirlen und im Wasserbad ca. 20 Minuten ziehen lassen. Auf ein Brett stürzen und in Würfel schneiden.

Fleischklößchen:
125 g Hackfleisch (je zur Hälfte Rind und Schwein)
½ Ei
1 EL Semmelmehl
Pfeffer, Salz

Zutaten miteinander vermischen, kleine Klößchen formen und in kochendem Wasser gar ziehen lassen.
Den fertigen Eierstich und die abgebrühten Suppenklößchen in die abgeschmeckte Brühe geben und die Suppe, mit frischer Petersilie bestreut, servieren.

Steinpilzbouillon

Yvonne Luh, Seesen

ZUTATEN:

1 kg Ochsenbrust oder Ochsenbein
1 Suppengrün
3 Lorbeerblätter
1 EL schwarze Pfefferkörner
4 Tüten getrocknete Steinpilze à 5 g
1 EL Rindfleischsuppenpaste
1 Bund Schnittlauch
(Nach »essen & trinken«)

ZUBEREITUNG:

Fleisch mit 1½ l kaltem Wasser aufsetzen. Das Suppengrün putzen, unzerteilt mit Lorbeerblättern, Pfefferkörnern, Steinpilzen und Suppenpaste zum Kochen bringen, etwa 2 Stunden im offenen Topf kochen lassen. Etwas abkühlen lassen und entfetten. Durch ein Sieb in einen anderen Topf gießen und knapp ¾ l einkochen lassen. In vorgewärmten kleinen Tassen anrichten, mit Schnittlauchröllchen bestreuen und servieren.

Kraftbrühe mit selbstgemachten Backerbsen

Renate Stadler, Hutthurm

ZUTATEN:

Brühe aus Rindfleisch, Markknochen, Lauch, Sellerie, Karotten, Petersilienwurzel, Zwiebeln, Salz und einigen Pfefferkörnern mindestens 3 Stunden köcheln lassen

für die Backerbsen:
⅛ l Milch
20 g Butter
70 g Mehl
2 Eier
2 cl Arrak oder Branntwein

ZUBEREITUNG:

Milch mit Butter aufkochen, vom Feuer nehmen, Mehl dazurühren, wieder auf dem Feuer rühren, bis sich der Teig von Löffel und Topf löst. In einem zweiten Gefäß unter Rühren kalt werden lassen. Eier und Arrak einrühren, den Teig durch Spatzenseiher in sehr heißes Fett tropfen lassen, 3–5 Minuten backen.

Frühlingssuppe

Bärbel Speck-Schifferer, Heidelberg

ZUTATEN:

1 l Hühnerbrühe
1 Hühnerbrust
100–150 g Kerbel
1 Zitronenschale
Butter
Salz, Pfeffer, Safran

für die Brühe:
1 Huhn
1 dickes Suppengrün
1 Zwiebel (mit Schale)
1 Lorbeerblatt
Salz, Pfefferkörner, Muskatblüte

ZUBEREITUNG:

Von dem Huhn die Brust auslösen. Aus dem restlichen Huhn, dem Gemüse und den Gewürzen eine gute Hühnerbrühe kochen. Abkühlen lassen und entfetten.
Die Hühnerbrühe erhitzen und eine Spur Safran darin auflösen. Die Hühnerbrust entbeinen, in mundgerechte Stücke schneiden und in der heißen Suppe ca. 5 Minuten gar ziehen lassen.
Die Mohrrübe und die Zitronenschale in ganz feine Streifen schneiden und bis auf ein paar Blätter den Kerbel fein hakken. Alles in die Suppe rühren, einen Stich Butter zugeben und abschmecken. Mit Kerbelblättchen servieren.

Kalte Kraftbrühe mit roten Rüben

Anemone Szczesny-Friedmann, München

ZUTATEN:

750 g Ochsenbein
500 g Ochsenschwanz
1 Suppengrün
1 Bouquet garni (2 Stengel Petersilie, 1 Zweig Thymian, 1 Lorbeerblatt)
1 TL weiße Pfefferkörner
2 junge, mittelgroße rote Rüben
2 TL Essig
½ TL Zucker
¼ TL Salz
Suppengrün, Zwiebeln
Dill
6 TL Crème fraîche
6 TL sehr milder Forellenkaviar oder echter Kaviar
französischer Weißweinessig
Forellenkaviar unbedingt vorher probieren, er ist meist zu salzig. Den Kaviar kann man unbesorgt weglassen, das ist nur Spielerei. Suppe am Vortag herstellen, sie läßt sich dann besser entfetten

ZUBEREITUNG:

Ochsenbein und Ochsenschwanz mit gut 1½ l kaltem Wasser aufsetzen, langsam zum Kochen bringen, abschäumen. 3 Stunden leise sieden lassen, häufig abschäumen. In der Zwischenzeit rote Rüben von den Blättern befreien, 1 cm Stielansatz und Schwanz dranlassen, damit sie nicht ausbluten, ca. 30 Minuten in einem Extratopf halbweich kochen. Abkühlen lassen, schälen, in eine Schüssel raspeln, 2 TL Essig, ½ TL Zucker, ¼ TL Salz zugeben, Suppengrün putzen, klein schneiden, Zwiebeln ungeschält vierteln, zum Fleisch geben.

Sobald nicht mehr abgeschäumt werden muß, Pfefferkörner, Bouquet garni und rote Rüben mit Flüssigkeit zugeben. Noch 1½–2 Stunden sieden lassen (niemals heftig kochen), vorsichtig durch ein Haarsieb gießen, dabei aufpassen, daß der Bodensatz nicht mitkommt. Falls nötig, die Brühe jetzt auf einen ¾ l einkochen, jetzt erst salzen. Kalt stellen.

Am anderen Tag erstarrtes Fett abheben, klären sollte nicht

nötig sein. (Falls doch, dann auf die bewährte Methode mit Eiweiß.) Erhitzen, mit Salz (erst jetzt!), Zucker und Essig abschmecken. Daran denken, daß die kalte Suppe etwas intensiver gewürzt sein muß. Kalt stellen. Die Suppe sollte gelieren, rötlich aussehen und leicht nach Borschtsch schmecken. Vor dem Servieren auf jede Tasse 1 TL Crème fraîche geben, eventuell den Kaviar und etwas Dill.

Kalte Dillrahm-Suppe

Annette Enzmann, Köln

ZUTATEN:

250 g Sellerie
4 Möhren
1–2 Stangen Lauch
2 Zwiebeln
200 g Spinat
1 Bund Petersilie
2 Lorbeerblätter
Salz
500 g Kefir
1 Becher Crème fraîche
100 g gekochter Schinken
50 g Schweine- oder Kalbsbraten
50 g Zunge
½ Salatgurke
2 hartgekochte Eier
1 Bund Schnittlauch
3 Bund Dill
Salz, evtl. weißer Pfeffer

ZUBEREITUNG:

Sellerie, Möhren, Lauch, Spinat, Petersilie waschen und in Stücke schneiden, die Zwiebeln mit dünner brauner Haut ganz lassen. Mit 1 l kaltem Wasser, den Lorbeerblättern und Salz zum Kochen bringen und ca. 1 Stunde leise kochen lassen. Abkühlen und durch ein feines Sieb gießen.
Kefir und Crème fraîche vorsichtig miteinander verrühren, bis eine glatte Masse entsteht. Die kalte Bouillon zufügen. Gurke schälen und Kerne entfernen und ebenso wie den Schinken, den Braten, die Zunge, die Eier, den Schnittlauch und den Dill fein würfeln bzw. wiegen und in die Suppe geben. Mit Salz und evtl. Pfeffer abschmecken. Für mindestens 2 Stunden in den Kühlschrank stellen. Eiskalt servieren.

Fenchelsuppe

Andrea Tschechow, München

ZUTATEN:

500 g Fenchelknollen
Salz, Pfeffer, Muskat
trockenes Weißbrot
Butter
4 EL Schweizerkäse

ZUBEREITUNG:

Fenchelknollen waschen, ohne Stiele hobeln oder fein schneiden und 30 Minuten in knapp 1 l Wasser mit Salz, Pfeffer und Muskat kochen.
Trockenes Weißbrot in Würfel schneiden und in Butter rösten. Brotwürfel in die Teller oder Tassen verteilen, je 1 EL geriebenen Käse darübergeben und mit der heißen Suppe übergießen.

Estragonsuppe

Karin Markus, Baldham

ZUTATEN:

500 g Kalbsschulter
500 g Kalbsknochen
1 Zwiebel
2 Karotten
1 Petersilienwurzel
8–10 Stengel Estragon
1 Eigelb
Salz, Essig

ZUBEREITUNG:

Aus dem Kalbfleisch, den Knochen, dem geputzten Gemüse, Salz und 2 l Wasser eine Brühe kochen und vorsichtig abgießen. Estragonblättchen waschen, wiegen und in der Brühe kurz aufkochen lassen. Die Suppe mit einer Spur Essig abschmecken und mit Eigelb und Crème fraîche legieren. Das Fleisch in kleine Würfel schneiden und wieder dazugeben.

Erbsencremesuppe

Hella Pistorius, Mannheim

ZUTATEN:

1½ kg frische Erbsen oder
1 großes Paket gefrorene
¾–1 l Brühe
1 kleine Zwiebel
Rosmarin
Pfeffer
süße Sahne

ZUBEREITUNG:

Die Erbsen mit der Brühe und der Zwiebel im Mixer zerkleinern. Im Topf erhitzen, Rosmarin klein schneiden und zugeben, mit Pfeffer würzen und die Sahne unterziehen. Evtl. Knoblauchcroutons dazu servieren.

Badisches Forellensüppchen

Christine Stahlhut, Köln

ZUTATEN:

1 geräucherte Forelle
½ Zwiebel
20 g Butter
knapp ¾ l Rinderbrühe
2 Eigelb
⅕ l süße Sahne
Salz, Pfeffer
etwas Kirschwasser

ZUBEREITUNG:

Die Zwiebel sehr fein hacken und in der Butter glasig dünsten, mit der Brühe auffüllen, aufkochen, etwas abkühlen lassen.
In der Zwischenzeit die Forelle häuten, filieren und entgräten. Das Forellenfilet in kleine Stücke schneiden, 2 Eigelb mit Sahne verrühren und alles in die Rinderbrühe geben. Das Ganze noch einmal erwärmen, abschmecken und mit dem Kirschwasser parfümieren.
Mit warmen Blätterteig-Fleurons servieren.

Fischsuppe mit Ailloli (Knoblauchmayonnaise)

Marianne Romaker, Karlsruhe

ZUTATEN:

½–1 kg Fischabfälle
Pfefferkörner, Salz
1 Lorbeerblatt
1 große Zwiebel
das Weiße einer Lauchstange
1 Stück Sellerie
4–5 Champignons
250 g Tomaten
Weißwein
Orangenschalen
Safran

ZUBEREITUNG:

Das Gemüse putzen und zerkleinern und mit den Fischabfällen, Pfefferkörnern, Salz und Lorbeerblatt in 1 l Wasser ca. ½ Stunde kochen. Durch ein Sieb geben und gut ausdrücken. Brühe mit etwas Wasser angießen, noch einmal aufkochen lassen und mit Orangenschalen und Safran abschmecken.

Ailloli:
4–5 Knoblauchzehen
2–3 Eigelb (je nach Größe)
Olivenöl
Zitronensaft
Salz, Pfeffer

Die Knoblauchzehen auspressen, die Eigelb dazugeben, mit 1 Prise Salz und etwas Pfeffer würzen. Unter ständigem Rühren das Öl tropfenweise zufügen. Mit Zitronensaft abschmecken.

Fischsuppe

Gabriela Schaefer, Stuttgart

ZUTATEN:

1 kg Fischköpfe und Gräten
4 Garnelen
1 Fenchelknolle
2 große Kartoffeln
1 Zwiebel
¼ Sellerieknolle
1 Stange Lauch
2 Knoblauchzehen
1 Bund Petersilie
2 Tomaten
1 Lorbeerblatt
5 Wacholderbeeren (zerdrückt)
1 Stück unbehandelte Apfelsinenschale
½ l trockener Weißwein
1 Msp Safran
1 Bund Schnittlauch
Olivenöl (kalt gepreßt)
Salz, Pfeffer, Paprika

ZUBEREITUNG:

Die Fischreste mit kaltem Wasser bedecken und ca. 45 Minuten auskochen, dabei gelegentlich abschäumen.
Das Gemüse ganz klein schneiden, in Olivenöl andünsten, mit dem Weißwein ablöschen, die Petersilie, kleingeschnittene Tomaten, das Lorbeerblatt, die Wacholderbeeren und die Apfelsinenschale dazugeben und ca. 30 Minuten köcheln lassen.
Fisch- und Gemüsesud in einen Topf durchsieben, mit Safran, Salz, Pfeffer und Paprika abschmecken. Die Garnelen darin 5 Minuten gar ziehen lassen. Die Suppe mit kleingehacktem Schnittlauch bestreuen.

Gemüsesupppe

Susanne Sewering, Dachau

ZUTATEN:

200 g Lauch
200 g Karotten
100 g Kartoffeln
Knoblauchsalz
Pfeffer, Kerbel

für die Brühe:
500 g mageres Rindfleisch
1 Fleischknochen
1 Suppengrün
1 Zwiebel
Pfefferkörner, Salz

ZUBEREITUNG:

Aus den Zutaten für die Brühe mit knapp 1 l Wasser eine kräftige Bouillon kochen. Abseihen, nach dem Erkalten das Fett sorgfältig abschöpfen.
Lauch, Karotten und Kartoffeln klein schneiden und in Salzwasser 8 Minuten kochen, abseihen. Im Mixer fein pürieren, in die erwärmte Suppe rühren, mit Knoblauchsalz und Pfeffer abschmecken und mit Kerbel bestreut servieren.

Gurkensuppe

Heinke Schupp, Icking

ZUTATEN:

1 Handvoll Spinat
Butter
2 Salatgurken
Kerbel, Estragon, Petersilie
500 g süße Sahne
Salz, weißer Pfeffer
(für 8 Personen)

ZUBEREITUNG:

Den Spinat klein hacken und mit etwas feingewiegtem Kerbel, Estragon und Petersilie in Butter andünsten. Wasser zugießen (ca. 12 Suppentassen, die dann auf 8 Tassen eingekocht werden). Die Gurken schälen. Ein Stück von ca. 10 cm

Länge beiseite legen. Den Rest in grobe Würfel schneiden und zu der Suppe geben. Etwa 20 Minuten lebhaft kochen lassen. Das beiseite gelegte Gurkenstück von Kernen befreien und in winzig kleine Würfel schneiden (5 × 5 mm).
Die Gurkensuppe durch ein Sieb passieren. Die Sahne und die Gurkenwürfel zugeben und nochmals 5 Minuten kochen lassen. Mit Salz und wenig weißem Pfeffer abschmekken. Derweil die Blättchen vom Kerbel abzupfen und jede Tasse reichlich damit bestreuen.

Hirnsuppe

Ulla Haux, Reutlingen

ZUTATEN:

400 g Kalbshirn
1 kleine Zwiebel
2 EL Butter
1 EL Mehl
3/8 l Brühe
1/4 l süße Sahne
4 Eigelb
Muskat
Salz, weißer Pfeffer
2 EL Weißwein
2 EL Schnittlauch

für die Brühe:
1 kg Kalbsknochen
1 Möhre
1 Zwiebel
1 Lauchstange
1/4 Sellerie
1 Lorbeerblatt
2 Nelken
Salz und Pfeffer

ZUBEREITUNG:

Aus den angegebenen Zutaten eine Brühe kochen.
Hirn häuten, wässern und fein hacken. Butter erhitzen und die sehr feingehackte Zwiebel darin garen. Das Hirn hinzugeben und andünsten. Mit Mehl bestäuben und mit Brühe auffüllen. 5 Minuten köcheln lassen. Topf von der Kochstelle nehmen. Eigelb und Sahne miteinander verrühren und in die nicht mehr kochende Suppe geben. Mit frischgeriebenem Muskat, frischgemahlenem Pfeffer, Salz und Weißwein abschmecken und mit Schnittlauchröllchen servieren.

Holundersuppe

Irmgard Nollau, Lenggries

ZUTATEN:

500 g reife Holunderbeeren (frisch oder eingefroren)
1 Stück Zimt
etwas Zitronenschale
je 1 Prise Salz und Zucker
1 TL Butter
1 Tasse Weißwein
1 gestrichener EL Kartoffelmehl
Semmelbrösel
etwas Sahne

ZUBEREITUNG:

Die Holunderbeeren von den Stielen streifen, waschen, dann mit 1 l Wasser, dem Zimt und der Zitronenschale 1 Stunde kochen (im Schnellkochtopf 5 Minuten), danach die Beeren durch ein Sieb streichen, den Weißwein, den Zucker, das Salz und die Butter hinzufügen und aufkochen lassen. Dann das in Wasser aufgelöste Kartoffelmehl hinzugeben, die Suppe bald vom Herd nehmen und mit gerösteten Semmelbrösel anrichten. Den Geschmack der Suppe kann man mit etwas – nach dem Kochen hinzugefügter – Sahne verfeinern.

Kerbelsuppe

Christl Graf, Ettlingen

ZUTATEN:

1 l Fleischbrühe
300 g Kartoffeln
50 g Butter
1 Bund Kerbel
1/8 l süße Sahne
Salz, weißer Pfeffer

ZUBEREITUNG:

Die Kartoffeln schälen und in Würfel schneiden. Butter erhitzen und die Kartoffeln darin kurz anbraten, mit Fleischbrühe auffüllen und 40 Minuten kochen, dann pürieren.

Den Kerbel abspülen, abtrocknen und hacken. Nicht mehr kochen lassen!

ANMERKUNG:

Die Fleischbrühe sollte am besten frisch gekocht sein.

Karottensuppe

Gabriele Meister, Heidelberg

ZUTATEN:

6 Karotten
1/2 Sellerieknolle
1 Zwiebel
3/4 l kräftige Fleischbrühe
100 g Butter
1/10 l süße Sahne
1 Bund Petersilie
Salz, Pfeffer, Muskat
evtl. gekörnte Brühe

ZUBEREITUNG:

Die Karotten ganz klein hacken oder in hauchdünne Scheiben schneiden, den Sellerie und die Zwiebel würfeln. 75 g Butter in einem Topf zergehen lassen und das Gemüse bei kleiner Flamme ca. 10 Minuten darin braten. Die Fleischbrühe zufügen und ca. 30 Minuten lang auf kleiner Flamme kochen lassen. Im Mixer pürieren. Mit Salz, Pfeffer und Muskat würzen. Wenn die Brühe nicht kräftig genug ist, notfalls etwas gekörnte Brühe zufügen. Den Rest Butter in der Suppe zergehen lassen. Die Sahne schlagen und die Petersilie hacken. Über jeden Teller Suppe nach dem Auffüllen gehackte Petersilie streuen und einen Schlag Sahne obenauf setzen.

Kohlnockerlsuppe

Charlotte Dachs, München

ZUTATEN:

1 mittlerer Wirsing
100 g Butter
6 Eier
4 EL Semmelbrösel
Salz, Muskat
Fleischbrühe

ZUBEREITUNG:

Der Wirsing wird gereinigt und in Salzwasser weich gekocht. Erkalten lassen und klein schneiden, dann in der Butter dünsten und anschließend durch ein Sieb passieren. Den Wirsing mit den Eigelb und den Semmelbrösel verrühren, mit Salz und Muskat abschmecken. Das Eiweiß steif schlagen und unter die Masse ziehen. Eine feuerfeste Form buttern, den Wirsing einfüllen, glattstreichen und bei mittlerer Hitze etwa 10 Minuten backen. Kleine Stückchen schneiden oder mit dem Löffel ausstechen und in die Fleischbrühe legen.

Lauchcremesuppe

Rosemarie Schwarz, Mannheim

ZUTATEN:

750 g Lauch
ca. 30 g Butter
1 Glas trockener Weißwein
3 Eigelb
1/4 l süße Sahne
Salz, Pfeffer
feingehackter Schnittlauch
3/4 l Kalbsknochenbrühe

ZUBEREITUNG:

Lauch putzen, das harte Grün dabei entfernen, gut waschen und in feine Streifen schneiden. Butter in einem schweren Topf zerlassen, Lauch hinzufügen und unter Rühren kurz andünsten, mit Weißwein ablöschen und mit Kalbsbrühe auffüllen, mit Salz und Pfeffer abschmecken. Auf kleinem Feuer köcheln lassen, bis der Lauch weich ist. Vor dem Servieren Topf vom Feuer nehmen, Eigelb mit Sahne verquirlen, etwas heiße Brühe dazugeben, dann alles in die Suppe schütten und unter Rühren bis kurz vor den Siedepunkt erhitzen. Nicht kochen lassen, sonst gerinnt das Eigelb. Die Suppe mit feingehacktem Schnittlauch servieren.

Kürbiscremesuppe

Juliane Wilfart, Merzhausen

ZUTATEN:

500 g Kürbisfleisch
50 g Kochspeck
evtl. etwas Öl
1 große Zwiebel
2 Zehen Knoblauch
½ kleine Dose geschälte Tomaten (oder entsprechend Tomatenmark)
Rosenpaprika
Pfeffer, Salz
½ l Wasser
4 EL saure Sahne
Dill

ZUBEREITUNG:

Kochspeck klein schneiden, evtl. mit wenig Öl im Topf glasig braten, die gehackte Zwiebel und die gehackten Knoblauchzehen dazugeben, leicht anbraten, mit den Tomaten ablöschen. Kürbisfleisch würfeln, dazugeben, mit Rosenpaprika, Pfeffer und Salz und dem Wasser etwa 10 Minuten kochen lassen, dann im Mixer pürieren. Wieder in den Topf geben und weitere 10 Minuten köcheln lassen.
Beim Servieren je 1 EL saure Sahne in die Mitte setzen, mit gehacktem Dill bestreuen.

Lauchcremesuppe mit Steinpilzen

Barbara Eggert, Ludwigsburg-Neckarweihingen

ZUTATEN:

2 Stangen Lauch
¾ l Kalbsbrühe
5—10 getrocknete Steinpilze
Weißwein
Zitronensaft
Salz, Pfeffer
süße Sahne

ZUBEREITUNG:

Lauch klein schneiden und in der Kalbsbrühe weich kochen, im Mixer pürieren. Steinpilze einweichen, in die Suppe geben und mit Weißwein, Zitronensaft, Salz, Pfeffer und süßer Sahne abschmecken.

ANMERKUNG:

Die Kalbsbrühe ohne Gemüse und Gewürze aus Kalbsfuß oder Kalbsbrust kochen.

Morchel-Rahmsuppe mit Forellenklößchen

Gisela Heyel, Wachenheim

ZUTATEN:

20 g getrocknete Morcheln
250 g Forellenfleisch ohne Haut und Gräten
½ l süße Sahne
2 Eiweiß, 2 Eigelb
Salz, Pfeffer
¾ l Fleischbrühe aus dem Forellensud
Sherry-Essig
Cognac

ZUBEREITUNG:

Alle Zutaten für die Klößchen-Masse müssen sehr kalt sein. Das Fischfleisch mit Eiweiß, Salz und Pfeffer im Mixer pü-

rieren, dann nach und nach ¼ l eiskalte Sahne einarbeiten – kühl stellen.
Die Morcheln 1 Stunde in warmem Wasser einweichen, sorgfältig waschen und ausdrücken.
Fischbrühe mit ¼ l Sahne zum Kochen bringen, Morcheln dazugeben und 10 Minuten pochieren.
Aus der Fischmasse mit 2 Kaffeelöffeln kleine Klößchen formen und in der Brühe 4–5 Minuten gar ziehen lassen.
Die Suppe mit Salz, Sherry-Essig und Cognac abschmecken – mit Eigelb legieren.

Melonensuppe

Elke Bierther, Köln

ZUTATEN:

knapp 1 l dünnes Cantaloupe-Melonen-Püree, eiskalt (geht auch mit Cavaillon- oder Honig-Melone)
⅛ l Zitronensaft
70 ml Cognac
Salz
frischer weißer Pfeffer
1 TL feingehackter frischer Ingwer
Zitronenmelisse

ZUBEREITUNG:

Alle Zutaten im Mixer zu einer schaumigen Suppe aufschlagen, in gekühlte Glasschalen füllen, mit Zitronenmelisse dekorieren und sofort servieren.

ANMERKUNG:

Die Qualität der Melone ist entscheidend, sie muß vollreif, aber noch fest sein. Wer den Ingwer nicht mag, kann statt dessen einen Hauch Muskat versuchen. Die Suppe verträgt keine Wartezeit. Kleine Eiswürfel in der Suppenschale sorgen zwar für Kühlung, aber auch für Verdünnung.

Sauerampfersuppe

Erika Altenburg, Bonn

ZUTATEN:

etwa 200 g Sauerampfer
80 g Butter
1 l gute Fleischbrühe
⅛ l süße Sahne
4 Eigelb

ZUBEREITUNG:

Der gewaschene Sauerampfer wird in der Hälfte der Butter angedünstet, bis die Blätter zusammenfallen, dann wird er im Mixer fein püriert oder durch ein feines Sieb getrieben. Die Masse wieder in den Topf geben, mit Fleischbrühe aufkochen, salzen und wenig pfeffern. Suppe vom Feuer nehmen und die mit Sahne verquirlten Eigelb langsam einrühren. Die Suppe darf auf keinen Fall kochen, sonst gerinnt sie! Nun die restliche Butter flöckchenweise unterrühren.

Sauerampfer-Cremesuppe

Ingeborg Bauer, Böblingen

ZUTATEN:

250 g Sauerampfer
200 g Spinat
40 g Butter
ca. 1 l Fleischbrühe
4 Eigelb
¼ l Sahne
Kerbel
Salz
frischgemahlener Pfeffer

ZUBEREITUNG:

Sauerampfer und Spinat putzen, Stiele und Blattrippen entfernen, in 15 g Butter dünsten, bis die Blätter zusammenfallen, dann Brühe zugießen, aufkochen und ca. 10 Minuten leise kochen lassen. Eigelb und Sahne verrühren, etwas heiße Suppe dazugeben, damit sich die Legierung erwärmt.

Den Suppentopf vom Herd nehmen und die Legierung vorsichtig einrühren und erwärmen. Mit Salz und Pfeffer abschmecken. Die restliche Butter auf die Suppe legen, den Kerbel hacken und darüberstreuen und servieren.

Petersiliensuppe

Anne Rittig, Grünstadt

ZUTATEN:

1 dicke Lauchstange
1 große mehlige Kartoffel
3 Bund Petersilie
2 EL Butter
½ l Fleischbrühe
¼–½ l Sahne
Salz, Pfeffer
Muskat
Zitronensaft

für die Brühe:
1 kg Fleischknochen und Beinscheiben vom Rind
3 l kaltes Wasser
2 Zwiebeln
2 Karotten
2 Stiele Sellerie
2 Knoblauchzehen
1 kleiner Zweig Thymian
1 EL Salz

ZUBEREITUNG:

Das Gemüse putzen, Zwiebeln und Knoblauchzehen schälen. Alle Zutaten zum Kochen bringen und den Schaum abschöpfen. Wenn sich die Flüssigkeit auf ein Drittel reduziert hat, die Brühe durch ein feines Sieb in einen anderen Topf gießen und nach dem Erkalten entfetten.
Das Weiße der Lauchstange in Scheiben schneiden, die Kartoffel schälen und würfeln, 2 Bund Petersilie hacken und in der Butter andünsten. Die Fleischbrühe auffüllen und etwa 30 Minuten bei sanfter Hitze köcheln lassen. Die Sahne zugeben, kurz aufkochen und mit Salz, Pfeffer, Muskat und Zitronensaft abschmecken. Zum Schluß den restlichen Bund Petersilie fein hacken und in die Suppe rühren.

Selleriesuppe

Renate Hochheimer, Recklinghausen

ZUTATEN:

Rinderbrühe
1 dicke Sellerieknolle
1 große mehlige Kartoffel
Selleriegrün
Petersilie
schwarzer Pfeffer
Butter

ZUBEREITUNG:

Sellerie schälen und in 1 cm^2 große Würfel schneiden, Butter im Topf zerlassen und die Selleriewürfel bei kleiner Hitze kräftig braun anbraten, mit $^3/_8$ l Brühe aufgießen. Kartoffel klein hacken und zufügen und so lange garen, bis das Gemüse fast zerfällt. Mit einem Rührstab die Suppe durchpassieren und mit so viel Brühe aufgießen, daß die Suppe eine cremige Konsistenz erlangt. Selleriegrün und Petersilie fein hacken und zufügen, Suppe pfeffern und einen Stich Butter unterrühren.

Tomatensuppe

Bärbel Speck-Schifferer, Heidelberg

ZUTATEN:

1½ kg Tomaten, schön reif
Butter
2 Schalotten
etwas Knoblauch
frische Kräuter: wenig Rosmarin, wenig Thymian, 1 Lorbeerblatt
Salz, Pfeffer
wenig Zucker
Crème fraîche
Basilikum

ZUBEREITUNG:

Die kleingehackten Schalotten und den Knoblauch in Butter glasig dünsten. Die Kräuter und die halbierten und entkernten Tomaten zugeben und bei kleiner Hitze ca. 25 Minuten kochen.
Durch ein Sieb passieren. Mit Salz, Pfeffer und 1 Prise Zukker abschmecken und wieder erhitzen. Vor dem Servieren noch einen Stich Butter zugeben und kleingehacktes Basilikum unterrühren.
In Suppentassen füllen und auf jede Tasse einen Klecks Crème fraîche und ein Stück vom Basilikumzweig setzen.

Tomatensuppe

Marianne Ostermann, Kamp-Lintfort Hoerstgen

ZUTATEN:

1 dicke Zwiebel
Butter zum Braten
1 kg Fleischtomaten
Pfeffer, Salz, Zucker
1 großes Döschen Tomatenmark
¾ l Hühnerbrühe
geschlagene Sahne
3 EL Gin
gut 2 EL frische oder tiefgefrorene Basilikumblätter

ZUBEREITUNG:

Die Zwiebel fein hacken und in Butter goldgelb dünsten, die enthäuteten, zerschnittenen Tomaten, Salz, Pfeffer aus der Mühle und Zucker hinzufügen, den Topf schließen und eine halbe Stunde köcheln lassen. Danach Tomatenmark und Hühnerbrühe zugeben und eine weitere Viertelstunde kochen lassen. Alles durch ein feines Sieb streichen, abschmecken, 3 EL Gin und 2 EL gehackte Basilikumblätter dazugeben und in vorgewärmte Tassen füllen. Mit einem Klecks steifgeschlagener Sahne und ganzen Basilikumblättchen garniert auftragen.

Bunte Wildsuppe

Martha Dobler, Tübingen

ZUTATEN:

500 g Wildgulasch oder Abschnitte
2 Zwiebeln
1 Knoblauchzehe
Pfeffer, Salz
Madeira
Lorbeerblätter
Wacholderbeeren
Nelken
Suppengrün
Fett
Pfefferkörner
Eierstich von 2 Eiern
etwas Erbsen und Möhren

ZUBEREITUNG:

Das Fleisch scharf anbraten, salzen und pfeffern und mit 1 l heißem Wasser ablöschen. Andere Zutaten zugeben und etwa 3 Stunden langsam köcheln lassen. Danach abseihen und kalt stellen. Das Fett abheben. Suppe wieder erhitzen, abschmecken und Eierstich, Erbsen, geschnittene Möhren und Madeira beigeben und servieren.

Zuppa Pavese

Uta Schuhmacher, Pforzheim

ZUTATEN:

1 l Fleischbrühe
4 Scheiben Toastbrot
4 Eier
4 EL geriebener Parmesan

ZUBEREITUNG:

Die heiße Fleischbrühe in vier feuerfeste Suppentassen füllen, je eine leicht angeröstete Toastscheibe (etwas eingeknickt) darüberlegen. Je ein ganzes Ei hineinschlagen. Unter dem Grill überbacken, bis das Eiweiß gerinnt. Vor dem Servieren je 1 EL geriebenen Parmesan darüberstreuen, so daß man das Eigelb noch etwas sieht.

Zwiebelsuppe

Barbara Karstens, Breisach

ZUTATEN:

600 g Zwiebeln
2 Knoblauchzehen
Butter
1¼ l Fleischbrühe
1 Schuß Weißwein (herb)
Pfeffer, Salz
4 Scheiben Weißbrot, in Würfel geschnitten
80 g geriebener Emmentaler

ZUBEREITUNG:

Die Zwiebeln in Ringe schneiden, Knoblauchzehen ganz fein hacken, Butter im Topf erhitzen und die Zwiebeln mit den Knoblauchzehen leicht gelb rösten, heiße Fleischbrühe auffüllen, ½ Stunde leicht kochen lassen, Salz, Pfeffer und Weißwein zufügen, in feuerfeste Suppentassen füllen, Weißbrotwürfel darüber verteilen, den Käse darüberstreuen und im vorgeheizten Backofen bei 250 Grad ca. 8 Minuten überbacken.

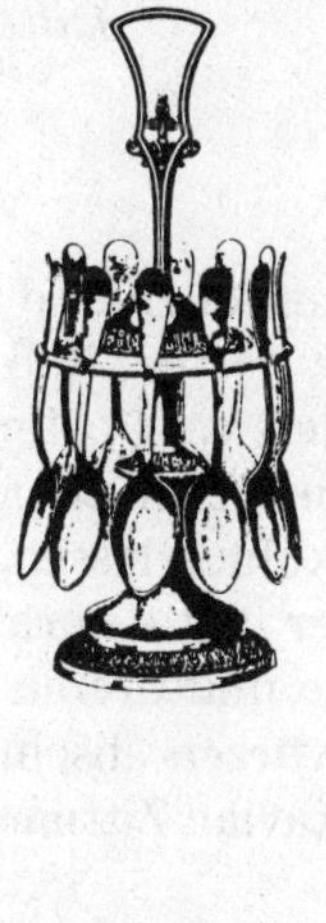

Fisch

Fischgericht

Anne-Christel Hack, Quern

ZUTATEN:

¾ kg frisches Fischfilet
½ l Weißwein
½ l Wasser
Porree
Nelken
Pfefferkörner
3 EL Mayonnaise
1 EL süße Sahne
2 EL Crème fraîche
Salz, Gewürze nach Geschmack
Krabben
Kaviar
Zitronenscheiben
Dill

ZUBEREITUNG:

Das Fischfilet zusammenrollen und in eine Kasserolle legen. Aus Weißwein, Wasser, Porree, Nelken, Pfefferkörnern und Salz einen Sud herstellen, ca. 15 Minuten kochen lassen und über den Fisch gießen. Fisch etwa 5 Minuten bei kleiner Hitze garen lassen. Abkühlen lassen, dann den Sud abgießen und den Fisch auf einer Platte anrichten.
Aus Mayonnaise, Sahne und Crème fraîche eine Sauce rühren, mit Salz und Gewürzen abschmecken, über den Fisch gießen. Mit Krabben, Kaviar, Zitronenscheiben und Dill garnieren.

Fischauflauf

Marianne Hagemann, Neustadt

ZUTATEN:

800 g Goldbarschfilet
Saft von 1 Zitrone
100 g fetter Speck
3 Gewürzgurken
3 EL milder Senf
150 g Tomatenmark
3–4 Zwiebeln
3 Scheiben Zwieback
$^1/_5$ l süße Sahne
fetter Speck zum Auslegen der Form

ZUBEREITUNG:

Goldbarschfilet säubern, trockentupfen, jedes Filet in 3–4 Stücke schneiden (es soll sich eine gerade Anzahl von gleichgroßen Stücken ergeben), mit Zitronensaft beträufeln und salzen. Ziehen lassen. Fetten Speck fein würfeln und in der Pfanne auslassen; die Speckwürfel sollen goldbraun sein. Gurken in feine Würfelchen schneiden, mit den Speckwürfeln, 4 EL Speckfett und dem Senf gut verrühren.
Speck in hauchdünne Scheiben schneiden und den Boden der Auflaufform damit auslegen. Die Hälfte der Fischstücke darauf verteilen, die Senfmasse daraufstreichen, dann die restlichen Fischstücke einlegen. Das Tomatenmark messerrückendick auf die obere Fischlage streichen. Die Zwiebeln in dünne Scheiben schneiden, auf dem Tomatenmark verteilen, Zwieback reiben, über das Tomatenmark streuen und mit Speckfett beträufeln.
Bei 250 Grad auf der mittleren Schiene im Ofen etwa 30 Minuten garen. Die Sahne zugießen und den Auflauf noch 5 Minuten im ausgeschalteten Ofen stehenlassen.

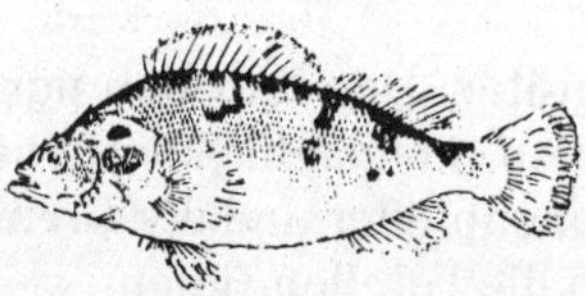

Butt mit Schalotten und Lauch

Melitta Petschow, Ettlingen

ZUTATEN:

4 Scheiben Butt (Stein- oder Heilbutt)
4–5 Schalotten
1 Stange Lauch (nur das Weiße)
Butter
Salz
Zitrone
etwas Weißwein
Sahne

ZUBEREITUNG:

Schalotten klein hacken und zusammen mit dem in Ringe geschnittenen Lauch in der Butter etwas dünsten. Den gesalzenen und mit Zitrone beträufelten Fisch dazugeben, mit Weißwein ablöschen und 7–10 Minuten dünsten. Zum Schluß Sahne unterrühren und auf vorgewärmten Tellern anrichten.

Gefüllte Forelle

Tamara Dorodow, Antony/Paris

ZUTATEN:

4 Forellen
250 g Kabeljau
3 Zwiebeln
½ Bund Dill
2 Eigelb
Salz, Pfeffer, Zitronenpfeffer
3 EL Crème fraîche
Porree
¼ l trockener Weißwein

ZUBEREITUNG:

Die Forellen entgräten. Den Kabeljau pürieren, mit 2 kleingehackten Zwiebeln, kleingehacktem Dill, den Eigelb, mit Salz, Pfeffer, Zitronenpfeffer und der Crème fraîche vermengen. Die Masse in die Forellen füllen.

Den Porree in lange, 1 cm breite Streifen schneiden, etwa 2 Minuten blanchieren. Die Forellen im Abstand von ca. 3 cm mit den Porreestreifen zubinden und in eine gebutterte Form legen. 1 kleingehackte Zwiebel dazugeben und mit dem Wein auffüllen. Gebuttertes Pergamentpapier über den Fisch decken. Bei 200 Grad ca. 20 Minuten im Ofen backen.

Kräuterforellen mit Riesling-Zabaione

Gisela Bauer, Gärtringen-Rohrau

ZUTATEN:

pro Person 1 kleine Forelle
Zitronensaft
frische Kräuter: Petersilie, Dill, Estragon, Zitronenmelisse, Sauerampfer, Pimpinelle
1 Zitrone in Scheiben
Butter
Salz

ZUBEREITUNG:

Die Forellen putzen und mit Zitrone säuern. Alufolien in der Größe der Forellen zuschneiden, buttern. Die Forellen mit den Kräutern (nicht gehackt!) füllen, 1 Zitronenscheibe und 1 kleines Stückchen Butter zufügen, ganz leicht salzen und jeweils ein Päckchen machen. Im Backofen bei 200 Grad ca. 20 Minuten garen.
Die Fischpäckchen 5 Minuten vor Ende der Garzeit anstechen, den Sud herauslaufen lassen und auffangen.

Zabaione

1 ganzes Ei, 2 Eigelb, 1 großes Glas Riesling, Salz, Pfeffer und Sud im Wasserbad schaumig schlagen und mit frischem Basilikum würzen.

Gambas und Muscheln in Tomatensauce

Anneli Rentsch, Worpswede

ZUTATEN:

3/8 Tasse Olivenöl
1 große gehackte Zwiebel
1 1/2 EL feingehackter Knoblauch
2 EL Tomatenmark
2 rote Paprikaschoten (kleingeschnitten)
100 g gewürfelter Schinken
80 g Sardellenfilets (kleingeschnitten)
1 kg geschälte kleingeschnittene Tomaten
1–2 Lorbeerblätter
1 Döschen Safranpulver
3/4 l Wasser
1/8 l trockener Weißwein
1 EL Zitronensaft
1 TL Oregano
1 TL feingehacktes Basilikum
2–3 EL feingehackte Petersilie
Salz, Pfeffer
18–20 Gambas (Größe 1)
18–20 große halbierte Miesmuscheln
12–14 kleine Herzmuscheln

ZUBEREITUNG:

In einer großen gußeisernen Kasserolle Olivenöl erhitzen, Zwiebeln, Knoblauch und Paprika hineingeben, unterrühren, ca. 5 Minuten anbraten. Die Zwiebeln sollen glasig sein. Schinken dazugeben, nach 2 Minuten Tomatenmark, Sardellenfilets, Lorbeerblatt, Oregano, Basilikum, Safran. Tomaten zufügen, mit Salz und Pfeffer würzen. 5–10 Minuten einkochen lassen. Dann Wasser, Wein und Zitronensaft dazugeben. Das Ganze ca. 30 Minuten ganz langsam köcheln lassen. Häufig umrühren. Muscheln dazugeben, zugedeckt 5 Minuten kochen. Gambas in einen großen Topf mit siedendem Wasser geben, 2–3 Minuten ziehen lassen, anschließend in die Sauce geben, mit Sauce überziehen, mit Petersilie bestreuen und servieren. Baguette dazu reichen.

ANMERKUNG:

Verwendet man tiefgefrorene Gambas, so müssen sie ganz langsam auftauen, bevor man sie gart. Die Muscheln können tiefgefroren verwendet werden.

Karpfen in Senfsauce

Charlotte Dachs, München

ZUTATEN:

1 Karpfen
1–2 mittlere Zwiebeln
2 Lorbeerblätter
2 EL geriebenes Weißbrot
1 Glas Weißwein
Fleischbrühe
etwa 250 g Butter
Saft von ½ Zitrone,
Zitronenschale
2 EL Senf
Salz, Pfeffer, Muskat

ZUBEREITUNG:

Den Karpfen schuppen, ausnehmen, auswaschen, mit Salz und Pfeffer einreiben und in einer Bratpfanne auf den Bauch legen. Feingehackte Zwiebel, Lorbeerblätter, das geriebene Weißbrot, Muskat, Wein, einen Schöpflöffel voll Brühe oder Wasser, 150 g Butter, Zitronenschale und den Senf dazugeben und den Fisch unter öfterem Begießen mit zerlassener Butter ½ Stunde im Ofen bei mittlerer Hitze braten. Die Sauce vor dem Anrichten mit starker Brühe verdünnen, mit dem Zitronensaft vermischen und durch ein Sieb gießen.

Gebackener Hecht

Gerda Kortha, Rotenbek

ZUTATEN:

1 Hecht (ca. 3 kg)
Zitronensaft
fetter Speck
3–4 Tomaten
¾ l Sahnegemisch (etwa je zur Hälfte süße Sahne und Crème fraîche)
Salz
Butter
viel Petersilie

ZUBEREITUNG:

Den Hecht schuppen, ausnehmen, waschen, trocknen, mit Zitrone beträufeln. Innen und außen salzen. Das Bratenblech (aus dem Backofen) buttern, in die Mitte einen Berg Petersilie häufen und den Hecht mit dem Bauch nach unten drauflegen. Den Fisch vom Kopf bis zum Schwanz auf dem Rücken einkerben und dünn geschnittenen, breiten, fetten Speck hineinklemmen, der beide Seiten des Hechtes bedekken muß.
Die Tomaten in die Pfanne legen und das Blech in den heißen Ofen schieben, damit der Speck sein Fett an den Hecht abgibt. Nach ca. ½ Stunde erstmals den Fisch mit ⅔ des Sahnegemisches begießen und ihn in der nächsten ½ Stunde mehrmals mit dem Fond aus der Pfanne belöffeln. Den Rest der Sahne über den Hechtrücken gießen und den Fisch unter Beobachtung fertig backen. Es darf nur noch wenig Sud in der Pfanne sein, alles muß so ein bißchen »verschmurgelt« aussehen, dann schmeckt uns der Fisch am besten.

ANMERKUNG:

Die Backofenzeiten beziehen sich auf meinen alten, nicht mehr zeitgemäßen Herd.

Lachsturban

Marianne A. Hildner, Wiesbaden

ZUTATEN:

4 Lachsfilets
4 Seezungenfilets
250 g Lachs und Seezunge
1 Eiweiß
¼ l süße Sahne
Salz, Pfeffer
50 g Pistazien
Garnelen
Zitronenviertel
Dill

ZUBEREITUNG:

Die Lachs- und Seezungenfilets quer in eine gebutterte Ringform legen, so daß die Enden überhängen.
Für die Mousseline 250 g Lachs und Seezunge pürieren, mit Pfeffer und Salz würzen, das Eiweiß hinzugeben und rühren, bis eine glatte Masse entsteht. Kalt stellen (am besten auf Eis). Dann nach und nach die Sahne unter die Mischung rühren, zwischendurch immer wieder kühlen. Zum Schluß salzen und die Pistazien unterheben.
Die Mousseline dann in die mit den Filets ausgelegte Ringform füllen. Die überhängenden Enden über die Mousseline legen. Alles mit einem zugeschnittenen Stück Alufolie abdecken und im Ofen im Wasserbad bei mittlerer Hitze 40 Minuten garen. Den Turban ruhen lassen, dann so stürzen, daß anfallende Flüssigkeit ablaufen kann.
Mit Garnelen, Zitronenvierteln und etwas Dill garniert servieren.

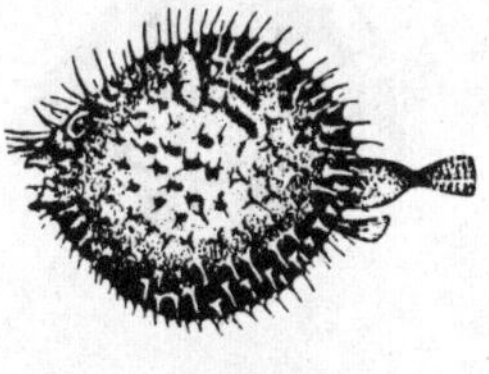

Rotbarsch in der Folie

Carmen-Renate Köper, Köln

ZUTATEN:

gut 500 g Rotbarschfilet
250 g Möhren
250 g Sellerie
1 Stange Lauch
ca. 110 g Butter
Sauerampferblätter
Salz, Zitrone
Backfolie, Büroklammern

ZUBEREITUNG:

Möhren und Sellerie fein in Streifchen hobeln, Lauch (nur das Weiße) in feine Ringe schneiden, vermischen und in ca. 50 g Butter leicht dünsten. Nicht weich werden lassen!
Fisch säubern, alle Gräten entfernen (mühsam aber lohnend), leicht salzen und mit Zitrone beträufeln.
Von der Backfolie 4 Stücke zu je 30 cm schneiden. Der Länge nach einen Sockel von je einem Viertel der Gemüse-Julienne legen, darauf den Fisch, darauf eine Scheibe Butter von ungefähr 15 g und darauf ein Sauerampferblatt. Die Längsseite des Papiers zusammenfalten wie ein Päckchen, die Schmalseite wiederum zusammenkneifen, und dann fest mit einer Büroklammer verschließen. Die vier Päckchen auf ein Backblech legen und 15 Minuten im heißen Ofen garen.

Saibling blau im Wurzelsud

Renate Frank, Unterföhring

ZUTATEN:

pro Person 1 Saibling (ca. 200 g)
Zitronensaft
Salz, weißer Pfeffer

für den Wurzelsud:
¼ Sellerie (mittlere Knolle)
2–3 Möhren
½ Stange Lauch (das untere weiße Stück)
1 Petersilienwurzel
1 Zwiebel (mit Nelken gespickt)
1 Stückchen Ingwerwurzel (möglichst frisch)
1 Knoblauchzehe
3–4 Lorbeerblätter
2–3 Wacholderbeeren
ein paar weiße Pfefferkörner
etwas Zitronenschale
je 2–3 Blättchen frische Minze und Zitronenmelisse
Petersilie, Dill
¼ l guter Weinessig
¼ l herber Weißwein

ZUBEREITUNG:

Die Saiblinge mit Zitrone beträufeln, salzen und etwas pfeffern. Beizen lassen.
Etwa 1 l Salzwasser zum Kochen bringen, Gemüse und Gewürze einlegen (Kräuter zusammenbinden), kochen lassen, bis das Gemüse (mit Biß) gar ist. Essig mit etwas Wasser erhitzen, heiß über die Fische gießen, den Wein in den Sud geben, aufkochen lassen, dann die Fische einlegen und ziehen lassen. Garzeit je nach Größe, Rückenflossentest machen.
Fische herausnehmen und auf einer Platte anrichten. Aus dem Sud Kräuter und Gewürze herausnehmen, mit einem Schaumlöffel das Gemüse herausfischen und auf der Fischplatte zusammen mit Zitronenachteln, gehackter Petersilie und Dill anrichten.
Zerlassene Butter oder eine weiße Buttersauce dazu reichen.

Rotzungenfilets

Susanne Sewering, Dachau

ZUTATEN:

600 g Rotzungenfilets
500 g Tomaten
Schalotten
1 Döschen Safran
sehr trockener Vermouth (Noilly Prat)
Zitronensaft
Salz, weißer Pfeffer
3 EL Crème fraîche

ZUBEREITUNG:

Tomaten häuten, entkernen, fein hacken. Die Schalotten hacken. Butter in einer feuerfesten Form heiß werden lassen, die Schalotten darin glasig dünsten, die Tomaten dazugeben und etwas einkochen lassen. Safran und einen Schuß Vermouth zufügen, Crème fraîche unterziehen.
Die Fischfilets mit Zitronensaft, Salz und Pfeffer würzen, auf die Sauce legen, ein bißchen damit bestreichen und in das ca. 210 Grad heiße Rohr schieben. Etwa 8 Minuten garziehen lassen.

ANMERKUNG:

Statt Rotzungen- können ersatzweise Seezungenfilets verwendet werden.

Gedünstete Salmscheibe

Gertraud Hohmann, Karlstadt

ZUTATEN:

4 Scheiben Salm (etwa 2 cm dick)
½ l Frankenwein
1 kleine Knoblauchzehe
1 Schalotte
Salz, weißer Pfeffer
1 Msp gemahlene Nelken
40 g Butter
2 Eidotter
frischer Dill

ZUBEREITUNG:

Fisch säubern und 1 Stunde in etwas Wein marinieren. Knoblauch und Schalotte sehr fein schneiden, andünsten. Salmscheiben von beiden Seiten würzen, zum Dünstgut geben und bei schwacher Hitze garziehen lassen, je nach Stärke 5–10 Minuten.
Fisch herausnehmen, den Dünstsatz mit Wein aufgießen, nachwürzen, mit 2 Eidottern binden, frischen feingewiegten Dill über Fisch und Sauce streuen. Sauce und Fisch getrennt anrichten, damit die schöne Farbe des Fisches zur Geltung kommt.
Um den optischen Genuß zu erhöhen, etwas Blattspinat abkochen und den Fisch darauflegen. Man reicht dazu französisches Weißbrot und Butter.

Seezungenfilet

Barbara Just, Saarbrücken

ZUTATEN:

8 Seezungenfilets
2 Staudensellerie
1 Stange Rhabarber
4 Eier
½ Weinglas trockener Sherry
1 Tasse Hühnerbrühe
1 TL Salz
2 TL Zucker
3 EL Öl

ZUBEREITUNG:

Die Filets in einem Fischsud einige Minuten halb garziehen lassen.
Staudensellerie in kleine Würfel schneiden, in einer Pfanne in dem Öl andünsten, mit dem Sherry und der Hühnerbrühe ablöschen, Salz und Zucker dazugeben und so lange weiter kochen lassen, bis die Flüssigkeit fast ganz absorbiert ist.
Jetzt den gewürfelten Rhabarber dazugeben und noch einige Minuten mit dem Sellerie weich dünsten.
Das fertige Gemüse pürieren und mit den 4 Eigelb vermischen. Danach hebt man die steif geschlagenen 4 Eiweiß unter die Masse, buttert eine längliche, nicht zu hohe Form aus, legt die Fischfilets hinein, streicht auf jedes Filet Gemüsemasse und überbäckt alles bei 220 Grad etwa 10 bis 15 Minuten.
Mit Beurre blanc und Reis servieren.

Schellfisch im Gemüsebett

Annette Niederstein, Hattingen

ZUTATEN:

1 kg kleine Möhren
1 kg Porree
1 Bund frische Zwiebeln mit Grün
½ l trockener Weißwein
2 kg Schellfisch
Salz, schwarzer Pfeffer
Zucker
Öl
Zitronensaft

ZUBEREITUNG:

Fisch nachsehen, ob er gut geschuppt ist, waschen, innen Blutreste entfernen. Abtrocknen, salzen, mit etwas Zitrone beträufeln. Ruhen lassen, bis das Gemüse geputzt ist.
Möhren auf der Gurkenreibe in dünne Scheiben reiben, Porree und Zwiebeln mit Grün in ganz feine Ringe schneiden. Weil das Gemüse im Ofen langsamer gar wird als der Fisch, muß es ca. 5 Minuten in einer großen Pfanne, sehr heiß, in etwas Öl gewendet werden.
Eine tiefe, genügend große feuerfeste Platte mit den Gemüsen fingerdick belegen, den Fisch gut abtrocknen und aufrecht auf das Gemüse setzen. Vorher das Gemüse salzen, den Wein darübergeben. Zum Schluß Fisch und Gemüse mit frisch gestoßenem Pfeffer bestreuen.
Auf der mittleren Schiene im Ofen 30—35 Minuten bei 175 Grad garen. Die genaue Garzeit ist von der Dicke des Fisches abhängig und muß jedesmal geprüft und bestimmt werden.

Frischer Havel-Zander mit Fenchel

Barbara Pattberg, Berlin

ZUTATEN:

1 Zander (etwa 1½ kg)
4—5 getrocknete Fenchelstangen
⅛ l je zur Hälfte Fischfond und trockener Weißwein
12 Schalotten
gut 2 EL Crème fraîche
Butter
Salz, weißer Pfeffer
Curry
Pernod

ZUBEREITUNG:

Frischen Zander schuppen, ausnehmen, waschen, mit Haushaltspapier trocknen. Innen und außen zart salzen, pfeffern und mit zerlassener Butter einpinseln, mit Fenchel füllen. Den Fisch in feuerfeste Fisch-Glasform legen und bei 250 Grad für 5 Minuten offen in den Ofen schieben. Die Fischfond-Wein-Mischung heiß dazugießen. Mit Alufolie abdekken und den Ofen auf 200 Grad herunterschalten. Nach 15 Minuten die ganzen Schalotten dazugeben und 5 Minuten mitdünsten.
Crème fraîche, einige Spritzer Pernod, einen Hauch Curry miteinander vermischen und unter den reduzierten Sud schlagen. Zander in der Glasform garnieren, mit Schalotten umgeben. Erst am Tisch zerteilen, mit der hellen Seite nach oben auf vorgewärmte Teller geben und die Sauce dazu reichen oder darübergießen.
Baguette dazu servieren.

Fischfond

2 kg weiße Fische u.a. auch Seezungengräten in 2 l kaltem Wasser zum Kochen bringen und immer wieder Schaum abschöpfen.

In der Zwischenzeit Grünzeug putzen, waschen und zerkleinern:

2 Zwiebeln
2 Möhren
1 EL gewürfelte Petersilienwurzel
2 EL Lauch
2 EL Champignonstiele

Gemüse dazugeben, 30 Minuten kochen lassen. Durch ein feines Sieb oder ein Tuch gießen. Die nicht benötigte Menge einfrieren und verschlossen aufbewahren.

Speckschollen

Renate Holm, Jahrsdorf

ZUTATEN:

4 Schollen
Salz, Pfeffer
3 EL Mehl
125 g fetter Speck
2 Zwiebeln
1 Bund Petersilie
Zitrone

ZUBEREITUNG:

Schollen ausnehmen und Flossen abschneiden, waschen, säubern, ½ Stunde stehenlassen. Dann die Schollen mit Salz und Pfeffer würzen. Mit Küchenpapier abtupfen. Die Schollen im Mehl wälzen.
Den Speck in Würfel schneiden und in der Pfanne ausbraten. Den Speck aus der Pfanne nehmen und beiseite stellen. Zwiebeln würfeln und im Speckfett anrösten, aus der Pfanne nehmen und zu den Speckwürfeln geben. Die Schollen je nach Größe 4–6 Minuten von jeder Seite in der Pfanne braten. Auf eine vorgewärmte Platte geben und warm stellen. Speck und Zwiebeln im Bratfett erhitzen, Petersilie hacken, kurz in die Pfanne geben, dann sofort mit Speck und Zwiebeln über die Schollen streuen. Mit Zitrone garniert servieren.

Beilagen

Ägyptischer Mandelreis

Ingrid Früchtel, Kulmbach

ZUTATEN:

2 EL dunkle kalifornische Weinbeeren (ungeschwefelt)
2 EL trockener Weißwein
50 g gehackte Zwiebeln
1½ EL Butter
je ¼ TL Zimt, gemahlene Nelken, Kardamom und Kurkuma
½ TL schwarzer Pfeffer, frisch gemahlen
½ l Wasser
1 Brühwürfel
300 g Naturreis
125 g Mandelstifte
abgeriebene Schale von ½ Zitrone
Salz

ZUBEREITUNG:

Die Rosinen im Wein marinieren. Die Zwiebeln in ½ EL Butter glasig werden lassen, die Gewürze zum Schluß 1 Minute mitrösten. Das Wasser und den Brühwürfel dazugeben, zum Kochen bringen. Den Reis unter fließendem Wasser abspülen, in die Brühe schütten. Etwa 40 Minuten bei geringer Hitze kochen lassen.
Die Mandelstifte in der restlichen Butter goldgelb rösten, dann Mandeln, Rosinen und Zitronenschale unter den Reis mischen, nochmals mit den Gewürzen und evtl. Salz abschmecken.

Champignonreis

Gudrun Brosey, Großalmerode

ZUTATEN:

250 g Langkornreis
3 EL Öl
1 Zwiebel
125 g frische Champignons
Salz
1 l Fleischbrühe
1 Bund Petersilie

ZUBEREITUNG:

Öl erhitzen und die gewürfelte Zwiebel hellgelb dünsten. Blättrig geschnittene Champignons und Reis ebenfalls andünsten. Nach und nach mit kochender Fleischbrühe auffüllen. Den Reis 15–20 Minuten körnig kochen. Zum Schluß mit gehackter Petersilie vermischen.

Mais-Austern

Doris Fricker, Stuttgart

ZUTATEN:

1 kleine Dose Mais
1 Eigelb, 1 Eiweiß
2 EL Maismehl
Salz, Pfeffer
Öl

ZUBEREITUNG:

Den Mais ohne Flüssigkeit zerstoßen oder im Mixer fein zerkleinern, mit Eigelb, Maismehl, Salz und Pfeffer vermischen.
Das Eiweiß steif schlagen und unter die Mischung ziehen.
Soviel Öl in einer Pfanne erhitzen, daß der Boden 2–3 mm mit dem Fett bedeckt ist. Mit einem Teelöffel vom Teig 5-Mark-Stück-große Plätzchen abstechen und von jeder Seite 1–2 Minuten ausbacken.
Auf Küchenkrepp abtropfen lassen und salzen.

Semmelknödel

Renate Stadler, Hutthurm

ZUTATEN:

Knödelbrot von 10 Semmeln
oder 10 alte Semmeln
¼ l Milch
Salz, Pfeffer, Muskat
Petersilie
2–3 Eier

ZUBEREITUNG:

Knödelbrot oder sehr fein geschnittene Semmeln mit ca. ¼ l heißer Milch übergießen, 15–30 Minuten ziehen lassen. Mit Salz, Pfeffer, Muskat und feingehackter Petersilie würzen. Die Eier dazugeben und mit der Hand gut verkneten. Knödel formen und in reichlich kochendes Wasser geben. 20 Minuten ziehen lassen.

Hausgemachte Spätzle

Rosemarie Schwarz, Mannheim

ZUTATEN:

500 g Mehl
5 Eier
½ TL Salz
ca. ⅛ l warmes Wasser

ZUBEREITUNG:

Mehl in eine Schüssel sieben, Salz und Eier hinzufügen. Verrühren und nach und nach das Wasser beimengen. Dann den Teig mit dem Rührlöffel fest schlagen, bis er Blasen wirft und ganz glatt ist. Zugedeckt etwa 20 Minuten stehenlassen.
In einem großen Topf ca. 4 l Wasser zum Kochen bringen,

salzen und die Spätzle portionsweise vom Brett hineinschaben. Sobald sie an der Oberfläche erscheinen, sind sie gar. Mit dem Schaumlöffel herausheben, in ein Sieb schütten, kurz kalt abbrausen, in eine flache, mit Butter ausgestrichene Auflaufform geben und zugedeckt im Backofen warm halten.

Käsespätzle

Edith Fabry, Villingen

ZUTATEN:

5 Eier
etwas Wasser
soviel Mehl, daß ein zähflüssiger, schwer vom Löffel fallender Teig daraus wird (375–400 g)
1 TL Salz
150 g frischgeriebener Gruyère
50 g Butter

ZUBEREITUNG:

Aus den Zutaten einen glatten Teig bereiten. In einem großen Topf Wasser mit Salz aufkochen und den Teig entweder vom Brett schaben oder – das ist einfacher – durch eine Spätzle-Maschine drehen. Portionsweise arbeiten. Die Spätzle einmal aufkochen lassen und zum Abschrecken in eine Schüssel mit kaltem Wasser geben. Herausheben, gut abtropfen lassen und auf eine Platte, die man im leicht warmen Herd (ca. 100 Grad) warm hält, legen. Mit 1 EL Käse bestreuen und mit flüssiger Butter beträufeln. So mit dem weiteren Teig verfahren. Die letzte Schicht der Spätzle dick mit Käse bestreuen und für wenige Minuten im sehr heißen Herd überbacken.

Kartoffelklöße

Hertha N. Altenhein, Bielefeld

ZUTATEN:

1½ kg Kartoffeln
Salz, Muskat
1 Eigelb
1 EL Mehl oder Kartoffelmehl
1 Brötchen

ZUBEREITUNG:

Am Vortag die Kartoffeln kochen, auskühlen lassen, ungepellt in den Kühlschrank stellen.
Am folgenden Tag die Schale abziehen, die Kartoffeln fein reiben, mit Salz, Muskat würzen, Eigelb hinzugeben. Mehl untermischen. Das Brötchen in feine Würfel schneiden und in der heißen Pfanne rösten.
Mit nassen Händen aus dem Teig kleine Klößchen formen, 1 oder 2 Röstwürfelchen hineindrücken, Salzwasser zum Kochen bringen, die Klöße 20 Minuten darin ziehen lassen (nicht kochen!), bis sie an die Oberfläche steigen. Gut abtropfen lassen und servieren.

Rohe Kartoffelklöße

Renate Walter, Bergisch-Gladbach

ZUTATEN:

2½ kg feste Kartoffeln
1 Scheibe Graubrot
20 g Butter

ZUBEREITUNG:

¼ der Kartoffelmenge als Salzkartoffeln abkochen, den Rest schälen und in einen Topf mit Wasser reiben. Die geriebenen Kartoffeln in einem Küchenhandtuch ausdrücken. Die ausgedrückten Kartoffeln mit den Salzkartoffeln vermengen, ebenfalls mit 1 EL Stärkemehl, das sich beim Reiben der Kartoffeln bildet. Die Scheibe Graubrot in Würfel

schneiden und in einer Pfanne rösten. In die Mitte des Knödels einige Brotwürfel geben.
In einem großen Topf 2½ l Wasser mit 1 TL Salz zum Kochen bringen. Wenn das Wasser leise köchelt, die Knödel hineinlegen und ohne Deckel ca. 20 Minuten ziehen lassen. Anschließend servieren.

Serviettenknödel

Doris Stiefel, Nagold

ZUTATEN:

4 Brötchen	*125 g Mehl*
Butter	*¼ l Milch*
1 mittlere Zwiebel	*2 Eier*
½ Bund Petersilie	*Salz, Muskat*

ZUBEREITUNG:

Die Brötchen in kleine Würfel schneiden und in wenig Butter goldgelb rösten. Zwiebel würfeln und in Butter andünsten, etwas später die geschnittene Petersilie kurz mitdünsten. Alles erkalten lassen.
Aus Mehl, Milch, Eier, Muskat und Salz einen Teig bereiten. Über die erkaltete Brötchen-Zwiebel-Mischung gießen, vorsichtig vermengen und ca. 30 Minuten stehenlassen.
In einem großen Topf reichlich Salzwasser zum Kochen bringen. Ein frisches Küchenhandtuch oder eine Serviette naß machen, gut ausdrücken und den Teig daraufgeben. So in Form drücken, daß die dicke Rolle gut in den Topf paßt. So in die Serviette einbinden, daß der Kloß noch Platz zum Aufgehen hat. Auf beiden Seiten mit einem Bindfaden zubinden. Ins kochende Salzwasser legen, die beiden Enden heraushängen lassen. Zudecken und je nach Dicke des Knödels 30–60 Minuten leise kochen lassen. Nach der Hälfte der Zeit wenden. Nach dem Garen herausnehmen, aufbinden und den Knödel in Scheiben schneiden. Auf einer Platte anrichten.

Rösti

Kathrin Wachter, Wezembeek-Oppem

ZUTATEN:

1 1/5 kg Kartoffeln (pro Person etwa 3 mittlere Kartoffeln)
100 g Emmentaler
1/8 l süße Sahne
Öl, Salz

ZUBEREITUNG:

Den Emmentaler grob reiben und mit der Sahne vermengen. Die grob geraffelten Kartoffeln leicht salzen, Öl in der Pfanne heiß werden lassen, Kartoffeln dazugeben und auseinanderbreiten, anbraten. Ein Viertel der Käse-Sahne-Mischung dazugeben, gut mit den Kartoffeln mischen und wieder den ganzen Pfannenboden bedecken. Bei nicht zu großer Hitze auf der Unterseite braun werden lassen. Dann umdrehen, indem man den Kartoffelfladen auf einen großen Teller gleiten läßt und diesen dann über der Pfanne stürzt. Die zweite Seite bräunen.

ANMERKUNG:

Die Kartoffeln kann man schon vorher schälen und in kaltes Wasser legen. Reiben muß man sie unmittelbar vor dem Braten. Nach Möglichkeit eine beschichtete Pfanne verwenden.

Gratin dauphinois

Bärbel Speck-Schifferer, Heidelberg

ZUTATEN:

800 g Kartoffeln
3/8 l Sahne
Milch
Butter
Knoblauch
Salz, Pfeffer, Muskat

ZUBEREITUNG:

Eine große feuerfeste Form gut buttern und mit einer Knoblauchzehe ausreiben. Die geschälten Kartoffeln in dünne Blättchen hobeln. Lagenweise in die Form schichten und jede Lage salzen, pfeffern und Muskatnuß darüberreiben. So viel Milch aufgießen, daß die Kartoffeln gerade noch nicht bedeckt sind. Die Sahne darübergießen, Butterflöckchen aufsetzen und bei 175 Grad im Ofen 2½ Stunden backen. Während der ersten beiden Stunden ab und zu die Oberfläche bewegen, damit sich erst in der letzten halben Stunde eine leichte Kruste bildet.

Kartoffelnocken italienische Art (nach »Walterspiel«)

Erika Altenburg, Bonn

ZUTATEN:

500 g Kartoffeln	*1 TL Salz*
150 g Mehl	*1 TL Zucker*
100 g Butter	*4 Eier*

ZUBEREITUNG:

Einen Brandteig herstellen, indem man ¼ l Wasser mit Butter, Salz und Zucker aufkocht. Den Topf von der Kochstelle nehmen, das Mehl auf einmal hineinschütten, zurück aufs Feuer und so lange mit einem Holzlöffel rühren, bis der Teig sich als Kloß vom Topfboden löst. Etwas abkühlen lassen und dann die Eier, jedes für sich, nacheinander (z.B. mit dem Knethaken des Handmixers) einarbeiten.
Die Kartoffeln schälen, in leicht gesalzenem Wasser kochen, durchpassieren und mit dem Brandteig mischen. Mit Gabel und Löffel kleine Bällchen bzw. würstchenartige Gebilde formen, diese sofort in leicht gesalzenes kochendes Wasser geben und ähnlich wie Klöße im offenen Topf in etwa 10 Minuten garziehen lassen.

Kartoffel-Gratin

Inge Ehemann, Meersburg

ZUTATEN:

Kartoffeln
Salz, Pfeffer
Käse
Salbei
2 Eier
1/20 l süße Sahne
Butter

ZUBEREITUNG:

Kartoffeln schälen, in dünne Scheiben schneiden, schichtweise mit Salz, Pfeffer, geriebenem Käse, gehacktem Salbei in eine gebutterte Jenaer Form legen, Eier mit Rahm verquirlen und darübergießen, zuletzt noch einmal Käse darüberstreuen. Den Deckel schließen und in den (noch kalten) Ofen stellen. Bei mittlerer Hitze garen lassen.

Kartoffel-Gratin

Petra Weskott, Wülfrath

ZUTATEN:

1½ kg Kartoffeln
¼–½ l Milch
Butter
2 Eier
⅛ l süße Sahne
1 TL Salz
Muskatpulver

ZUBEREITUNG:

Die Kartoffeln schälen, weich kochen, vom Herd nehmen und zu sahnigem Kartoffelbrei mit Milch und Butter zerstampfen. Eier, süße Sahne, Salz und etwas Muskatpulver miteinander verquirlen und über den in eine gefettete Auflaufform gefüllten Kartoffelbrei gießen. In den vorgeheizten Backofen schieben und bei 200–220 Grad etwa 15–20 Minuten überbacken, bis die Kartoffeln goldgelb überkrustet sind.

Rosmarin-Kartoffeln

Brigitte Winter-Klemm, Frankfurt

ZUTATEN:

Kartoffeln
Olivenöl
Salz
Rosmarin
durchwachsener Speck
evtl. Knoblauch

ZUBEREITUNG:

Heiße Pellkartoffeln abpellen, schnell in Olivenöl schwenken, salzen, mit Rosmarin und kleinen Speckwürfeln bestreuen. 30 Minuten bei 225 Grad im Ofen knusprig backen. Nach Geschmack Knoblauch mitbacken.

Kartoffel-Zucchini-Pfanne

Brigitte Thoms, Hilden

ZUTATEN:

8 große Kartoffeln
4 EL Olivenöl
2 EL Butter
Salz, Pfeffer
Koriander
200 g Zucchini
4 EL Estragonessig

ZUBEREITUNG:

Die Kartoffeln schälen und in kleine Würfel schneiden. Öl und Butter in einer Pfanne erhitzen, die abgetrockneten Kartoffeln darin anbraten und mit Salz, grobgemahlenem Pfeffer und grobgemahlenem Koriander würzen. 15 Minuten garen.
Die Zucchini gründlich waschen, in Würfel schneiden und zu den Kartoffeln in die Pfanne geben. Essig zufügen. 10 Minuten bei geschlossenem, 5 Minuten bei offenem Deckel braten lassen.

Porree-Mohrrüben-Kartoffeln

Hedwig Benzinger, Ansbach

ZUTATEN:

8 gleichgroße Porreestangen
8 gleichgroße Mohrrüben (ca. 500 g)
12 mittelgroße Kartoffeln
Butter
Parmesan

ZUBEREITUNG:

Porree waschen und in 5-cm-Stücke schneiden, die Mohrrüben abschaben oder schälen, der Länge nach halbieren und in 5-cm-Stücke schneiden, Kartoffeln schälen, der Länge nach vierteln. Alles miteinander zart dünsten und in zerlassener Butter schwenken. Das Gemüse muß noch einen Biß haben. Mit Parmesan bestreuen.

Blaukraut

Martha Dobler, Tübingen

ZUTATEN:

1 kg Blaukraut
80 g Schweineschmalz
3 saure Äpfel
Salz
1 EL Zucker
2 EL Essig
1 kleine Zwiebel mit Nelken
¼ l Fleischbrühe
⅛ l Rotwein

ZUBEREITUNG:

Blaukraut hobeln. Geschnittene Äpfel kurz im Fett andünsten und Gemüse und Gewürze zugeben, nach 5 Minuten die Fleischbrühe daran geben und 1 Stunde dünsten lassen. Zuletzt das Blaukraut mit Wein abschmecken.

Fenchel-Möhren-Kasserolle

Ingrid Früchtel, Kulmbach

ZUTATEN:

600 g Fenchel
300 g Möhren
100 g kleine Zwiebeln
50 g Butter
½ TL gemahlener Koriander
¼ TL schwarzer Pfeffer, frischgemahlen
½ Tasse trockener Weißwein
1 TL Kräutersalz
2 TL Zitronensaft
1 EL feingehackte Petersilie

ZUBEREITUNG:

Fenchel waschen, putzen, das Fenchelgrün aufheben. Die Knollen halbieren, in 1 cm breite Streifen schneiden. Möhren unter fließendem Wasser sauber bürsten, in ½ cm dicke Scheiben schneiden (dicke Möhren vorher längs halbieren). Zwiebeln schälen, je nach Größe vierteln oder in 2 cm große Würfel schneiden. Zwiebeln in 1 EL Butter glasig werden lassen. Fenchel, Möhren, Koriander und Pfeffer dazugeben. Kurz durchbraten. Wein dazugießen. Das Gemüse bei kleiner Hitze ca. 15 Minuten dünsten, bis es gerade weich ist. Die restliche Butter unterziehen. Mit Salz, Zitronensaft und Petersilie abschmecken. Das feingehackte Fenchelgrün darüberstreuen.

Kohlrabigemüse »polnisch«

Brigitte Winter-Klemm, Frankfurt

Junge, geschälte und gestiftelte Kohlrabi mit etwas Zucker, Salz, Muskat, Pfeffer, Butter und ganz wenig Wasser schnell garmachen. Es sollte so wenig und *weiches* Wasser (z.B. Evian) genommen werden, daß, wenn die Kohlrabi gar sind, kein Kochwasser abzuschütten ist, daß sie ganz leicht und, ohne Farbe anzunehmen, glaçiert sind.
Warm stellen und mit glatter Petersilie und in Butter gebräunten frischen Brotkrumen bestreuen.

Glasierte Chicorée

Elfriede Wirtz, Erkrath

ZUTATEN:

4 schöne Chicoréestangen
50 g Butter
¼ Zitrone
1 TL Puderzucker
3 EL Wasser
Salz, Pfeffer

ZUBEREITUNG:

Chicoréestangen rasch waschen und den bitteren Strunk mit einem scharfen Messer entfernen.
50 g Butter in einem weiten Topf erhitzen, Chicorée darin unter häufigem Wenden goldgelb bräunen, salzen, mit etwas Zitronensaft beträufeln. 3 EL Wasser dazugeben, Deckel schließen und im mäßig heißen Ofen 45 Minuten schmoren lassen.
Deckel öffnen, Chicorée mit Puderzucker bestäuben und das Gemüsewasser verkochen lassen. Die Stangen vorsichtig in dem am Topfboden entstehenden Sirup wenden. Als Beilage auf gewärmter Platte servieren.

Gefülltes Kraut

Karin Lepold, Edermünde-Haldorf

ZUTATEN:

1 frischer Wirsingkohl
500 g Schweinegehacktes
500 g Tatar
1 geriebenes altes Brötchen
1 Zwiebel
Salz, Pfeffer, Muskatnuß
1 Ei
Fleisch- und Gemüsebrühe
125 g Butter
etwas Mehl
2 Eigelb
Petersilie
Butter

ZUBEREITUNG:

Den Wirsing in Blätter zerlegen, waschen und in Salzwasser etwa 5 Minuten kochen, dann aus der Brühe holen und abkühlen lassen. Aus Schweinegehacktem, Tatar, Semmelbröseln, der kleingehackten Zwiebel, Salz, Pfeffer, etwas Muskat und dem Ei einen Fleischteig bereiten. Die Krautform buttern und mit möglichst großen Wirsingblättern (ohne Rippen) belegen. Dann eine Schicht Fleischteig in die Form geben, gut andrücken, dann eine Schicht Wirsingstückchen, dann wieder Fleischteig auffüllen. Zum Schluß Wirsing darauflegen, den Deckel auf der Form befestigen und die Form im Wasserbad bei mittlerer Hitze etwa $1\frac{1}{2}$ Stunden kochen lassen.
Nach der Garzeit die Form aus dem Wasserbad nehmen, den Deckel etwas lockern und den in der Form befindlichen Saft auffangen. Auf einen Teller stürzen.
In einem Topf Butter zerlassen, etwa 1 EL Mehl einrühren, mit Gemüsebrühe ablöschen, zwei Eigelb unterziehen und mit Salz, Pfeffer und Muskat abschmecken.
Das Kraut mit Petersilie garnieren. Pell- oder Salzkartoffeln dazu mit der hellen Sauce servieren.

ANMERKUNG:

Die »Gefüllte-Kraut-Form« aus Aluminium ist in Haushaltswarengeschäften zu bekommen.

Gefüllter Kürbis

Oda Bischoff, Freiburg

ZUTATEN:

1 Kürbis (ca. 4 kg)
Salz
1 kg Hackfleisch (je zur Hälfte mageres Schweine- und Rinderfleisch)
3 große Zwiebeln
Pfeffer
Parmesan
¼ l saure Sahne
1 französisches Weißbrot
Butter
Knoblauch

ZUBEREITUNG:

Den Kürbis aushöhlen, stark salzen, 1–2 Stunden ziehen lassen. In der Zwischenzeit das Kürbisfleisch in Würfel schneiden und in einem Sieb abtropfen lassen.
Französisches Weißbrot in Scheiben schneiden und in Butter rösten. Das Hackfleisch mit den gehackten Zwiebeln vermengen, kurz anbraten, dann salzen und pfeffern. Die Flüssigkeit, die sich im Kürbis gebildet hat, abgießen und ihn mit Knoblauch ausreiben.
Eine Schicht von dem gerösteten Weißbrot in den Kürbis legen, darüber eine Schicht angebratenes Fleisch, dann eine Schicht Kürbiswürfel, darüber wieder Weißbrot, dann dick Parmesan darüberstreuen usw., bis der Kürbis gefüllt ist. Zum Schluß die saure Sahne darübergießen. Mit dem Kürbisdeckel schließen und in den auf 250 Grad vorgeheizten Ofen schieben. Temperatur zurückschalten und je nach Größe des Kürbis etwa 1 Stunde bei mittlerer Hitze backen.

Kürbispfanne

A. Gossen, Neu Isenburg

ZUTATEN:

1½–2 kg Kürbis
1 l Milch
4–5 Eier
Salz, Zucker
1 kg Kartoffeln
100 g Speck
10–15 Backpflaumen ohne Kern
1 EL Mehl
Zimt

ZUBEREITUNG:

Kürbis schälen, entkernen und in kleine Würfel schneiden, in einen Topf füllen, knapp mit Wasser bedecken und weich kochen. Das Kürbisfleisch zerrühren, in einen dichten Beutel (am besten Leinen) gießen, in ein Sieb legen und über Nacht abtropfen lassen.
Danach die Kürbismasse in ca. 1 l kalte Milch geben, 4–5 Eier, 1 Prise Salz, 1 Prise Zucker dazu und mit dem Quirl gut verrühren, so daß es eine sämige Masse ergibt.
Kartoffeln schälen und reiben. Das entstandene Kartoffelwasser abgießen. Mehl, etwa ¾ von dem in Würfel geschnittenen Speck in den Kartoffelteig geben und in eine runde gefettete Auflaufform füllen. Den restlichen Speck auf den Teig geben, die Backpflaumen darauf verteilen und leicht andrücken. (Ergibt eine Höhe von ca. 2–3 cm in der Form.) Kürbismasse vorsichtig obenauf geben, etwas Zimt darüberstreuen und im vorgeheizten Backofen bei 180–200 Grad etwa 45 Minuten backen.
In Tortenstücke schneiden und heiß servieren.

Sauerkraut

Renate Stadler, Hutthurm

ZUTATEN:

1 kg Sauerkraut
1 Apfel
1 Zwiebel
100 g rohes, geräuchertes Wammerl (durchwachsener Speck)
1 Lorbeerblatt
Wacholderbeeren
Kümmel, Salz, Zucker
½ l Rinderbrühe
½ l trockener Riesling oder Champagner

ZUBEREITUNG:

Das Wammerl in Würfel schneiden und auslassen. Kleingeschnittene Zwiebel und Apfel, Sauerkraut, Kümmel, Wacholderbeeren und Lorbeerblatt dazugeben, mit Brühe aufgießen, mit Salz und etwas Zucker würzen. Nach 20 Minuten einen Teil des Weins dazugießen, nach Bedarf in Abständen den Rest beimengen.
1–2 Stunden köcheln lassen.

Rübstiel

Maria Donath, Köln

ZUTATEN:

750 g Rübstiel
Saft von ½ Zitrone
1 EL Öl

ZUBEREITUNG:

Rübstiel zerkleinern, waschen und in ca. ¼ l kochendes Salzwasser geben, 7–8 Minuten garen. Gut abgetropft in eine Servierschüssel geben. Aus Zitrone und Öl eine Sauce rühren, über das Gemüse verteilen.
Rübstiel muß nicht unbedingt sehr heiß serviert werden. Er schmeckt auch lauwarm hervorragend.

Spargel mit Sauce hollandaise

Bärbel Speck-Schifferer, Heidelberg

ZUTATEN:

3 kg Spargel (schön und ganz frisch)
Salz, Zucker
1 kleines Stück Butter

ZUBEREITUNG:

Die Spargel schälen und das Ende abschneiden. Die gleichlangen Spargel in Portionen bündeln und in heißem Wasser mit Salz, 1 Prise Zucker und Butter nicht zu weich kochen. Das kann 15–25 Minuten dauern und hängt von den Spargeln ab. Abtropfen lassen und eingeschlagen in eine Serviette auf einer heißen Platte anrichten.

Sauce hollandaise

200 g Süßrahmbutter
3 Eigelb
2 EL Champagner
Salz, Pfeffer
Zitronensaft

In einer Wasserbadschüssel die Eigelb und den Champagner mit dem Schneebesen schaumig rühren und vorsichtig erwärmen. Wenn die Mischung anfängt cremig zu werden, die Butter in kleinen Stücken nach und nach unter ständigem Rühren unterschlagen. Mit Salz, Pfeffer und etwas Zitronensaft abschmecken.

ANMERKUNG:

Falls mir die Sauce hollandaise doch mal gerinnt, werfe ich einen Eiswürfel hinein und schlage kräftig, bis sie wieder gebunden ist. Den Rest des Eiswürfels fische ich dann wieder heraus, damit er die Sauce nicht verwässert.

Stangensellerie

Dr. Gisela Lockwald, Rheinau

ZUTATEN:

750 g zarter Stangensellerie
1 EL Butter
1 TL Zucker
Salz

ZUBEREITUNG:

Den Stangensellerie in ca. 8 cm lange Stücke schneiden und in leicht gesalzenem Wasser al dente dünsten. Sellerie herausnehmen und in eine warme Schüssel legen. Im Topf den Zucker in der Butter bräunen. Den Sellerie dazugeben und vorsichtig miteinander vermischen.

VARIATION:

Den Zucker leicht in der heißen Butter bräunen, und den in 5 mm lange Stückchen geschnittenen, gewaschenen, aber noch feuchten Sellerie auf kleinem Feuer mit etwas Salz in der Butter-Zuckermischung dünsten. Der Sellerie soll noch etwas knackig bleiben.

Zucchinigemüse mit Hackfleisch

Birgit Meyer, Münster

ZUTATEN:

250 g Hackfleisch
Gewürze nach Geschmack
1–2 große Zwiebeln
2 EL Olivenöl
600 g Zucchini
6 EL Chilisauce
3 EL saure Sahne

ZUBEREITUNG:

Aus dem gut gewürzten Hackfleisch kleine Bällchen formen und in 1 EL Öl in der Pfanne kurz anbraten; herausnehmen.

Mit dem übrigen Öl die in Scheiben geschnittene Zwiebel braten und die Chilisauce zugeben. Die geputzten Zucchini in 4–5 mm dicke Scheiben schneiden, den Fleischbällchen zufügen und zusammen 10–15 Minuten in der geschlossenen Pfanne schmoren.
Kurz vor dem Servieren die saure Sahne unterheben. Das Gemüse kann entweder mit frischem Weißbrot oder – bei großem Hunger – mit Reis gegessen werden.

Süßsaure Schalotten mit schwarzen Nüssen

Irmgard Grünefeld, Neuried

ZUTATEN:

600–700 g Schalotten
Öl
1 kleiner Schuß Apfelessig
Gin
3 EL Zucker
1–2 Glas (je Glas etwa 250 g) schwarze Nüsse
1 Becher Crème fraîche
Salz

ZUBEREITUNG:

In einem breiten Topf Öl erhitzen, die geschälten Schalotten dazugeben, desgleichen Essig und eine Spur Gin, und etwa 15 Minuten bei niedriger Hitze bräunen lassen. Die Schalotten dürfen nicht zu dunkel werden. Öfter umrühren. Dann den Zucker und die geviertelten Nüsse dazugeben und vorsichtig umrühren. Etwas von dem Nüsse-Aufguß zufügen, evtl. noch 1 Prise Salz. Die Crème fraîche getrennt zum Gericht servieren, jeder nimmt sich etwas davon auf den Teller. Zu Fleisch servieren.

Paprikagemüse

Ingeborg Bauer, Böblingen

ZUTATEN:

3 kleine Zwiebeln
4—5 rote Paprikaschoten
1 EL Butter
2 EL Öl
1 Knoblauchzehe
1 TL Rosenpaprika
Salz, Thymian

ZUBEREITUNG:

Die Zwiebeln vierteln, Paprika entkernen und in Streifen schneiden. Knoblauch hacken, in Butter und Öl dünsten, Zwiebeln und Paprika zugeben, mit Salz und Rosenpaprika würzen und bei schwacher Hitze weich dünsten. Nach Belieben abschmecken, evtl. mit Thymian den Geschmack abrunden.

Geflügel

Fasanenbrüstchen in Rotweinsauce
Glasierte Maronen
Prinzeßbohnen

Rosemarie Schwarz, Mannheim

ZUTATEN:

2 Fasanen (gerupft und ausgenommen)
1 l Rotwein (z. B. Côte du Rhone)
1 Möhre
1 Stange Lauch
1 Zwiebel
1 Stück Sellerie
Petersilienstengel, Thymian, Wacholderbeeren, Lorbeerblatt
Salz, Pfeffer
ca. 200 g Crème fraîche
Butter

1 kg Maronen
Fleischbrühe
Zucker, Salz, Pfeffer

500 g Prinzeßbohnen
100 g mild geräuchertes Dörrfleisch

ZUBEREITUNG:

Am Vortag von den Fasanen Brustfleisch und Keulen abtrennen. Wieder kühl stellen, Keulen für anderweitige Verwendung aufbewahren. Gerippe und Haut grob zerhacken. Butter in schwerem Schmortopf zerlassen, Knochen und Haut darin scharf anbraten.
Kleingeschnittene Zwiebeln, Möhre, Lauch und Sellerie dazugeben und mitrösten. Wenn alles gut Farbe angenommen hat, mit Rotwein ablöschen und aufkochen lassen. Petersi-

lienstengel, Thymian und zwei zerdrückte Wacholderbeeren hinzufügen. Pfeffern und schwach salzen. Feuer klein stellen und im offenen Topf ca. 2 Stunden köcheln lassen. In ein Sieb schütten, Gemüse und Knochen gut ausdrücken und wegwerfen. Die so gewonnene Saucenbasis bis zum nächsten Tag kühl stellen.
Maronen an der Oberseite kreuzweise einschneiden, auf ein Backblech legen und bei mittlerer Hitze 20 Minuten rösten. Noch heiß von den Schalen und inneren Häutchen befreien. Zugedeckt in einer Schüssel aufbewahren.
Am folgenden Tag in einem schweren Schmortopf 1 EL Butter zerlassen und 2 schwach gehäufte EL Zucker darin schmelzen lassen. Wenn der Zucker leicht bräunlich geworden ist, Kastanien hinzufügen und in der Zucker-Butter-Mischung wenden. Dann mit heißer Fleischbrühe auffüllen, bis die Kastanien knapp bedeckt sind. Frisch gemahlenen Pfeffer dazu, evtl. etwas salzen, umrühren, bis sich der Zukker ganz gelöst hat. Dann Feuer klein stellen und die Kastanien im zugedeckten Topf etwa 1 Stunde weich schmoren. Dabei sollte die Flüssigkeit fast ganz verdampfen. Evtl. zum Schluß noch im offenen Topf einkochen lassen, dabei hin und wieder umrühren, bis die Kastanien mit einer glänzend braunen Schicht überzogen sind. Prinzeßbohnen waschen und putzen. In stark gesalzenem Wasser knapp garkochen. Mit kaltem Wasser abspülen, abtropfen, zur Seite stellen. Dörrfleisch in kleine Würfel schneiden. Ca. 10 Minuten vor dem Servieren Dörrfleischwürfel in einer Kasserolle in Butter ausbraten, die Bohnen dazugeben und unter vorsichtigem Wenden auf kleiner Flamme heiß werden lassen.
Saucenbasis entfetten, wieder heiß werden lassen, abschmecken, evtl. noch weiter reduzieren.
In einer schweren Eisenpfanne Butter und etwas Olivenöl zerlassen und die Fasanenbrüstchen kurz auf beiden Seiten anbraten, auf eine vorgewärmte Platte geben, leicht salzen und pfeffern und zugedeckt warm stellen. Überflüssiges Fett aus der Pfanne abgießen, den Bratenfond mit einem Teil der Saucenbasis ablöschen, einen Teil der Crème fraîche hinzufügen, auf großem Feuer unter Rühren einkochen lassen,

wieder etwas Sauce, wieder Crème fraîche, bis eine schöne gebundene Sauce entsteht. Zwischendurch immer wieder abschmecken. Auch den Bratensaft, der sich beim Fleisch auf der Platte gebildet hat, zugeben. Die Fasanenbrüstchen auf vorgewärmten Tellern anrichten, mit der Sahnesauce begießen, Maronen und Bohnen hübsch dazurichten und gleich servieren. Man kann Fleisch und Gemüse aber auch auf einer großen vorgewärmten Platte anrichten.

Eingemachte Gans

Cornelia Wachsmuth, Simbach

ZUTATEN:

1 vorbereitete Gans
25 g Zucker
1 Gewürznelke
½ Lorbeerblatt
1 kleiner Zweig Thymian
Gänseschmalz aus dem Fett der Gans
ca. 1 kg Schweineschmalz
250 g Meersalz

ZUBEREITUNG:

Die Gans in 4 Teile zerlegen, so daß man 2 Stücke mit Flügel und Brust und zwei mit Schenkel und Karkasse erhält. Innen und außen gut säubern, am Knochengerüst lassen.
Das Salz mit Zucker und den Gewürzen im Mörser zu einem feinen, gut gemischten Pulver zerstoßen. Die Gänseviertel damit einreiben, in einen glasierten irdenen Topf legen, mit dem übrigen Gewürzsalz bedecken und ein Tuch darüber legen. 24 Stunden an einem kühlen Ort durchpökeln lassen.
Die Gänseviertel vom anhaftenden Salz befreien und die Stücke gut abwischen.
In einem Topf das aus der Gans gewonnene Schmalz zerlassen, die gleiche Menge Schweineschmalz zugeben und in die gut lauwarme Mischung die Gänseviertel legen, lang-

sam erhitzen und die Gänsestücke im mäßig heißen Fett kochen, auf keinen Fall ausbacken.
Nach ca. 2 Stunden, wenn das zunächst trübe Schmalz vollkommen klar ist und das Gänsefleisch sehr weich, die Fleischstückchen herausnehmen und die anhängenden Knochen entfernen.
In einen glasierten Steinguttopf eine Schicht Kochschmalz gießen, erstarren lassen. Die Gänseviertel so darauflegen, daß sie die Topfwände nicht berühren. Mit dem restlichen Schmalz gut bedecken. Kühl stellen. Am übernächsten und dem darauffolgenden Tag mit Schweineschmalz noch jeweils die beim Abkühlen entstandenen Risse ausfüllen. Wenn die letzte Schicht fest ist, ein passend zugeschnittenes Stück Alufolie auf die oberste Schicht legen, den Topf verschließen und an einem kühlen, trockenen Ort aufbewahren.

ANMERKUNG:

Angeblich hält sich das Gänsefleisch so bis zu einem Jahr. In einem anderen Buch las ich, man solle das Fleisch frühestens nach 5 Monaten verwenden. Wir fanden denn auch, daß die zweite Hälfte noch besser schmeckte als die erste.

Gefüllte Ente

Christiane Windhorst, Töging

ZUTATEN:

1 Fleischente
150 g Schweinehackfleisch
100 g Champignons
2 Zwiebeln
1 Apfel
1 Orange
Salz, Pfeffer
Pistazien
Petersilie, Majoran
1 Ei
Suppengrün
1 EL Crème fraîche
1 Glas Sherry

ZUBEREITUNG:

Die Ente von den Knochen befreien. Dazu die Ente vor sich auf den Tisch legen, die Halshaut straff spannen und 2 cm vor dem Körper abschneiden. Dann die Haut über das Skelett zurückschieben und vorsichtig das Fleisch mit kleinen Schnitten vom Skelett trennen. Die Flügel durchtrennt man im Schultergelenk, sie verbleiben an der Haut, ebenso die Unterschenkelknochen. Immer ringsherum mit kleinen Schnitten das Fleisch vom Knochen lösen und ja nicht die Haut verletzen.
Hat man das Skelett entfernt, wird die Halsöffnung verschlossen, die Ente innen mit Salz und Pfeffer eingerieben und kann gefüllt werden.

FÜLLE:

In einer Pfanne 1 kleingeschnittene Zwiebel glasig dünsten, Schweinehackfleisch dazugeben und kurz durchbraten. Salzen, pfeffern, 1 Glas Sherry unterrühren. Champignons in kleine Würfel schneiden, einige Pistazien hacken und gehackte Petersilie und Majoran dazugeben, alles miteinander vermengen, 1 Ei darunter rühren und die Ente damit füllen und zunähen.
In einen Bräter mit Einsatz (die Ente darf nicht in der Sauce liegen) Suppengrün, 1 geschnittene Zwiebel, 1 Apfel, 1 Orange (geschält) geben und mit gut 2 cm Wasser auffüllen. Die Ente auf den Rost legen und 1½ Stunden braten. Dabei mindestens einmal wenden. Aufpassen, daß das Wasser nicht vollständig verdampft. Den Deckel immer gut schließen. Ist die Ente gar, herausnehmen und warm stellen. Den Bratensatz mit den Gemüsen und dem Obst durch ein Sieb passieren, abschmecken und 1 EL Crème fraîche unterziehen.

Ente mit Grieben

Ingeborg Grabert, Stuttgart

ZUTATEN:

eine ca. 3 kg (Barbarie-)Ente oder 2 kleinere
1 EL Olivenöl
1 Karotte
1 Zwiebel
Salz, Thymian, Lorbeerblatt
Pfeffer
1/10 l Dijonsenf oder Düsseldorfer Senf
1/4 l frische weiße Brotkrumen, leicht gepreßt
2 EL geschmolzene Butter
1 EL feingehackte Schalotten oder Frühlingszwiebeln
1/20 l Portwein

ZUBEREITUNG:

Flügelenden abschneiden und zusammen mit dem Hals und den Gemüsen in Olivenöl anbraten. Knapp mit Wasser bedecken, 1/2 TL Salz zugeben und ca. 1 Stunde köcheln lassen. Brühe abseihen und entfetten, sollte ca. 1/10 l kräftige Brühe ergeben.

Vorbereitung der Ente: Von innen die Kugelgelenke zwischen Flügel und Schulter durchtrennen, ebenso die Beingelenke. Das Schlüsselbein entfernen. Drüsen im Pörzel entfernen. Die Ente innen mit 1/4 TL Salz und 1 Prise Thymian würzen und ein Lorbeerblatt hineinlegen. Loses Fett innen soweit wie möglich entfernen. Haut überall dort (z.B. mit einem Schaschlikspieß) einstechen, wo gelbliches Fett durchschimmert, jedoch nicht zu tief, damit beim Braten kein Saft ausläuft. Die Ente wird anschließend dressiert und ist dann bereit fürs erste Braten. Ofen auf 180 Grad vorheizen. Die Ente in einer Bratpfanne in die Mitte des Ofens schieben und ca. 45 Minuten braten, bis das Brustfleisch gerade rosa ist, das Beinfleisch ist dann noch roh. Die genaue Bratzeit hängt natürlich von der Größe des Tieres ab. Der richtige Garungsgrad ist erreicht, wenn das Brustfleisch auf Druck hin leicht federnd nachgibt.

Häuten und Zerteilen: Solange die Ente noch warm ist, wird

sie gehäutet, indem man mit einem scharfen Messer soviel Haut und Fett wie möglich entfernt. Keulen abschneiden und teilen. Fett und Haut in ½–1 cm breite Streifen schneiden und in eine Bratform legen. Die Beinteile mit einer dünnen Senfschicht bestreichen, in Brotkrumen wenden und in eine weitere Bratform setzen. Alles mit etwas Bratfett oder geschmolzener Butter beträufeln.

Eine Pfanne mit geschmolzener Butter ausstreichen, die Hälfte der Schalotten einstreuen und das in schöne, dünne Scheiben tranchierte Brustfleisch der Ente hineinlegen. Mit Salz, Pfeffer und den restlichen Schalotten würzen, Portwein und die Entenbrühe dazugießen.

Ofen auf 200 Grad vorheizen und die Bratformen mit Beinen sowie Hautstreifen in das obere Drittel schieben. Die Haut so lange braten, bis die Streifen knusprig im ausgelassenen Fett schwimmen. Dann mit einem Schaumlöffel auf eine mit Papiertüchern ausgelegte Platte geben und Salz und Pfeffer darüberstreuen. Die Keulen ca. 30 Minuten braten, bis sie eben durchgebraten sind, und zusammen mit den Grieben warm stellen. Kurz vor dem Servieren erwärmt man die Pfanne mit den Brustscheiben, die rosa bleiben sollen. Auf einer vorgewärmten Platte arrangiert man das Brustfleisch, die Keulen und die Grieben. In der Zwischenzeit wird die Flüssigkeit in der Pfanne reduziert und über das Brustfleisch gegossen. Sofort servieren.

Gefüllte Stubenküken mit jungem Gemüse und Petersilienkartoffeln

Monika Pemler, München

ZUTATEN:

4 Stubenküken
4 Scheiben Frühstücksspeck
1 Suppengrün
40 g Butter
½ l Hühnerbrühe (Fertigextrakt)
⅛ l süße Sahne

für die Füllung:
200 g Kalbsbrät
200 g Hühnerleber
250 g Champignons
75 g Butter
1 Ei
1 Bund Petersilie
Rosmarin, Salz, Pfeffer, Pastetengewürz

für die Beilage:
1½ Pfund gemischtes junges Gemüse nach Saison (z.B. Erbsen und Karotten)
1½ Pfund junge Kartoffeln
40 g Butter
1 Bund Petersilie

ZUBEREITUNG:

Die Zwiebel fein hacken. Die Petersilie waschen, abtropfen lassen und fein hacken. Die Champignons putzen, waschen, gut abtrocknen und entweder hacken oder durch den Fleischwolf drehen. Die Hühnerleber klein schneiden. Alle vorgenannten Zutaten einzeln in Butter andünsten, kurz abkühlen lassen und dann mit dem Kalbsbrät, dem Ei und den Gewürzen vermischen.
Die Küken waschen, abtrocknen, füllen und mit einem Zahnstocher zustecken. Den Backofen auf 250 Grad vorheizen. Die gefüllten Küken mit der Brust nach oben in eine flache Bratpfanne legen, mit dem feingehackten Suppengrün umlegen und mit heißer Butter begießen. Dann die Brüstchen mit dem Frühstücksspeck abdecken, die Pfanne mit kochender Brühe aufgießen und für 30 Minuten in den Ofen schieben. Die Speckscheiben abnehmen, die Küken be-

gießen und noch mal für 15 Minuten bräunen lassen. Die Küken warm stellen. Nach Wunsch die Sauce mit Sahne ablöschen, aufkochen und getrennt reichen.
Das junge Gemüse dünsten und mit etwas Butter und die jungen Kartoffeln mit Butterflöckchen und gehackter Petersilie bestreut zu den Küken servieren.

Hahn in Riesling

Christl Graf, Ettlingen

ZUTATEN:

1 Hahn (1½ kg)
75 g Butter
25 g Schalotten
¼ l Riesling
150 g Champignons
Cognac
100 g Crème fraîche
Salz, Pfeffer

ZUBEREITUNG:

Hahn in vier gleiche Teile zerschneiden. Butter erhitzen und die mit Salz und Pfeffer gewürzten Teile auf kleiner Flamme angaren. Feingehackte Schalotten zufügen, kurz schwitzen lassen und mit Cognac flambieren. Die frischen, gehackten Champignons hinzufügen und mit Riesling besprengen. 30–40 Minuten bei kleiner Flamme garen lassen. Hahnteile herausnehmen und warm stellen. Die Sauce reduzieren, mit Rahm binden, evtl. nachwürzen und über das Fleisch gießen.

Gefüllte Hähnchenbeine

Lexa Katrin Gräfin von Nostitz, Hamburg

ZUTATEN:

4 Hähnchenschenkel
2–3 EL Cognac
125 g feine Kalbsleberwurst
1 Frühlingszwiebel
1 Zwiebel
250 g Möhren (davon 1 gehackt, der Rest in Streifen geschnitten)
250 g Brechbohnen
250 g Stangensellerie
¼ l trockener Weißwein
200 g Crème fraîche
etwa 75 g Butter
Salz, Pfeffer
1 Bund glatte Petersilie

ZUBEREITUNG:

Mit einem kleinen, scharfen Messer die Unterschenkelknochen aus den Hähnchenschenkeln entfernen. Die Schenkel mit Salz und Pfeffer bestreuen und mit dem Cognac übergießen. Im Kühlschrank etwa 2 Stunden ziehen lassen.
Feingehackte Frühlingszwiebel und Kalbsleberwurst mit einer Gabel vermischen. Die Hähnchenschenkel abtropfen lassen und den Cognac ebenfalls unter die Kalbsleberwurst rühren. Die Mischung mit Salz und Pfeffer abschmecken und die Hähnchenschenkel damit füllen. Mit Zahnstocher zustecken oder mit Küchengarn verschnüren. In einer Bratpfanne etwa die Hälfte der Butter zerlassen und die gefüllten Hähnchenschenkel darin auf beiden Seiten ganz leicht anbraten. Sie dürfen nicht zu braun werden. Gehackte Zwiebel und Möhre dazugeben und anschmoren. Mit ein paar EL von dem Wein auffüllen und bei schwacher Hitze etwa 45 Minuten schmoren lassen.
Inzwischen die Gemüse blanchieren; dazu reichlich Salzwasser zum Kochen bringen und zuerst die Möhrenstreifen hineingeben. Nach 10 Minuten Bohnen und Selleriestreifen hinzufügen und weitere 10–12 Minuten blanchieren. Sobald die Bohnen gar, aber noch fest sind, das Gemüse abgießen und mit kaltem Wasser abschrecken. In dem Rest der

Butter schwenken und in einer großen, flachen Servierschüssel warm halten.
Die Hähnchenschenkel aus der Pfanne nehmen und auf das Gemüsebett legen; warm halten. Den Bratensatz in der Pfanne mit dem restlichen Wein lösen und aufkochen lassen. Das Ganze durch ein Sieb streichen und wieder in die Pfanne geben. Den Wein bei starker Hitze um die Hälfte einkochen lassen. Dann die Crème fraîche hinzufügen und weiter einkochen, bis die Sauce den Löffel überzieht. Vom Herd nehmen und sehr sorgfältig mit Salz und Pfeffer abschmekken. Man kann, wenn man will, auch noch ein paar Tropfen Cognac und etwas Worcestersauce hinzufügen, aber notwendig ist es nicht. Die Hähnchenkeulen und nur einen Teil des Gemüses mit der Sauce überziehen. Alles mit abgezupften Petersilienblättern bestreuen und servieren. Dazu Baguette oder kleine neue, in Butter geschwenkte Kartoffeln servieren.

Geschnetzelte Hühnerbrüstchen

Inge Knapp, Metzingen

ZUTATEN:

600 g Hühnerbrüstchen
1 Zwiebel
40 g Butter
1/8 l süße Sahne
1/10 l Weißwein
Salz, Pfeffer
Mehl

ZUBEREITUNG:

Die Butter in eine Pfanne geben, erwärmen und die feingeschnittene Zwiebel darin glasig werden lassen. Die in feine Streifen geschnittenen Hühnerbrüstchen zufügen und alles ca. 4 Minuten leicht anbraten. Dann das Fleisch leicht mit Mehl bestäuben, Salz und Pfeffer zufügen und mit Wein und Sahne ablöschen. Alles kurz aufkochen lassen und in einer flachen Schüssel anrichten.

Poularde »AlMaIsKo«

Hedwig Neven Du Mont, Rösrath

ZUTATEN:

1 Poularde aus der Bresse
200 g Patna Langkornreis
10 Stangen Lauch
10 dicke Karotten
1 Bund großblättrige Petersilie
1 Zweig frischer Thymian
1 Lorbeerblatt
$1\frac{1}{4}$ l Rinderbrühe
1 EL Butter
1 TL Mehl
200 g Crème fraîche
Salz, Pfeffer, Zitronensaft

ZUBEREITUNG:

Die Bresse-Poularde (sie sind immer bratfertig) innen und außen mit Salz und Pfeffer einreiben. Den Lauch (nur das Weiße) und die Karotten putzen und in 1 cm dicke Scheiben schneiden. In einer Eisenkasserolle mit Deckel, in der das Huhn gut Platz hat, mit dem Gemüsegemisch den Boden bedecken, den Bauch der Poularde damit füllen und diese auf dem Rücken in die Kasserolle legen. Das restliche Gemüse so verteilen, daß der Topf ganz ausgefüllt ist und man die Poularde nicht mehr sieht, obendrauf das Thymianzweiglein, die Petersilie und das Lorbeerblatt legen. Mit der Rinderbrühe auffüllen und langsam zum Kochen bringen, mit einem Löffel sorgfältig Schaum abschöpfen. Die Poularde soll im geschlossenen Topf langsam fertig garen.
Den Reis waschen, in einem Topf mit viel kaltem Wasser aufsetzen, zum Kochen bringen und unter ständigem Umrühren 5 Minuten kochen lassen, dann gründlich spülen. $\frac{3}{5}$ l Poulardensud in eine Kasserolle geben, den Reis dazutun, zum Kochen bringen, zudecken und im Backofen fertig garen.
Für die Sauce die Butter schmelzen und das Mehl darin 10 Minuten andünsten (ohne Farbe), abkühlen lassen und nach und nach Poulardensud aufgießen. Zum Kochen bringen, glattrühren, 10 Minuten köcheln lassen und dann auf großer Flamme einkochen. Zum Schluß die Crème fraîche

unterrühren, mit einem Spritzer Zitronensaft abschmecken. Die Poularde wird enthäutet, entbeint, auf dem Gemüse angerichtet und mit einem Löffel weißer Sauce überzogen. In einer Saucière wird der durchgesiebte Poulardensud und in einer zweiten Saucière die weiße Sauce angerichtet.
Gegessen wird es wie ein Eintopf: Reis, Huhnstücke, Gemüse und darüber je nach Geschmack Suppe oder Sauce.

Hühnerbrüstchen in Estragon-Rahm

Doris Fricker, Stuttgart

ZUTATEN:

4 Hühnerbrüstchen
1 Frühlingszwiebel mit Grün
1 EL Estragon-Essig
2 Glas trockener Weißwein
1 EL Kalbsjus
2 gehäufte EL frischgehackter Estragon
200 g Crème fraîche
Butter
Salz
weißer Pfeffer
Mehl

ZUBEREITUNG:

Hühnerbrüstchen entbeinen und enthäuten, salzen, pfeffern, mit Mehl bestäuben und in Butter rasch anbraten, herausnehmen, warm stellen.
Zwiebeln mit Grün klein schneiden, in die gleiche Pfanne geben, dünsten, wenn nötig, noch etwas Butter hinzugeben, nicht braun werden lassen. Mit Estragon-Essig ablöschen, Weißwein zugeben, den Bratensatz loskochen und alles kräftig reduzieren. Kalbsjus zufügen und die Hälfte des frischen Estragon. Mit Crème fraîche auffüllen, mit Salz und Pfeffer abschmecken. Die Brüstchen in der Sauce ziehen lassen, den Bratensaft, der sich angesammelt hat, zur Sauce geben. Mit dem restlichen Estragon anrichten.

Zitronenpoularde

Anemone Szczesny-Friedmann, München

ZUTATEN:

1 Bresse-Poularde von mindestens 1,8 kg oder zwei frische französische Poulets label rouge fermier
2 EL Olivenöl
30 g Butter
20 Schalotten
350 g Egerlinge oder rosa Champignons
Saft von 1 Zitrone
1 Glas trockener Weißwein
2 ungespritzte Zitronen
1 TL getrocknete und reichlich frische Zitronenmelisse
6 EL Crème fraîche
1 TL brauner Zucker
Salz
Pfeffermischung
2 Thymianblüten

ZUBEREITUNG:

Poularde in 12 Stücke zerlegen und häuten. In Butter und Olivenöl im schweren Schmortopf mit gut schließendem Deckel kräftig anbraten. Zitronensaft, Weißwein und geschälte Schalotten zugeben, mit etwas Salz, der Pfeffermischung und getrockneter Melisse würzen. Gut sind zwei Thymianblüten dazu. 15 Minuten schmoren lassen, dann die ganzen, geputzten Champignons, den Abrieb einer Zitrone und die in Scheiben geschnittene zweite Zitrone zugeben. Weitere 5–7 Minuten schmoren, dann die Bruststücke prüfen. Die Bruststücke vor den Schenkeln rausnehmen und warm stellen. (Sie brauchen ca. 30 Minuten, der Rest 35 Minuten.) Fleisch und Gemüse auf einer Platte warm stellen, Sauce sehr vorsichtig mit Zucker abschmecken, mit Crème fraîche ganz leicht einkochen, frische Melisse zugeben und über den Hühnerstücken verteilen.

ANMERKUNG:

Noch intensiver schmeckt das Gericht, wenn man Zitronenöl benützt. Dazu muß man aber 6 Monate vorher kleine, unbehandelte Zitronen mit der Gabel anstechen, mit Salz einreiben, eine Woche liegen lassen und dann mit Korianderkörnern in Olivenöl einlegen.

Poule au Pot

Christa König, Remagen-Oberwinter

ZUTATEN:

1 Poularde
3—4 Hühnerlebern und -herzen
250 g Semmelbrösel
200 g roher Schinken
Petersilie, Estragon, Knoblauch
1—2 Eigelb
4 Möhren
4 weiße Rüben
1 kleiner Weißkohl
4 Kartoffeln
500 g geräucherter Schinken (nicht zu salzig)

ZUBEREITUNG:

Die Hühnerlebern und -herzen werden fein gehackt, ebenso der rohe Schinken. Petersilie, Estragon fein hacken, Knoblauch durchpressen und zu den Lebern geben, mit Semmelbröseln vermischen und mit Eigelb binden. Diese Farce in das gesäuberte Huhn füllen, das Huhn binden und in einen großen Topf mit kochendem Wasser geben. Dazu kommen jetzt die geputzten und geschälten Möhren, weiße Rüben, Kartoffeln und das Innere des Weißkohlkopfes. 1 Stunde kochen lassen, dann das Stück Schinken zufügen. Fertig kochen lassen.
Zuerst wird die Brühe gegessen und danach das Fleisch mit dem Gemüse.

Berliner Hühnerfrikassee

Beate Schönburg, Berlin

ZUTATEN:

1 frisches Brathuhn (muß 400 g schieres Fleisch ergeben)
Suppengrün
Salz, Pfefferkörner, Piment
Lorbeerblatt
1 Zwiebel mit Nelken gespickt
200 g Kalbsbries
150 g Hackfleisch (100 g Tatar und 50 g Schweinefleisch)
1 Toastscheibe
1 Ei
Salz, Pfeffer, Muskat
Petersilie
Basilikum

500 g frischer Spargel
200 g frische Champignons
evtl. einige getrocknete Morcheln
1 Röhrchen Kapern
1 Prise Zucker
Zitronensaft
Salz, Pfeffer, Muskat
Weißwein, Worcestersauce
30 g Butter
30 g Mehl
1–2 Eigelb
süße Sahne

1 Paket Blätterteig
1 Eigelb für die Fleurons (oder Blätterteigpastetchen vom Bäcker)

ZUBEREITUNG:

Das Huhn in einem ausreichend großen Topf mit Wasser, Salz, Pfeffer, Lorbeerblatt, Pimentkörnern, geputztem Suppengrün und Zwiebel aufsetzen und ca. 60 Minuten bei mittlerer Hitze garen. Das Fleisch muß weich sein, darf aber nicht zerfallen.
Während dieser Zeit das zuvor gewässerte Kalbsbries in der Brühe ca. 10 Minuten garziehen lassen. Wenn alles gar ist, das Fleisch herausnehmen. Huhn häuten und entbeinen. Das Bries von Häutchen und Äderchen befreien. Hühnerfleisch und Bries in mundgerechte Würfel schneiden.
Das Abkochen des Huhns kann schon am Vortag gemacht werden. Es erleichtert das Entfetten der Brühe und den Ab-

lauf des Kochens. Sonst die Brühe durchgießen und mit Küchenkrepp entfetten.
Aus dem Hackfleisch mit dem eingeweichten Toastbrot und dem Ei mit den Gewürzen einen Fleischteig herstellen. Die Eimenge richtet sich nach der Konsistenz des Teiges, der ziemlich weich sein muß. Mit dem Löffel kleine Klößchen abstechen und in Salzwasser, das leise köchelt, 5 Minuten garen.
Spargel schälen und in kleine, etwa 4 cm lange Stücke schneiden. In etwas Hühnerbrühe 15 Minuten kochen.
Champignons mit Küchenpapier putzen (nicht waschen!), in Scheibchen schneiden. Eingeweichte Morcheln nur gründlich waschen. Pilze in ganz wenig Butter kurz dünsten.
In einem großen Topf für die Sauce Butter schmelzen, Mehl hinzufügen, aber nicht bräunen. Mit der Hühnerbrühe ablöschen bis zur gewünschten Konsistenz, mit dem Schneebesen kräftig durchrühren.
Diese Sauce darf nicht zu dünn sein, weil sie noch durch Wein und Sahne ergänzt wird. Sauce mit Gewürzen abschmecken: Weißwein, Zitronensaft, 1 Prise Zucker, Pfeffer, Worcestersauce, Muskat und Kapern.
Nun die mundgerecht geschnittenen Zutaten in der Sauce kurz erwärmen, mit süßer Sahne abschmecken und mit Eigelb legieren, wobei die Sauce nicht mehr kochen darf, da sonst das Eigelb gerinnt.
Man reicht das Frikassee entweder in aufgebackenen Blätterteigpastetchen oder mit Fleurons:
Man sticht aus Blätterteig Halbmonde aus, bestreicht sie mit Eigelb und bäckt sie im vorgeheizten Backofen bei 220 Grad 10–15 Minuten.

Gefüllte Täubchen in Rahmsauce

Ursula Wittig, Bayreuth

ZUTATEN:

4 frische Täubchen
150 g Speck
1 Eigelb
3–4 EL Semmelbrösel
200 g Champignons
80 g Butter
¼ l Weißwein
⅕ l saure Sahne
Salz, Pfeffer, Muskat
Petersilie

ZUBEREITUNG:

Die Täubchen abtupfen, salzen. Die Champignons waschen, putzen, in Scheiben schneiden und in 20 g Butter andünsten. Abkühlen lassen. Kleingeschnittene Innereien, Semmelbrösel, Ei und Champignons vermischen, mit Salz, Muskat, Pfeffer und kleingehackter Petersilie abschmecken, in die Täubchen füllen und diese zunähen.
Eine Speckscheibe auf die Brust des Täubchens legen und festbinden.
Den Rest Butter im Bräter erhitzen, Täubchen mit der Brustseite nach unten hineinlegen und scharf anbraten, wenden, mit Weißwein ablöschen. Im Bratrohr bei 210–230 Grad 30–40 Minuten braten lassen, öfter mit Bratensaft begießen. Kurz vor dem Ende der Bratzeit den Speck abnehmen, damit die Brust noch bräunt. Die Täubchen herausnehmen, Fäden entfernen, auf einer Fleischplatte warm stellen.
Bratensatz mit Wasser ablöschen, aufkochen, durch ein Sieb gießen, mit Wein und Rahm abschmecken und die Sauce zu den Täubchen reichen.

Fleisch

Wildhasenrücken in der Folie

Martha Dobler, Tübingen

ZUTATEN:

2 gespickte Wildhasenrücken
100 g Kräutersenf
4 Birnen
⅛ l Birnengeist
20 grüne Pfefferkörner
Salz, weißer Pfeffer
einige Tropfen Madeira
1 cl Calvados
4 EL süße Sahne
4 EL Preiselbeerkompott
8 Walnußhälften

ZUBEREITUNG:

Zuerst die Birnen schälen, halbieren und dünsten, dann mit dem Birnengeist übergießen und 2–3 Stunden durchziehen lassen.
Hasenrücken salzen und mit einer Paste aus Kräutersenf, den zerdrückten grünen Pfefferkörnern, dem weißen Pfeffer, einigen Tropfen Madeira einreiben. In eine Bratfolie legen und mit 5 cm Abstand zum Fleisch die Enden zusammendrehen und gut verschließen. Die Folie oben mit einer Gabel mehrmals einstechen und im vorgeheizten Backofen bei 200 Grad 25–35 Minuten garen. Unbedingt eine Garprobe machen.
Dann die Rücken herausnehmen, den in der Folie gesammelten Bratensaft in ein Pfännchen geben, den Braten warm stellen, Sauce mit Calvados, Sahne und weißem Pfeffer abschmecken, nochmals kurz aufkochen lassen. Die Birnenhälften mit Preiselbeeren füllen und zusammen mit dem Braten anrichten.

Hasenfilet mit Broccoli

Barbara Reimann, Köln

ZUTATEN:

3 Hasenrücken
3 EL Öl
3 EL Zitronensaft
schwarzer Pfeffer, Salz
Suppengrün
1 Zwiebel
1 Knoblauchzehe
¼ l Rotwein
100 g Crème fraîche
2 EL Johannisbeergelee
Butter
2 kg Broccoli
2 EL Butter
1 Handvoll Walnußkerne
Hühnerbrühe

ZUBEREITUNG:

Die Hasenrücken auslösen, Filets mit Öl, Zitrone und Pfeffer einreiben, fest in Folie wickeln und über Nacht im Kühlschrank ziehen lassen. Knochen und Reste vom Auslösen in Öl scharf anbraten. Suppengrün, gehackte Zwiebel und Knoblauch zugeben, mit Rotwein und der gleichen Menge Wasser ablöschen und zwei Stunden köcheln lassen. Danach durchgießen, die Reste gut ausdrücken und einkochen.
Kurz vor dem Essen die Sauce mit Johannisbeergelee und Salz sowie Rotwein abschmecken und mit Crème fraîche verrühren. Warm halten.
Die Hasenfilets scharf in Öl anbraten und unter Beigabe von etwas Butter 5 Minuten bei häufigem Wenden und reduzierter Hitze weiter braten. Pfanne vom Herd nehmen, zudecken und 5 Minuten ziehen lassen. Dann salzen und in Scheiben schneiden, mit der Sauce servieren.
Broccoli in etwas Hühnerbrühe dünsten. Mit 2 EL Butter und Salz abschmecken, feingehackte Nüsse darüberstreuen.

Kaninchen in Rotwein

Waltraud Scheuermann, Waiblingen

ZUTATEN:

1¾ kg Kaninchenfleisch
6 EL Olivenöl
4–6 EL Dijonsenf
3 Schalotten
3 Knoblauchzehen
1 Flasche kräftiger Rotwein
12–15 frische Salbeiblätter
Salz, Pfeffer

ZUBEREITUNG:

Kaninchen in 6–8 Teile zerlegen, salzen und pfeffern. Bauchlappen mit Zahnstochern zusammenstecken. Olivenöl erhitzen, Fleischstücke rundherum scharf anbraten, herausnehmen und mit Senf bestreichen.
Schalotte und Knoblauch fein würfeln und im Bratenfond anbraten. Kaninchenfleisch wieder hineingeben, ¼ l Rotwein zugießen. Zugedeckt etwa 30 Minuten schmoren. Wenn der Wein verkocht ist, restlichen Wein zugießen und weitere 30 Minuten schmoren, dann grobgehackte Salbeiblätter zugeben und die Sauce noch etwas einkochen lassen.

Kaninchenrücken in Zitronensauce

Elke Bierther, Köln

ZUTATEN:

1 Kaninchenrücken und Vorderteil (Stallkaninchen)
1–2 naturreine Zitronen
1 EL Butter
Salz, frischer weißer Pfeffer

für die Sauce:
ca. ¼ l Kaninchenfond, gekocht aus dem gehackten Vorderteil
2–3 EL dicke Crème fraîche
1 EL Butter
ein wenig Zitronensaft
ca. 1 gestrichener TL abgeriebene Zitronenschale

für die Beilage:
Tomaten, Butter, Salz
weißer Pfeffer, Zucker
Basilikum

ZUBEREITUNG:

Der beschnittene Rücken sollte etwa 1 kg wiegen, er wird nicht gehäutet. Zitronen mit der Schale in etwa 2 mm dicke Scheiben schneiden, den Rücken und die Innenseite dicht damit belegen, fest in Alufolie wickeln und 24 Stunden im Kühlschrank durchziehen lassen.
Danach die Zitronenscheiben entfernen, 3 zurücklegen, den Rest wegwerfen. Rücken jetzt häuten, mit Salz und Pfeffer einreiben.
Butter in einem ausreichend großen Topf zerlassen, sie darf auf keinen Fall ölig werden oder bräunen. Den Rücken mit den drei Zitronenscheiben hineingeben, Deckel auflegen und auf kleinstem Feuer ca. 20–30 Minuten von allen Seiten schön weiß werden lassen, *nicht bräunen!* Immer wieder nachsehen, ob die Butter nicht zu heiß wird, im Notfall etwas Wasser zugießen.
Mit einem dünnen Holzspieß (Zahnstocher) direkt am Rückgrat einstechen; wenn der Saft nur noch wenig rosa ist, den Rücken herausnehmen, in Alufolie wickeln und im

Backofen bei ca. 80 Grad ruhen lassen, bis die Sauce fertig ist.
Für die Sauce den Fond (Zitronenscheiben entfernen) mit der Kaninchenbrühe loskochen, um die Hälfte reduzieren, Crème fraîche einrühren, Zitronensaft und Zitronenschale zufügen, abschmecken. Mit frischer Butter aufschlagen.
Den Rücken auspacken, die evtl. angesammelte Flüssigkeit noch in die Sauce gießen. Das Fleisch in dünne Scheiben schneiden, auf vier vorgewärmte Teller verteilen, die Sauce angießen und sofort servieren.
Als Beilage kleine Tomatenwürfel (gehäutet, entkernt) eben in Butter warm werden lassen, mit Salz, weißem Pfeffer, einer Prise Zucker und feingehacktem Basilikum abschmekken, dazu frisches Weißbrot.

Kaninchen mit Backpflaumen, Möhren und Calvados

Marianne Romaker, Karlsruhe

ZUTATEN:

1 junges Kaninchen
knapp 500 g Möhren
250 g Backpflaumen
1 Gläschen Calvados
Butter
Fleischbrühe (Kalbsfond)

ZUBEREITUNG:

Das Kaninchen zerteilen und in einer großen Kasserolle anbraten, mit Fleischbrühe ablöschen. Möhren klein schneiden und mit den Backpflaumen in die Kasserolle geben, Calvados zugießen, Deckel schließen und 1 Stunde sanft garen. Das Fleisch herausnehmen und warm stellen. Backpflaumen entfernen, die Möhren ausdrücken und alles durch ein Sieb gießen. Wenn nötig, die Sauce noch etwas einkochen. Mit in Butter leicht gedünsteten Möhren servieren.

Wildkaninchen-Frikassee à la Languedocienne

Elfriede Wirtz, Erkrath

ZUTATEN:

1 oder 2 Wildkaninchen (ca. 1,5–2 kg)
Leber der Kaninchen
½ Glas Olivenöl
150 g durchwachsener Speck
1 größere Zwiebel
1 Möhre
1 EL Mehl
20 kleine Zwiebelchen
5 cl Armagnac
¼ l Fleischsaft
½ l sehr guter Rotwein (vorzugsweise Bordeaux)
1 EL Tomatenpüree
1 Knoblauchzehe
1 kleiner Kräuterstrauß (Lorbeerblatt, Thymianzweig, Petersilienstengel)
125 g kleine schwarze Oliven
40 g Butter
1 EL Crème fraîche
2 cl Armagnac
1 Anchovis (in Salz eingelegt)
Salz, Pfeffer

ZUBEREITUNG:

Die Kaninchen sorgfältig häuten und in Portionsstücke teilen, Leber beiseite stellen. Speck würfeln, in kaltem Wasser aufsetzen, zum Kochen bringen, 5 Minuten kochen lassen, abgießen und trockentupfen. Speckwürfel in Olivenöl anbraten, kleine Zwiebeln hinzufügen und langsam, unter häufigem Wenden, goldgelb werden lassen. Mit einem Schaumlöffel Zutaten herausnehmen und beiseite stellen. Zwiebel hacken, Möhre in Stücke schneiden und im Bratfett mit Kaninchenteilen langsam anbraten und öfter wenden. Mit Pfeffer und etwas Salz würzen. Mit Armagnac übergießen und flambieren. (Armagnac nicht mit einem Mal flambieren, da Flamme sonst gefährlich groß!)
Fleisch mit 1 EL geröstetem Mehl überstäuben und 1 Minute umrühren. Rotwein, Tomatenpüree, zerdrückte Knoblauchzehe hinzufügen und unter ständigem Umrühren zum Kochen bringen, damit sich keine Klümpchen bilden. Kräu-

terstrauß hinzufügen, mit Fleischsaft so auffüllen, daß das Fleisch gerade bedeckt ist. Topf zudecken, in den mäßig heißen Backofen schieben und das Fleisch 75 Minuten schmoren lassen.

Kaninchenteile herausnehmen, Sauce durch ein Sieb passieren, dabei Kräuterstrauß und Gemüse fest ausdrücken. Die Sauce auf die unbedingt notwendige Menge einkochen (ca. ½ l).

Das Fleisch wieder in die Sauce geben und Speck-Zwiebel-Gemisch hinzufügen. Zugedeckt weitere 20 Minuten im Ofen köcheln lassen; nach 10 Minuten entkernte Oliven hinzufügen.

Anchovisfilets in kaltem Wasser wässern, mit Kaninchenleber durch ein Sieb treiben. Die Masse mit Butter, Crème fraîche und Armagnac innig verarbeiten. Das Kaninchenragout in eine vorgewärmte Schüssel geben. Die Sauce abschmecken und vorsichtig mit der Lebermasse legieren: 1 Suppenkelle voll Sauce unter Rühren in die Lebermasse geben, erst dann mit der weiteren Sauce legieren. Die Sauce darf nicht kochen, da sie sonst ausflockt.

Sauce über das Fleisch gießen und das Frikassee sehr heiß servieren.

Reh-Filet in Wacholderrahm

Gisela Heyel, Wachenheim

ZUTATEN:

1 Reh-Filet =
½ Rehrücken ohne Knochen
300 g Crème fraîche
10 Wacholderbeeren
Salz
1 TL grüner Pfeffer
Öl
Himbeer-Essig
Wacholderschnaps
Reh-Fond

ZUBEREITUNG:

Das Reh-Filet bei mäßiger Hitze von allen Seiten in Öl anbraten und im Backofen bei 180 Grad 10 Minuten ruhen lassen, damit es gleichmäßig rosa wird. Salzen. Das Bratfett abgießen, den Satz mit Crème fraîche und Reh-Fond loskochen, Pfeffer und die im Mörser zerdrückten Wacholderbeeren dazugeben; reduzieren, bis die gewünschte Konsistenz der Sauce erreicht ist. Mit Himbeer-Essig und Wacholderbeerschnaps abschmecken und über das Fleisch gießen.

Gefüllte Koteletts

Maria Jacobs/Susanne Schulte, Karlsruhe

ZUTATEN:

4 Schweinekoteletts
150 g Schinkenspeck
50 g Rinderhack
1 Bund Petersilie
1 Ei
1–2 Zwiebeln
1 EL Kräuterkäse
Salz
Basilikum

ZUBEREITUNG:

In die Koteletts eine Tasche schneiden. Speck und Zwiebeln in kleine Würfel schneiden, Petersilie fein hacken und alles zusammen mit dem Rinderhack, dem Ei, Käse und Basilikum vermengen, mit Salz abschmecken. Die Koteletts mit der Masse füllen und mit einem Zahnstocher zustecken. Im Grill ca. 15 Minuten auf jeder Seite goldbraun braten.

Rehkeule in Rahm

Erika Altenburg, Bonn

ZUTATEN:

1 Rehkeule (ca. 1½–2 kg)
400 g Crème fraîche
100 g Butter
1 Glas guter Rotwein
2 Wacholderbeeren
1 kleines Zweiglein frischer Thymian oder
½ TL getrockneter Saft von 1 Apfelsine
Salz, Pfeffer
Butter
evtl. ¼–½ l Wildfond
evtl. 1 TL Johannisbeergelee

ZUBEREITUNG:

Rehkeule nicht marinieren und nicht spicken, sondern mit Salz, Pfeffer und zerdrückten Wacholderbeeren einreiben. Das Fleisch in einen gußeisernen Bräter legen, mit flüssiger Butter begießen oder bepinseln, mit Thymian bestreuen und ohne Deckel in den auf höchster Stufe vorgeheizten Backofen schieben. Etwa 15 Minuten braten lassen und dabei aufpassen, daß nichts anbrennt. Dann mit dem Saft der Apfelsine begießen und mit Crème fraîche bestreichen. Die Temperatur auf 180 Grad herunterschalten und je nach Bratensaftbildung nach etwa 30 Minuten den Rotwein angießen. Unter gelegentlichem Begießen in weiteren 30 Minuten fertig werden lassen. Die gesamte Bratzeit beträgt je nach Größe bzw. Gewicht 1½–2 Stunden, wobei die Keule innen am Knochen noch rosa sein soll. Wenn mehr Sauce gewünscht wird, kann man auch Wildfond angießen. Die Keule warm stellen. Die Sauce in einen kleinen Topf umfüllen, aufkochen und evtl. mit Johannisbeergelee abschmekken und, wenn nötig, mit Pfeffer und Salz.

Pfälzer »Dippehas«

Marga Hoffmann, Ober-Olm

ZUTATEN:

250 g magerer Schweinebauch
1 kg Hase
3 Zwiebeln
Salz, Pfeffer, Thymian
2 Spitzen Nelkenpulver
6 Wacholderbeeren
2 Lorbeerblätter
200 g Schwarzbrot in Scheiben
¾ l Rotwein

ZUBEREITUNG:

Schweinebauch in dünne Scheiben schneiden, in einem Topf von jeder Seite ohne Fett braun braten. Fleischscheiben herausnehmen und beiseite stellen.
Den in Portionsstücke geschnittenen, gewaschenen, gut abgetropften Hasen in dem Fett anbraten, gewürfelte Zwiebeln zugeben und anbraten. Schweinebauchscheiben unter die Hasenstücke mischen. Alles mit Salz, Pfeffer, Thymian, Nelkenpulver, Wacholderbeeren und Lorbeerblättern würzen. Die etwas zerkleinerten Schwarzbrotscheiben darüberstreuen. Rotwein zugießen. Den Topf schließen und den Hasen im Topf 1 Stunde langsam garen lassen.
Alles in einer flachen Schüssel anrichten.

Piccata mit Risotto ticinese

Elinor Kirsch, Nomborn

ZUTATEN:

600 g Schweinelendchen
100 g Sbrinz
1 Ei
Salz, Pfeffer
Bratfett oder Öl

ZUBEREITUNG:

Das Lendchen häuten und in ½ cm dicke Schnitzelchen schneiden (Schrägschnitt), leicht salzen und pfeffern, im verklopften Ei wenden und im geriebenen Käse panieren. 2 Minuten auf beiden Seiten nicht zu heiß braten, damit der Käse nicht verbrennt.

Risotto ticinese

2 Tassen italienischer Reis (Rundkorn, z. B. Beretta originario)
1 Tasse herber italienischer Rotwein
ca. 6 Tassen heiße Ochsenbouillon
ein paar Steinpilze
1 mittlere Zwiebel
2 EL Öl
1 Msp Safran
100 g Sbrinz

ZUBEREITUNG:

Die Zwiebel fein schneiden, im Öl glasig dünsten, den Reis zugeben, mitdünsten, bis er glänzt, mit dem Rotwein ablöschen, umrühren, bis der Alkohol verdampft ist, dann die eingeweichten Pilze mit dem Wasser und etwa ¼ der heißen Bouillon zugeben, ständig rühren, Safran beigeben. Die vom Reis aufgenommene Flüssigkeit immer wieder ergänzen. Der Reis soll etwas flüssig sein und sämig, deshalb keinen körnigen Reis verwenden.
Vor dem Servieren den Käse daruntermischen und 2–3 Minuten schmelzen lassen.

Fenchel auf Tomaten und geschnetzeltem Schweinefleisch

Edytha Pfaff, Walsrode

ZUTATEN:

4 Knollen Fenchel
500 g Tomaten
4 dünne Schweineschnitzel
250 g mittelalter Gouda
2 Eigelb
1 Zwiebel
5 EL süße Sahne
Salz, Paprika (edelsüß)
Zitronensaft
Fleischbrühe

ZUBEREITUNG:

Den Fenchel halbieren, evtl. 1–2 äußere Blätter entfernen, in Salzwasser knapp 20 Minuten vorkochen, etwas Zitronensaft zufügen, damit der Fenchel weiß bleibt, Wasser abschütten, beiseite stellen.
Die Tomaten vierteln und dabei den Blütenansatz entfernen.
Zwiebeln fein schneiden, mit dem sehr fein geschnetzelten Fleisch vermischen, etwas Paprikapulver zufügen, beiseite stellen.
Gouda grob reiben, mit Eigelb und Sahne mischen, beiseite stellen.
Backofen auf 250 Grad vorheizen. Geschnetzeltes sehr kurz vorbraten, als erste Schicht in eine feuerfeste Form geben, salzen, etwas Fleischbrühe darübergießen, darauf die Tomaten schichten, dann den Fenchel mit der runden Seite nach oben und darauf den Käse verteilen. Im Ofen ca. 15 Minuten überbacken, bis der Käse goldgelb ist.

Frühlingsschwein

Johanna Huth-Habermann, Köln

ZUTATEN:

1300 g magere Schweinerippe (mit Knochen)
375 g Schweinefilet
750 g Frühlingszwiebeln
Salz, weißer Pfeffer
1 TL Zucker

ZUBEREITUNG:

Fleisch vom Knochen trennen (beim Einkauf darauf achten, daß man kein Wirbelstück bekommt!). Das nun etwa 2–3 cm dicke Fleischstück mit scharfem Messer so trennen, daß ein doppelt so großer und halb so dicker Fleischfladen entsteht, der eine möglichst gleichmäßige Rechteckform erhalten sollte (durch Klopfen evtl. nachhelfen).
Eine Seite vorsichtig pfeffern, den Zucker gleichmäßig darüberstreuen. Den dunkelgrünen Lauch von den Zwiebeln entfernen, die Zwiebeln je nach Dicke ganz lassen, halbieren oder vierteln auf »Kleinfingerdicke« und parallel zur Rollrichtung so auf das Fleisch legen, daß Weißes und Grünes gleichmäßig verteilt sind.
Schweinefilet ebenfalls pfeffern, auf die Zwiebeln legen, alles zusammenrollen und sorgfältig vernähen, so daß möglichst wenig Zwiebelsaft aus der Rolle heraustreten kann.
Backofen auf 200 Grad vorheizen und das Frühlingsschwein 100 Minuten unter öfterem Begießen mit etwas kaltem Salzwasser ohne Fett braten.
Am Ende sollte etwa ¼ l Bratensaft übrigbleiben, der extra gereicht wird.
Damit das Fleisch möglichst saftig bleibt, wird es vor dem Garen nicht gesalzen. Meist reicht ein Löffel des Bratensaftes je Fleischscheibe aus.

Schweinelendchen im Biersud

Ulrike Dörfler, Forchheim

ZUTATEN:

2 Schweinelendchen
2 EL Butterschmalz
Salz, Pfeffer, Rosenpaprika
5 Kümmelkörner
1 Tasse dunkles (süßes) Bier
¼ l feinste Fleischbrühe
Crème fraîche

ZUBEREITUNG:

Das Fleisch von allem Fett und allen Häutchen befreien und in Butterschmalz anbraten. Das Fett abgießen. Mit Salz, frischgemahlenem Pfeffer, 1 Hauch Rosenpaprika und den fein zerstoßenen Kümmelkörnern würzen. Mit Bier ablöschen und Fleischbrühe zufügen. Auf kleinster Flamme knapp 10 Minuten ziehen lassen. Das Fleisch herausnehmen und warm stellen. Sauce etwas einkochen lassen und mit Crème fraîche binden. Fleisch in Scheiben schneiden, mit Sauce überziehen, den Rest der Sauce getrennt dazu reichen.

Frischer Kräuterschinken in Weißweinsauce

Brigitte Winter-Klemm, Frankfurt

ZUTATEN:

1 frischer Schweineschinken mit Schwarte, ausgebeint (ca. 3½ kg)
frisches Basilikum
frischer Salbei
reichlich glatte Petersilie
1 Knoblauchzehe
Olivenöl
Pfeffer, Salz
Weißwein
Rosmarin, Thymian

ZUBEREITUNG:

Die Kräuter fein hacken, den Knoblauch fein würfeln, etwas Öl, Pfeffer und Salz zugeben, das Ganze in die ehemalige Knochenhöhle füllen und den Schinken zubinden oder, besser, zunähen.
Von außen ölen, pfeffern und salzen und mit etwas Rosmarin und Thymian bestreuen. Sehr langsam bei ca. 200 Grad braten, ab 2 Stunden Bratzeit begießen und immer wieder wenig Weißwein zugießen. Bratzeit insgesamt 5 Stunden. Es entsteht nur wenig, sehr konzentrierte Sauce, die so über das Fleisch gegeben wird.

Jungschweinebraten in Sauce aus dunklem Bier

Renate Stadler, Hutthurm

ZUTATEN:

Jungschweinekeule (4 kg)
1 Zwiebel
1 Apfel
1 Stück Sellerie
1 Stück Lauch
1 Stück Petersilienwurzel
1 l dunkles Bier
Salz, Pfeffer, Kümmel, Majoran

ZUBEREITUNG:

Die Keule im Bräter mit ¾ l leicht gesalzenem Wasser begießen und zugedeckt in den 240 Grad heißen Ofen stellen. Nach ½ Stunde die Brühe abgießen, das Fleisch rautenförmig einschneiden, gut mit Kümmel, Majoran, Salz einreiben. Die Keule mit dem Gemüse und Apfelstückchen umlegen und bei 220 Grad 3 Stunden braten. Abwechselnd mit Bier und Brühe begießen. Nach der Garzeit die Sauce abgießen, mit dem Rest der Brühe mischen. Das Gemüse durch ein Sieb in die Sauce streichen, mit Salz, Pfeffer und Bier abschmecken und verrühren. Getrennt servieren.

Zimtschinken

Ursula Strebe, Braunschweig

ZUTATEN:

1 mittelgroßer, zarter, leicht gepökelter (nicht gespritzter) Schinken
500 g Pumpernickel
1 Weißbrot
Zucker
2 Päckchen Zimt
4–5 Eier
Butter

ZUBEREITUNG:

Man legt den Schinken in eine Pfanne, begießt ihn mit etwas Wasser und brät ihn im Backofen ca. 2 Stunden, bis er halb gar ist. Dann schneidet man die Schwarte ab und läßt den Schinken wiederum 1 Stunde garen. Nun schneidet man auch das Fett weg und bestreicht das Fleisch mit der vorbereiteten Paste ca. 1½ cm dick und glatt. Verrührtes Eigelb darauf verstreichen und bei milder Hitze noch etwa eine Stunde garen. Es bildet sich so die Zimtkruste. Zum Servieren vorsichtig vom Blech lösen, auf das man das Fleisch nach dem Fettabschneiden legen muß.

PASTE:

Man schmilzt die Butter, verrührt 3 Teile geriebenen Pumpernickel mit 1 Teil Weißbrot, Zucker und Zimt, sowie einigen Eiern. Der Pumpernickel darf nicht zu kalt sein, um ihn fein krümeln zu können. Immer wieder abschmecken, bis man die Zimtmenge erreicht hat, die den Pumpernickelgeschmack leicht übertönt und sanft abrundet.

Fleischkäse

Charlotte Dachs, München

ZUTATEN:

3½ kg Rindfleisch
500 g fettes Schweinefleisch
1 kg Kalbsleber
250 g fetter Speck
125 g Mehl
3–4 Eier
4 Schalotten
½ l Fleischbrühe
Salz, Pfeffer
Muskat, Nelken, Ingwer
1 TL Kardamom
Schweineschmalz

ZUBEREITUNG:

Rind- und Schweinefleisch mit etwas Salz fein hacken, desgleichen die Kalbsleber und dann alles zusammen, so lange, bis die Leber ganz fein ist. Mehl, Eier, Salz, Pfeffer, Muskat, Nelken, Ingwer, Kardamom und die feingewiegten Schalotten mit der Fleischbrühe anrühren, 100 g in Würfel geschnittenen Speck daruntergeben und mit der Fleischmasse verrühren. Ein rundes, gleich weites wie tiefes feuerfestes Geschirr mit Schweineschmalz einfetten, den restlichen Speck in halbfingerlange Stücke schneiden und damit kreuzweise den Boden belegen, die Fleischmasse einfüllen. Ein großes Glas Wasser am Rand entlang zur Masse gießen und alles 4 Stunden bei mittlerer Hitze im Ofen backen. Wenn der Fleischkäse fertig ist, das Fett abgießen, erkalten lassen und anschließend auf eine Platte stürzen. In Stücke schneiden und nach Belieben mit Essig und Öl servieren.

Gulasch mit Pflaumen und Äpfeln

Marianne Seitz, Sandesneben

ZUTATEN:

je 250 g Rinder- und Schweinegulasch
250 g Backpflaumen
3–4 Äpfel
4 Zwiebeln
4 EL Apfelmus
¼ l Cidre
¼ l klare Instant-Fleischbrühe
⅛ l saure Sahne
Salz, Pfeffer, Majoran
6 EL Öl
evtl. etwas Mehl

ZUBEREITUNG:

Pflaumen über Nacht in Wasser einweichen. Fleischwürfel in heißem Fett kräftig anbraten. Zwiebeln klein schneiden, zum Fleisch geben und mitbräunen, würzen, mit heißer Brühe und dem Cidre auffüllen. Zugedeckt etwa 90 Minuten schmoren lassen.
Pflaumen abtropfen lassen und entsteinen, Äpfel schälen, Kerngehäuse entfernen und in Spalten schneiden. Wenn das Fleisch etwa 1 Stunde schmort, also 30 Minuten vor Ende der Garzeit, die Pflaumen dazugeben und etwa 15 Minuten später die Äpfel.
Apfelmus und saure Sahne verrühren und das Gulasch damit binden, evtl. noch etwas Mehl dazugeben. Noch einmal abschmecken.

ANMERKUNG:

Am besten mit Reis und Kopfsalat servieren.

Irish Stew

Hanna Hüttenhain, Lüneburg

ZUTATEN:

750 g Schweinenacken (ohne Knochen)
750 g Rindfleisch (aus der Spitze)
1 kg Zwiebeln
1 kg Kartoffeln
2 Köpfe Salat
3/8 l süße Sahne
ca. 1/8 l saure Sahne
8 Lorbeerblätter
Zucker
ca. 2 Zitronen
30 g Butter
Dill
Salz, Pfeffer

ZUBEREITUNG:

Fleisch und geschälte Kartoffeln in ca. 1–1½ cm große Würfel schneiden, Zwiebeln grob schneiden, alles in eine Schüssel geben und gut vermischen, Salz (Vorsicht bei der Dosierung!) und Pfeffer beigeben. Alles in einen Topf für Wasserbad geben, fest andrücken, süße Sahne zufügen, mit Butterflöckchen und den Lorbeerblättern abdecken, Topf mit Deckel gut verschließen und das Ganze im Wasserbad ca. 2¾ Stunden kochen lassen. Nach der angegebenen Zeit Deckel öffnen, Lorbeerblätter entfernen und evtl. mit Salz und Pfeffer nachwürzen. Salat mit saurer Sahne, Zitronensaft, Zucker und Dill anmachen.

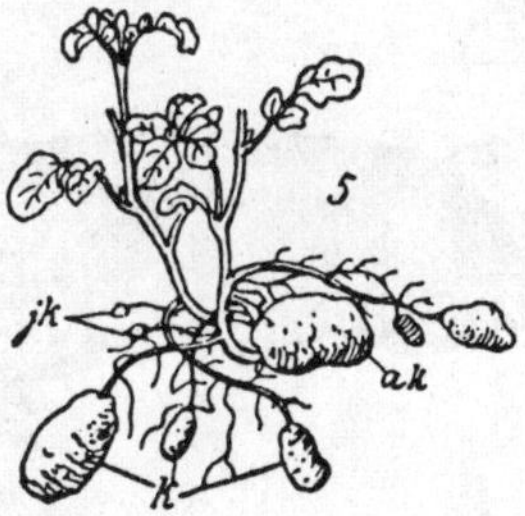

Königsberger Klopse

Regine du Parquet, Le Havre

ZUTATEN:

je 250 g mageres Kalb- und Schweinefleisch
Semmeln
2–3 Eigelb
4 Eiweiß
Sardellenfilets
Salz, Pfeffer
Hühnerbrühe
Zitronensaft
saure Sahne

ZUBEREITUNG:

Das Fleisch mit ein paar Sardellenfilets durch den Wolf drehen. Das Weiße der Semmeln ebenfalls durch den Fleischwolf drehen und in den leicht geschlagenen Eiweiß einweichen. Das Fleisch wenig salzen und pfeffern, dann nach und nach die eingeweichten Semmelbrösel dazumischen, bis die Masse die richtige Konsistenz hat.
Fleischbrühe aufkochen und die kleinen, etwa 3 cm großen Klopse hineingeben. Wenn sie an die Oberfläche kommen, sofort mit dem Schaumlöffel aus der Brühe nehmen. Warm stellen.
Aus 2–3 Schöpfkellen Brühe die Sauce bereiten. Brühe durch ein Sieb gießen und mit etwas Zitronensaft säuern. Vom Feuer nehmen und mit den Eigelb und der Sahne unter ständigem Schlagen eindicken.
Die Sauce über die Klopse gießen und servieren.

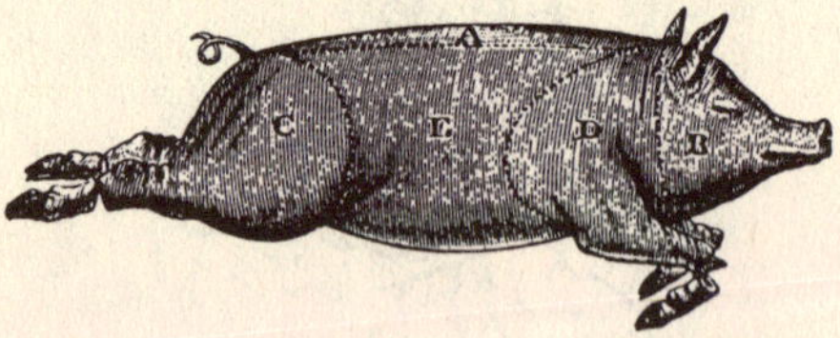

Kohlrouladen mit jungen Kartoffeln

Anne Sträter, Soest

ZUTATEN:

1 Wirsing
frische feine Bratwurst (Brät im Darm)
Butter
durchwachsener Speck
2–3 Zwiebeln
Rindfleischbrühe
Pfeffer
4 Scheiben Schweizer Emmentaler
süße und saure Sahne
Kartoffeln

ZUBEREITUNG:

Die größten 8 Blätter vom Wirsing ablösen und in wenig Salzwasser blanchieren. Zwei Blätter jeweils aufeinanderlegen und mit der frischen Bratwurst füllen. Die Rouladen mit Holzstäbchen feststecken. Durchwachsenen Speck mit Butter in einer Kasserolle nicht zu kroß anbraten und die gehackten Zwiebeln goldgelb dünsten. Die Rouladen daraufsetzen, mit Rindfleischbrühe, die mit etwas Wirsingwasser versetzt wurde, ablöschen, leicht pfeffern und nach Gefühl ca. 10–15 Minuten dünsten. Die Rouladen herausnehmen und mit je 1 Scheibe Emmentaler bedecken. Die Sauce zu gleichen Teilen mit süßer und saurer Sahne auffüllen. Die Rouladen zurück in die Kasserolle legen und gut 5 Minuten unter den Herdgrill stellen, bis der Käse goldgelb zerlaufen ist.
Frische, sorgfältig gebürstete Kartoffeln in der Schale dazu reichen.

Olivenschmortopf

Ruth Janssen, Hamburg

ZUTATEN:

500 g schieres Rindfleisch
500 g entbeinte Hammelkeule ohne Fett
500 g Schweineschnitzel
250 g durchwachsener Speck
1 Tasse grüne Oliven
1 Tasse schwarze Oliven
1 Tasse Korinthen
10 Knoblauchzehen
5 Zwiebeln
1 gehäuften TL grüner Pfeffer
¼ l süße Sahne
¾ l französischer Rotwein
1 Glas Cognac
Rosmarin, Majoran, Thymian
Öl

ZUBEREITUNG:

Rind-, Hammel- und Schweinefleisch in Würfel schneiden und in heißem Öl dunkel anbraten. Speck und Zwiebel ebenfalls in Würfel schneiden und mit dem Knoblauch, den Korinthen, Oliven und reichlich Rosmarin, Thymian und Majoran zum Fleisch geben. Mit dem Rotwein löschen und im zugedeckten Topf 1 Stunde bei 200 Grad im Backofen schmoren. Dann salzen, den grünen Pfeffer, Cognac und Sahne dazugeben und nochmals 1 Stunde schmoren.

Mariniertes Pferdefilet

Ute Wiegand-Nehab, Coburg

ZUTATEN:

600 g Pferdelende
250 g Buttermilch
2 EL Sojasauce
etwas geschmacksneutrales Öl
1 EL Zucker
Sherry (halbtrocken)
Salz
Wacholderbeeren
1 Lorbeerblatt
Senf

ZUBEREITUNG:

Am Vortag eine Marinade aus Buttermilch, Sojasauce, Öl, Zucker, etwas Sherry, Salz, Wacholderbeeren, Lorbeerblatt und etwas Senf herstellen, das Fleisch einlegen und zwischendurch wenden.
Zum Braten das Fleisch abtrocknen und im hohen Eisentopf in heißem Öl von allen Seiten anbraten. Dann für 30 Minuten in den vorgeheizten Ofen stellen (Hitze: $^3/_4$ der Gesamtleistung des Ofens) und in dieser Zeit noch 2-3mal wenden bzw. mit evtl. vorhandenem Bratensaft überträufeln.
Serviert wird, wenn sich das Fleisch noch ohne allzugroßen Kraftaufwand verformen läßt, also innen noch rostrot ist.

Italienischer Hackbraten

Rita Wolf, Hanau

ZUTATEN:

1 kg Hackfleisch (je zur Hälfte Tatar und Schweinemett)
2 eingeweichte, ausgedrückte Brötchen
$^1/_2$ TL Oregano
$^1/_2$ TL Basilikum
$^1/_2$ TL Thymian
1 Prise Majoran
Salz, Pfeffer
$^1/_2$ Döschen Tomatenmark
2 gepreßte Knoblauchzehen
1 EL gehackte Petersilie
gekochter Schinken
Allgäuer Käse

ZUBEREITUNG:

Alle Zutaten mischen und gut verkneten.
Den Teig auf Alufolie ca. 1–2 cm dick ausrollen, mit gekochtem Schinken belegen und mit geriebenem Allgäuer Käse bestreuen.
Mit Hilfe der Folie rollen und die Enden der Rolle zusammendrücken. Auf eine gefettete Form legen und in der Backröhre ca. $1^1/_4$ Stunden braten. Aus dem Fond je nach Geschmack eine Sauce bereiten.

Rheinischer Sauerbraten aus Pferdefleisch

Inge Krawinkel, Hamburg

ZUTATEN:

¾–1 kg abgehangene Pferdehüfte
100–150 g Rosinen (keine Korinthen)
1 EL Zuckerrübensirup
Salz, Zucker, Fett

für die Marinade:
⅓ der Menge Wasser
⅔ der Menge Essig (das Fleisch muß vollkommen bedeckt sein)
Einmachgewürz
zusätzlich 1 Lorbeerblatt
Salz, Zucker
1 dicke Zwiebel

ZUBEREITUNG:

Die Marinade ohne Zwiebel aufkochen, abkühlen lassen und über das Fleisch und die in Ringe geschnittene Zwiebel gießen. 3 Tage bei mehrmaligem Wenden an einem kühlen Ort ziehen lassen. Das Fleisch trockentupfen, in Fett scharf anbraten, mit der Beize ablöschen und ca. 1½ Stunden schmoren lassen. Dabei mehrmals begießen.
Während der letzten 10 Minuten die Hälfte der gewaschenen Rosinen zugeben. Dann das Fleisch kurz braten und herausnehmen. Den Fond je nach Geschmack mit Beize oder Wasser auffüllen, die restlichen Rosinen zugeben und noch mal kurz aufkochen. Die Sauce mit Sirup, Salz und evtl. etwas Zucker abschmecken und andicken. Zum Schluß das in Scheiben geschnittene Fleisch kurz in der Sauce ziehen lassen.

Kalbshaxe in Basilikum-Rahmsauce

Edith Fabry, Villingen

ZUTATEN:

1 Hinterhaxe vom Milchkalb (ca. 1½ kg)
Salz, Pfeffer
80 g Butter
⅛ l trockener Weißwein
1 große Zwiebel
2 Karotten
2 Becher abgelagerte süße Sahne
1 Strauß Basilikum (oder 1 TL getrocknetes)
Bratfett
⅛ l Kalbsjus

ZUBEREITUNG:

Die Haxe unter kaltem Wasser abspülen, ganz trockentupfen, mit Salz und Pfeffer würzen und in heißem Fett von allen Seiten kurz und kräftig anbraten. Aus der Kasserolle nehmen, das Bratfett restlos abgießen. Butter in den Topf geben und die Haxe wieder hineinlegen, mit der Butter übergießen und im Backofen bei 200 Grad 1¾ Stunden schmoren.

Immer wieder mit dem entstehenden Bratensaft und etwas Wein übergießen. Zwiebel schälen, vierteln und zum Braten geben, die geputzten Karotten ebenfalls. Nach Beendigung der Bratzeit die Haxe herausnehmen und warm stellen. Bratenfond mit dem restlichen Wein lösen und durch ein Haarsieb in ein Töpfchen gießen. Auf die Hälfte reduzieren. Den Kalbsjus zufügen und wieder etwas einkochen lassen.

Nun langsam immer etwas Sahne dazugeben und einkochen lassen, bis die Sauce eine kräftige Konsistenz hat. Mit Salz und Pfeffer, evtl. noch etwas Wein abschmecken und das kleingeschnittene Basilikum zufügen.

Die Sauce getrennt zum Fleisch servieren.

Kalbsbraten

Dr. Gisela Lockwald, Rheinau

ZUTATEN:

1½ kg Milchmastkalb von der Innenkeule
1 Ei oder Eigelb
Semmelbrösel aus getrockneter Baguette
Salz, weißer Pfeffer
Salzlösung
200 g frische junge Steinpilze (oder roh eingefrorene)
¼ l süße Sahne
50–100 g Butter

ZUBEREITUNG:

Das Fleischstück sorgfältig abtrocknen und die Salzlösung mit einer 20-ml-Spritze injizieren. Das Fleisch außen noch leicht einsalzen, im verquirlten Ei und anschließend in Semmelbröseln wälzen. Inzwischen in einer feuerfesten Form bei 300 Grad im Ofen Butter erhitzen. Erst knapp vor dem Braunwerden der Butter den Braten hineinlegen und ihn auf der Oberseite mit Butterflöckchen bestreuen.
Das Bratenthermometer nun in die Mitte des Fleischstückes stecken. Nach ca. 15 Minuten die Temperatur auf 200 Grad senken. Das Ei hat jetzt die Poren geschlossen.
Bei einer Fleischtemperatur von 45 Grad die Steinpilze neben das Fleisch legen, bei 55 Grad die Sahne über Braten und Pilze gießen. Je nach Geschmack den Braten bei 60 oder 65 Grad aus dem Ofen nehmen und sofort portionsweise auf vorgewärmten Tellern servieren. Die Pilzsauce getrennt dazu reichen.

Gefüllte Kalbsbrust

Bärbel Speck-Schifferer, Heidelberg

ZUTATEN:

1200 g Kalbsbrust (entbeint und mit eingeschnittener Tasche)
Butter
½ l Kalbsfond
⅛ l Riesling
1 Zwiebel
1 dickes Suppengrün

für die Füllung:
300 g feines Brät
150 g Spinat
1 EL in Butter gedämpfte Zwiebel und Petersilie
1 Brötchen (ohne Rinde, in Milch eingeweicht und gut ausgedrückt)
1 Ei
1 EL Cognac
Salz, Pfeffer

ZUBEREITUNG:

Den gewaschenen Spinat zugedeckt ohne Zugabe von Wasser oder Fett schmelzen lassen, auspressen und grob hakken. Mit den anderen Zutaten der Füllung gut vermischen. Die vorbereitete Kalbsbrust innen würzen, die Farce einfüllen und die Tasche zunähen. In einem großen Schmortopf in geklärter Butter rundum schnell anbraten. Die Kalbsbrust herausnehmen, die Butter abgießen und dann in frischer Butter das kleingeschnittene Suppengrün leicht anbraten. Die Kalbsbrust salzen und pfeffern, zurück auf das Gemüse setzen und zudecken. Nach 10 Minuten den Wein angießen und einkochen. Dann die Kalbsbrühe dazugießen, zum Kochen bringen und zugedeckt bei kleiner Hitze ca. 2 Stunden schmoren. Die Kalbsbrust herausnehmen und im Ofen zugedeckt warm stellen. Die Sauce entfetten, bis zur gewünschten Konsistenz einkochen lassen, durchpassieren und abschmecken.
Zum Servieren die Fäden aus der Kalbsbrust ziehen und mit etwas Sauce begießen. Den Rest der Sauce extra servieren.

Kalbsmedaillons mit Sauerampfersauce

Margrit Kiefer, Bübingen

ZUTATEN:

1 Kalbsfilet
Salz, Pfeffer
Butter, Öl
2 Schalotten
Kalbsjus
1 Tasse Crème fraîche
1 Glas Champagner
½ Tasse Sauerampferblätter

ZUBEREITUNG:

Das Filet in Stücke schneiden, mit Salz und Pfeffer würzen und in Butter und Öl anbraten. Warm stellen. In der Pfanne die gewürfelten Schalotten mit noch etwas Butter andünsten, mit etwas Jus, der Crème fraîche und dem Champagner ablöschen. Etwas einkochen lassen, dann Sauerampferblätter zufügen und darin ziehen lassen. Das Fleisch dazugeben.

Gefüllte Kalbsröllchen

Cornelia Duda, Dortmund

ZUTATEN:

4 Kalbsrouladen
200 g Gruyère
4 Scheiben gekochter Schinken
Butterschmalz
trockener Weißwein
⅕ l süße Sahne
Salz, weißer Pfeffer

ZUBEREITUNG:

Auf die geklopften Kalbsrouladen weißen Pfeffer mahlen, mit geriebenem Gruyère bestreuen und mit gekochtem Schinken belegen; die letzten 3 cm der Rouladen müssen ohne Belag bleiben. Vom belegten Ende her aufrollen und mit Faden umwickeln. In heißem Butterschmalz von allen Seiten goldbraun anbraten, mit Weißwein ablöschen und mindestens 1 Stunde bei 180 Grad zugedeckt im Backofen schmoren, dabei nach Bedarf Weißwein nachschütten. Kalbsröllchen aus dem Bräter nehmen, Bratenfond mit etwas Wein lösen, Sahne dazugeben, etwas einkochen, mit Salz und Pfeffer abschmecken.

Kalbsleber mit Zucchini

Gabriele Müller-Fischer, Mühltal-Niederbeerbach

ZUTATEN:

500 g Kalbsleber
Salz, Pfeffer
Mehl
Butter
Olivenöl
1 Tasse Hühnerbrühe
Zitrone
Petersilie
4 kleine Zucchini
1 Knoblauchzehe
Crème fraîche

ZUBEREITUNG:

Leber in etwa 1 cm dicke Scheiben schneiden, salzen, pfeffern, mehlen, gut abklopfen, Öl und Butter in einer schweren Pfanne zerlassen, Leberscheiben ca. 1 Minute pro Seite anbraten, warm stellen. Fett aus der Pfanne abgießen, die Hühnerbrühe bis auf 3 EL stark einkochen, ein paar Tropfen Zitrone zufügen und ca. 1 EL weiche Butter einrühren, mit Petersilie bestreuen.
Zucchini gut bürsten, mit dem Gurkenhobel in dünne Scheiben schneiden, mit feingehackter Knoblauchzehe in Butter anbraten, Crème fraîche dazugeben, stark einkochen, salzen, pfeffern, mit der Kalbsleber auf vorgewärmten Tellern servieren.

Kalbsmedaillons in Morchelrahmsauce

Marion A. Hildner, Wiesbaden

ZUTATEN:

2 Kalbslenden
¼–½ l süße Sahne
1 Eigelb
50 g getrocknete Morcheln
⅛ l Weißwein
1 Lorbeerblatt
Salz, Pfeffer
evtl. Worcestersauce
Butter
1 Eigelb

ZUBEREITUNG:

Die Morcheln sehr gut waschen und über Nacht in wenig Wasser einweichen. Am nächsten Tag mit etwas Butter und wenig Einweichwasser bei milder Hitze nicht zu lange garen (bis die Flüssigkeit verdampft ist.) Mit Salz und Pfeffer würzen.
Die Kalbslenden in Medaillons schneiden und in Butter anbraten. Herausnehmen und warm stellen, salzen und pfeffern. Den Fond mit Weißwein ablöschen, mit Lorbeerblatt, Salz, Pfeffer und evtl. Worcestersauce würzen. Die Sahne hinzugeben und so lange köcheln lassen, bis die Sauce dicklich wird. Etwas Butter einrühren und mit einem Eigelb legieren. Morcheln über das angerichtete Fleisch verteilen, dann die Sauce darübergießen.

Kalbsschnitzel mit Champignonsauce

Ulrike Schulte-Middelich, München

ZUTATEN:

4 nicht zu dünne Kalbsschnitzel
4 dünne Scheiben Wacholderschinken
2 gehäufte EL frische Salbeiblätter
Salz, weißer Pfeffer
Bratfett

ZUBEREITUNG:

Schnitzel von beiden Seiten mit Salz und Pfeffer einreiben, seitlich eine Tasche einschneiden, mit Schinken und gehackten Salbeiblättern füllen, zustecken. Im Bratfett von beiden Seiten bei mäßiger Hitze langsam garen. Herausnehmen, warm stellen.

Champignonsauce

250 g frische Champignons
1 Zwiebel
50 g Butter
⅛ l herber Weißwein (Franken)
Salz, weißer Pfeffer
1 TL Worcestersauce
2 gehäufte EL Crème fraîche

ZUBEREITUNG:

Pilze waschen, putzen, fein blättrig schneiden, Butter aufschäumen lassen, ganz feingeschnittene Zwiebel hineingeben, hellgelb werden lassen. Dann die Pilze zugeben, salzen, pfeffern, durchmischen, Deckel schließen, ca. 10 Minuten dünsten lassen. Weißwein dazugeben, mit Worcestersauce würzen. Bei offenem Deckel und mäßiger Hitze etwas einkochen lassen. Dann in die Pfanne mit dem Bratenfond geben, Crème fraîche dazugeben und alles vorsichtig durchrühren, nochmals kurz aufkochen lassen.

Kalbsschnitzel »en papillote«

Verena de Boer, München

ZUTATEN:

4 Kalbsschnitzel (1½–2 cm dick)
8 dünne Scheiben gekochter Schinken
Butter
Olivenöl
Salz, Pfeffer
4 Bogen Butterbrot- oder Pergamentpapier (ca. 30 × 25 cm)

für die Sauce:
ca. ½ Tasse trockener Weißwein
ca. ½ Tasse Kalbsjus
etwas trockener Sherry

für die Füllung:
1–2 EL Butter
250 g Egerlinge (oder Champignons)
1 mittelgroße Zwiebel
2 Schalotten
¼ Tasse Kalbsjus
1 TL Tomatenpüree
1 Prise Zimt
Salz, Pfeffer
1 EL feinstgehackte Petersilie

ZUBEREITUNG:

Pilze putzen und fein hacken, in einem Tuch fest auspressen. Feingehackte Zwiebel und Schalotten in Butter gelb dünsten. Pilze beifügen, mit Salz und frischgemahlenem Pfeffer würzen, unter Umrühren einkochen lassen, bis der Pilzsaft verdunstet ist. Mit Weißwein ablöschen und unter Umrühren einkochen lassen. Kalbsjus, Tomatenpüree und Zimt beifügen. Nochmals unter Umrühren etwas einkochen lassen. Abschmecken, Petersilie beifügen und beiseite stellen. Schnitzel in Butter beidseitig kurz anbraten. Salzen und pfeffern. Beiseite stellen.
Fond mit Weißwein aufkochen und ablösen, zusammen mit evtl. aus den Schnitzeln ausgetretenem Fleischsaft in eine dicke Kasserolle gießen und zur späteren Saucenzubereitung beiseite stellen.
Pergamentbogen in der Mitte falten, wieder auseinanderfalten und auf der Innenseite leicht mit Olivenöl einpinseln.

Auf eine Hälfte des Papiers eine Schinkenscheibe legen, mit ca. 1 EL Füllung bestreichen, Kalbsschnitzel darauflegen, wieder ca. 1 EL Füllung darauf verteilen und mit einer weiteren Schinkenscheibe belegen. Papier zusammenfalten und an Ecken, Seiten und oberem Ende durch enges Zusammenfalten gut verschließen. Die Schnitzel auf einem Blech oben in den sehr gut vorgeheizten Backofen (höchste Wärmestufe) oder unter den Grill schieben. Nach 8–10 Minuten (Papier ist leicht braun) in den »Papillotes« servieren. (Am Tisch einen Teller für Papierabfälle bereithalten.) Während die Schnitzel im Ofen bräunen, Sauce zubereiten, indem man den Fond in der Kasserolle aufkocht, löffelweise noch etwas Weißwein, dann Kalbsjus zugibt und unter ständigem Rühren nach jeder Zugabe immer wieder etwas einkochen läßt. Man wird nur ca. ½ Tasse kräftige Sauce erhalten. Mit Sherry abschmecken.

Kalbsgulasch

Hildegard Bertsch, Neunkirchen

ZUTATEN:

1 kg Kalbsbraten (möglichst mager)
ca. 4–5 EL Butter
375 g Tomaten
2 kleine Zwiebeln
etwas getrocknetes Basilikum
schwarzer Pfeffer
ca. 3/10 l süße Sahne oder Crème fraîche
ca. 1½ Tassen Fleischbrühe

ZUBEREITUNG:

Das Fleisch in ca. 2 cm große Würfel schneiden, dabei alle Häute und Sehnen und alles Fett entfernen. In einem schweren Topf die Butter heiß machen und die Fleischstükke bei mittlerer bis starker Hitze anbraten, bis sie braun sind. Dann die feingeschnittenen Zwiebeln hinzufügen, auf kleine Flamme schalten und unter ständigem Rühren glasig werden lassen (ca. ½ Minute). Danach sofort die gehäute-

ten, entkernten und kleingeschnittenen Tomaten einrühren und mit Basilikum würzen.
Den Topf zudecken und die Fleischstücke auf kleiner Flamme ca. 8–10 Minuten schmoren lassen. Die Flamme wieder groß stellen und nach und nach abwechselnd Sahne und Brühe zufügen, bis die Sauce den gewünschten Geschmack und die gewünschte Konsistenz hat.

ANMERKUNG:

Ich koche dieses Gulasch ganz ohne Salz, wer dies jedoch nicht gewohnt ist, kann noch etwas salzen.

Kalbsnieren

Susanne Sewering, Dachau

ZUTATEN:

2 kleine Kalbsnieren
Butterschmalz
Himbeer-Essig
1 EL Dijonsenf
trockener Weißwein
Crème fraîche
Salz, Pfeffer
Zitronensaft
frische Salbeiblätter
Süßrahmbutter

ZUBEREITUNG:

Die Nieren sauber putzen und nicht zu klein aufschneiden. Butterschmalz in einer sehr großen gußeisernen Pfanne sehr heiß werden lassen und das Fleisch ca. 4 Minuten anbraten.
Die Nieren herausnehmen und in der Servierschüssel zugedeckt warm halten.
Das Fett bis auf einen dünnen Film aus der Pfanne abgießen. Den Satz mit einem Schuß Himbeer-Essig ablöschen, mit einem Holzlöffel die Rückstände abkratzen. Den Senf darin auflösen, einen Schuß Weißwein und 1 EL Crème fraîche zufügen, einkochen lassen und diesen Aufgieß- und Reduktionsvorgang dreimal wiederholen. Dann die Hitze

vermindern, nochmals nach Gefühl Wein und Sahne zugeben, evtl. nochmals etwas Essig. Mit Salz, Pfeffer und Zitronensaft abschmecken, Salbeiblätter zufügen. Ein Stück eisgekühlte Süßrahmbutter unterziehen, damit die Sauce Glanz und Bindung bekommt, über die Nieren geben, rasch durchmischen und sofort servieren.

ANMERKUNG:

Die Pfanne sollte sehr groß und aus Gußeisen sein, damit die Nieren nicht aufeinanderliegen und Wasser ziehen.

Kalbszunge in Madeira

Elisabeth Haustein-Abendroth, Frankfurt

ZUTATEN:

2 kleine Kalbszungen
trockener Madeira
Crème fraîche

ZUBEREITUNG:

Die Kalbszungen, die vom Fleischer ganz schwach eingepökelt und vorgekocht wurden, von der Haut befreien. In eine geschlossene Tonform (Römertopf) legen und mit so viel Madeira übergießen, daß sie ganz bedeckt sind. Bei schwacher Hitze, ca. 150 bis 180 Grad, stundenlang ziehen lassen. (Gegen 14 Uhr aufsetzen, wenn sie abends gegessen werden sollen.) Die letzten 45 Minuten ohne Deckel ziehen lassen. Ab und zu mit dem Madeira übergießen. Die Zunge soll »auf der Zunge zergehen«, und der Geschmack der Zunge soll ganz mit dem Geschmack des Madeira verschmolzen sein. Die Sauce evtl. durchseihen und evtl. mit etwas Crème fraîche einköcheln, das mildert den Geschmack. Die Zunge mit einem ganz scharfen Messer in nicht zu dünne Scheiben schneiden, damit sie nicht zerfällt, die Sauce darübergeben und servieren.

Rinderbraten mit Weinblättern in der Teigkruste

Almut Blume, Bremen

ZUTATEN:

1 marmorierter Rinderbraten
Salz, Senf
Majoran, Basilikum
frischer Sellerie
Rotwein
Zitronensaft
Crème fraîche
Butter

10 eingelegte Weinblätter
Milch oder Eigelb

für den Teig:
190 g Vollkornmehl
1 Ei
Salz
2 EL süße Sahne
50 g Butter

ZUBEREITUNG:

Aus diesen Zutaten einen Knetteig bereiten, kalt stellen und ruhen lassen.
Frischen Sellerie in Streifen schneiden, das Fleisch mit Salz, ganz wenig Senf, Majoran und wenig Basilikum einreiben, von allen Seiten anbraten, herausnehmen und zur Seite stellen.
In der gleichen Pfanne den Sellerie anbraten, mit Rotwein etwas aufgießen, durchziehen lassen. Sellerie herausnehmen, abtropfen. In ein Tongefäß mit Deckel füllen, Zitronensaft und 2 EL Crème fraîche unterrühren und zur Seite stellen.
Den Teig dünn ausrollen. Die Weinblätter waschen, den Rinderbraten in die Weinblätter hüllen, auf den Teig legen und mit dem Teig umschließen. Überstehenden Teig abschneiden. Die Teigränder mit Wasser ankleben und das Fleischpaket mit Milch oder Eigelb bepinseln. Zusammen mit dem Sellerie im vorgeheizten Ofen bei 220 Grad ca. 40 Minuten garen.
In der Zwischenzeit die Rotwein-Sellerie-Sauce reduzieren,

mit Crème fraîche abrunden. Die Sauce getrennt zum Braten servieren, das Gemüse um den Braten-Brotberg herum anrichten.

Rinderschmorbraten

Agnes Rösch, Stegen

ZUTATEN:

$1\frac{1}{2}$ kg Ochsenfleisch (Rinderhüfte, gut abgehangen)
Salz, Pfeffer
$\frac{1}{2}$ l Rotwein
2 Lorbeerblätter
2 Knoblauchzehen
1 Tasse kleingeschnittene Zwiebeln
1 Tasse geriebene Möhren
Öl
1 Kalbsfuß
1 Glas Cognac
1–2 Tomaten
1 Stange Lauch
1–2 Lorbeerblätter
Butter

ZUBEREITUNG:

Das Fleisch am Vorabend salzen, pfeffern und in einer Marinade aus Rotwein, gerebelten Lorbeerblättern, kleingeschnittenen Knoblauchzehen, Zwiebeln und Möhren einlegen. Am folgenden Tag das Fleisch abtrocknen und in Öl anbraten. Das Fett abgießen und den Fond mit durchgesiebter Marinade und evtl. etwas Wasser ablöschen. Den Kalbsfuß, Cognac, die kleingeschnittenen Tomaten, den kleingeschnittenen Lauch und die Lorbeerblätter zugeben.
In einer Pfanne die durchgesiebten Teile der Marinade in Butter anbraten, zum Fleisch dazugeben.
Alles langsam 2 Stunden schmoren lassen.
Die Sauce durchsieben, durch ein Haarsieb drücken, wodurch sie sämig wird. Das Fleisch aufschneiden, auf einer vorgewärmten Platte servieren. Die Sauce getrennt reichen.

Gekräutertes Rinderfilet mit Kartoffel-Auflauf

Yvonne Luh, Seesen

ZUTATEN:

700—800 g Rinderfilet
2—3 Bund Petersilie
2—3 Bund Dill
Thymian, Rosmarin, Salbei
Majoran
einige Knoblauchzehen
ca. 6 EL Olivenöl
Salz, Pfeffer

ZUBEREITUNG:

Die Kräuter klein hacken bzw. im Mörser zerstoßen, ebenso den Knoblauch. Diese Zutaten miteinander vermischen, etwas Pfeffer und Salz zugeben und mit dem Olivenöl zu einer zusammenhängenden Masse verarbeiten.
Ein Backblech mit Alufolie belegen, eine dem Filet entsprechende Fläche der Folie mit Kräutermasse versehen, das Filet drauflegen und die noch freien Seiten und die Oberfläche des Filets ebenfalls mit Kräutermasse bedecken.
Im vorgeheizten Backofen ca. 25 Minuten garen und dann vor dem Anschneiden noch ca. 10 Minuten ruhen lassen.

ANMERKUNG:

Wir haben einen Heißluftherd, der nur 180 Grad heiß wird. Bei dieser höchsten Stufe gare ich das Fleisch.

Kartoffel-Auflauf

8 mittelgroße Kartoffeln
ca. ¼ l süße Sahne
Pfeffer, Salz, Muskat
Butter

Rohe Kartoffeln schälen und mit dem Gurkenhobel in dünne Scheiben hobeln, in eine gebutterte Auflaufform geben. Den Rahm mit Pfeffer, Salz, Muskat kräftig abschmecken und davon soviel über die Kartoffeln gießen, daß diese vollständig bedeckt sind. Butterflöckchen aufsetzen und ca. 1 Stunde im Backofen garen.

Sauerbraten

Christine Cremer, Lahr

ZUTATEN:

ca. 1½ kg Rindfleisch von der hohen Rippe
1½–2 l Buttermilch
4–5 große Zwiebeln
100 g magerer Speck
100 g getrocknete Mischpilze
Brotrinde
Salz, Pfeffer
Crème fraîche

ZUBEREITUNG:

Das Rindfleisch ca. 3–4 Tage in Buttermilch einlegen, kühl stellen, öfter wenden.
Pilze einweichen. Das Fleisch gut abtrocknen, mit Salz und frischgemahlenem Pfeffer einreiben, von allen Seiten in Öl anbraten. Grobgeschnittene Zwiebeln, gewürfelten Speck, Pilze und Brotrinde hinzufügen und vorsichtig etwas von dem Einweichwasser der Pilze angießen. Braten auf kleiner Flamme leise schmoren. Wenn notwendig, während des Schmorens von der Buttermilch zugeben. Nach 2–2½ Stunden Braten herausnehmen und warm stellen. Den Bratensatz mit der Buttermilch vom Topf lösen und einköcheln lassen. Die so entstandene Sauce mit Salz abschmecken und mit einem dicken Klacks Crème fraîche abrunden. Das Fleisch in Scheiben schneiden und noch eine Weile in der Sauce ziehen lassen. Wer die Bratenzutaten in der Sauce nicht mag, gibt die Sauce durch ein Sieb und drückt die Zutaten gut aus.

Sauerbraten

Erika Pade, Sindelfingen

ZUTATEN:

2 kg Rindfleisch (Rinderschulter, Oberschale oder Nuß)
2 große Zwiebeln
2 Sellerieknollen
2 große Mohrrüben
2 Lorbeerblätter
1 Bund Petersilie
4 Gewürznelken
4 Pimentkörner
1 EL Senfkörner
1 l trockener Rotwein
¼ l Weinessig
½ Zitrone
1 Anschnitt altes Schwarzbrot
1 TL Salz
1 TL schwarzer Pfeffer
4 EL Mehl
6 EL Butter
2 EL Öl
1 EL brauner Zucker
1 Becher saure Sahne

ZUBEREITUNG:

Das Fleisch mindestens 4 Tage vor der geplanten Mahlzeit kaufen. Den Braten mit einem feuchten Tuch abwischen und in eine tiefe Schüssel legen. Aus dem Wein, dem Weinessig sowie Salz, Pfeffer, in Scheiben geschnittenen Zwiebeln, geviertelten Sellerie, in Scheiben geschnittenen Mohrrüben, Lorbeerblättern, Zitronenscheiben, Petersilie, Piment, Nelken und Senfkörnern eine Marinade ansetzen und bis kurz vor dem Kochen erhitzen. Abkühlen lassen und über das Fleisch gießen. Die dicke Scheibe Schwarzbrot dazulegen. Die mit einem Deckel versehene Schüssel 4 Tage (oder länger) in den Kühlschrank stellen. Das Fleisch täglich wenden, so daß immer eine andere Seite unten liegt.
Nach dieser Zeit das Fleisch aus der Marinade herausnehmen und abtrocknen. Die Marinade erhitzen. In der Zwischenzeit 4 EL Butter und das Öl in einer schweren Pfanne erhitzen, das Fleisch hineinlegen und seine Poren durch kurzes, kräftiges Anbraten schließen, damit kein Saft mehr herauslaufen kann. Wenden des Fleisches von Zeit zu Zeit

verhindert ein Anbrennen. Danach den Braten mit 2 EL Mehl bestäuben und den Braten rundherum bräunen. Anschließend die heiße Marinade über das Fleisch gießen, die Pfanne zudecken und den Sauerbraten 2½–3 Stunden bei mäßiger Hitze kochen lassen, bis das Fleisch gar ist.
Dann die Flüssigkeit durch ein Sieb gießen. In einer Pfanne 2 EL Butter mit braunem Zucker und 2 EL Mehl bei leichter Hitze bräunen. Die durchgesiebte Marinade nun in kleinen Mengen nach und nach unter ständigem Rühren zugießen, bis die Sauce dick und glatt ist. Sie wird anschließend über das Fleisch gegossen und weitere 30 Minuten kochend gehalten. Zum Schluß die saure Sahne einrühren.

Kutteln

Melitta Petschow, Ettlingen

ZUTATEN:

750 g Kutteln
150 g durchwachsener Speck
1 Zwiebeln
4 Karotten
4–6 sehr rote Tomaten
Salz, Pfeffer
Thymian, Lorbeerblatt
Knoblauch, Nelken
Weißwein
1 Kalbsfuß

ZUBEREITUNG:

Kutteln waschen, in Streifen schneiden. In einem Topf den Speck zusammen mit den Zwiebeln und Karotten in Butter anbraten. Dazu die zerdrückten Knoblauchzehen und die übrigen Gewürze geben. Den Kalbsfuß spalten und mit den Kutteln in den Topf geben. Die geschälten und kleingeschnittenen Tomaten ebenfalls dazugeben. Mit Weißwein auffüllen und 3 Stunden kochen lassen. Weißbrot dazu reichen.

Ochsenschwanzragout in brauner Sauce

Luise Commerell, Stuttgart

ZUTATEN:

1½ kg Ochsenschwanz (fleischige, nicht zu fette Stücke vom dicken Ende)
100 g Butter
¾ l französischer Landwein (vin du pays)
1 Döschen doppelkonzentriertes, italienisches Tomatenmark oder frisches Tomatenmus
1 Glas Sherry
Paprika
Salz, Pfeffer
1 Prise Zucker
evtl. etwas Zuckercouleur
2 Zwiebeln
1 gelbe Rübe
1 Knoblauchzehe
½ Stange Lauch
1 Petersilienwurzel

¾–1 l Kalbsjus hergestellt aus:
1 kg Kalbsknochen
1 Stange Lauch
3 Zwiebeln
3 gelbe Rüben
3 Tomaten
1 große Knoblauchzehe
1 Gewürzsträußchen aus Thymian, Basilikum, Rosmarin, Petersilie, Pimpinelle
2 l Wasser
50 g Butter

ZUBEREITUNG:

Gemüse putzen, klein schneiden, ⅓ der Butter zergehen lassen und das Gemüse darin langsam anbraten, ab und zu umrühren. Wenn es etwas angebräunt ist, zur Seite stellen. Die Ochsenschwanzstücke vom überflüssigen Fett befreien und langsam mit dem Rest der Butter anbräunen. Dies benötigt ca. 30–45 Minuten. Erst wenn alle Stücke rundherum dunkelbraun angebraten sind, gibt man das Gemüse und den Kalbsjus dazu und läßt das Ganze ca. 2 Stunden köcheln. Den Kalbsjus am besten am Tag vorher zubereiten oder größere Mengen herstellen und portionsweise einfrieren. (Knochen anbraten, Gemüse anbraten, Wasser auffüllen, ca. 3 Stunden kochen lassen.)

Zu dem Ochsenschwanzragout nun das Tomatenmark oder das frische Tomatenmus und die Flasche Rotwein zufügen, Salz, Pfeffer, Zucker, Paprika dazugeben und weitere 1½–2 Stunden kochen lassen. Wenn die Fleischstücke gar sind, in eine Auflaufform mit Deckel legen und warm stellen. Den Saucenfond durch ein Sieb passieren, evtl. noch etwas nachwürzen, mit einem Glas Sherry verfeinern. Die fertige Sauce über die Fleischstücke geben und schnell servieren.

Rosa gebratene Lammkeule

Marianne Ostermann,
Kamp-Lintfort Hoerstgen

ZUTATEN:

1 gut abgehangene Lammkeule (ca. 1½ kg)
2 Knoblauchzehen
Salz

ZUBEREITUNG:

Knoblauch in Späne schneiden und möglichst ohne das Fleisch zu verletzten unter die dünne Fettschicht und zwischen Muskelstränge stecken. Die Keule gut mit Salz einreiben. Mit der Fettseite nach oben in die Kasserolle legen und in den auf 250 Grad vorgeheizten Backofen schieben. Unter mehrmaligem Wenden ca. 1 Stunde braten. Dann den Ofen ausschalten, die Keule mit Alufolie abdecken und bei offener Tür noch ca. 5–7 Minuten ruhen lassen.
Anrichten und am Tisch tranchieren.

Lammkeule

Heinke Schupp, Icking

ZUTATEN:

1 Lammkeule (ca. 1½ kg), ausgebeint
Mehl

für den Sud:
Karotten, Sellerie, Lauch
weiße Rübchen
Petersilienwurzeln oder -stiele
Zwiebeln
3 Knoblauchzehen
2 Lorbeerblätter
1 Zweiglein Thymian
20 Pfefferkörner
Salz

für die Sauce:
ca. 200 g Butter
ca. 5 EL möglichst kleine Kapern

Frühlingsgemüse:
400 g neue Kartoffeln
400 g weiße Rübchen (in Ermangelung: junger Kohlrabi)
400 g junge Karotten
250 g Zuckererbsen
250 g ausgeschälte Erbsen
300 g frische weiße Bohnenkerne (oder 1 Paket tiefgefrorene Dicke Bohnen, kurz in wenig Wasser gargekocht, s. Gebrauchsanweisung!)
Salz, weißer Pfeffer
Petersilie

ZUBEREITUNG:

In einem großen Topf aus den Gemüsen und Kräutern einen sehr würzigen Sud kochen. Gut salzen. Der Sud sollte zu aromatisch und leicht versalzen schmecken. Ca. ½ Stunde kochen lassen.

Die Lammkeule wiegen. Eine Serviette oder ein Küchentuch dick mit Mehl ausstreuen, die Lammkeule darauflegen und das bemehlte Tuch behutsam darumwickeln und das Ganze verschnüren. Die Keule in den kochenden Sud legen. Sie sollte während der ganzen Kochzeit von dem Sud bedeckt sein. Gegebenenfalls kochendes Wasser nachgießen und nachsalzen. Die Kochzeit errechnet sich so: Pro Pfund Lammkeule 20 Minuten und dann noch anschließend weitere 20 Minuten dazu, bei einem Gewicht von 1½ kg wären das also 80 Minuten. Die Keule die nach dem Gewicht bestimmte Zeit sieden lassen.

Frühlingsgemüse

Die Gemüse putzen und unzerteilt, jedes für sich, in kochendem Salzwasser al dente kochen. Es ist wichtig, genau den Zeitpunkt zwischen zu weich und zu hart abzupassen. Die Gemüse abtropfen lassen. Kartoffeln, Karotten und weiße Rübchen in Würfel schneiden (ca. 1 cm × 1 cm).
Die Keule aus dem Sud nehmen und aus dem Tuch wickeln. Das Mehl ist nun fast ein Teig geworden und bleibt an dem Tuch kleben. Etwaige Reste von der Keule abschaben. Die Keule tranchieren und servieren. Die Keule ist einmalig saftig, zart und aromatisch.
Die Gemüse alle miteinander in heißer Butter schwenken und erhitzen. Salz überprüfen, weißer Pfeffer von der Pfeffermühle (nicht mehr als zwei Umdrehungen). Mit Petersilie bestreuen und auf einer hübschen Platte auftragen.
Während die Gemüse heiß werden, die Butter für die Sauce zerlassen und heiß werden lassen, doch nicht kochen, die abgetropften Kapern hineingeben, nochmals heiß werden lassen (nicht kochen) und in einer Saucière auftragen.

Lammkeule in Minzsauce

Petra Weskot, Wülfrath

ZUTATEN:

1–1⅕ kg Lammkeule oder Knochen
4 Knoblauchzehen
1 TL Salz
½–1 TL schwarzer Pfeffer
1–2 TL Majoran
3 EL Bratfett

ZUBEREITUNG:

Die Lammkeule unter fließendem Wasser säubern, mit Küchenkrepp abtupfen. Fett vorsichtig wegschneiden. Etwa 4 frische Knoblauchzehen (je nach Geschmack auch mehr oder weniger) in der Knoblauchpresse zerkleinern und mit Salz, frischem schwarzem Pfeffer und frischem oder getrocknetem Majoran verrühren und die Lammkeule damit einreiben, auch in die Hautfalten! In einem Bräter etwa 3 EL Fett sehr heiß werden lassen. Lammkeule schnell rundherum braun anbraten, dann den Bräter mit der Lammkeule in den vorgeheizten Backofen stellen und bei 175 Grad etwa 60 Minuten braten. Ab und zu mit dem Sud begießen.

WICHTIG:

Das Lammfleisch nicht ganz durchbraten, es sollte in der Mitte rosa sein.

Minzsauce

9 EL Pfefferminzblätter
6 gestrichene TL Zucker
3 EL Weinessig
⅛ l Schlagsahne oder Crème fraîche

Die frischen Pfefferminzblätter waschen, abtrocknen und fein hacken. Dann den Zucker mit 12 EL Wasser unter Rühren aufkochen, bis sich der Zucker aufgelöst hat. Den Weinessig und die Minzblätter hinzufügen, umrühren, vom Herd nehmen und mit etwa $\frac{1}{8}$ l Schlagsahne oder Crème fraîche abschmecken. Etwa 1 Stunde stehenlassen, damit sich das Aroma der Minzblätter entfalten kann. Zum Essen wieder langsam erhitzen und warm stellen.

Hammelkeule mit Kräutern

Erika Altenburg, Bonn

ZUTATEN:

1 Hammel- bzw. Lammkeule (2–3 kg)
100 g Crème fraîche
$\frac{1}{8}$ l Olivenöl
$\frac{1}{4}$ l herber Rotwein
4 Knoblauchzehen
je 1 guter EL Estragon, Thymian, Salbei, Basilikum (gehackt)
15 Nadeln Rosmarin
$\frac{1}{2}$ TL Paprika (edelsüß)
evtl. Tomatenmark

ZUBEREITUNG:

Kräuter und Knoblauch fein hacken, mit dem Olivenöl verrühren, $\frac{1}{2}$ TL Paprika zufügen. Die Keule (wenn nötig) enthäuten, waschen, gut abtrocknen, mit Salz und Pfeffer einreiben, dann die Öl-Würzmischung aufstreichen und einige Stunden oder auch über Nacht einziehen lassen.
Zum Braten den Backofen auf höchster Stufe vorheizen, die Keule im Bräter ohne Deckel 30 Minuten braten, dann Hitze vermindern auf 180 Grad und $1\frac{1}{2}$–2 Stunden braten (die Keule darf am Knochen noch rosa sein).
Während dieser Bratphase nach und nach den Rotwein angießen. Zur Fertigstellung den Braten warm stellen, den Bratenfond in ein kleines Töpfchen gießen, Crème fraîche hineinrühren und einkochen lassen, bis die Sauce dickt. Evtl. mit etwas Tomatenmark abschmecken.

Lammkeule in Blätterteig mit Zwiebelpüree

Barbara Breuer-Friese, Uelzen

ZUTATEN:

1 entbeinte Lammkeule
Weintraubenöl
1 Knoblauchzehe
500 g Kalbfleisch
⅛ l Crème fraîche
2 Eier
Salz, Pfeffer
1 Schweinenetz
200 g Blätterteig
Lammknochen
Sellerie
Lauch
1 Mohrrübe
1 Schalotte
1 Knoblauchzehe
Wasser
Rotwein
Crème fraîche
Vermouth (Noilly Prat)

ZUBEREITUNG:

Die Knochen zerkleinern, im Backofen bräunen, das zerkleinerte Gemüse und die zerdrückte Knoblauchzehe zu den Knochen geben, Wasser und Rotwein zufügen und auf dem Herd einkochen lassen.
Das Kalbfleisch von den Fettsträngen befreien, durch den Fleischwolf drehen, im Küchenmixer pürieren, Sahne und Eier unterziehen, mit Salz und Pfeffer abschmecken und kühl stellen.
Die Lammkeule im heißen Öl von allen Seiten scharf anbraten, auskühlen lassen, salzen, pfeffern und mit der zerdrückten Knoblauchzehe bestreichen. Das Lammfleisch mit der Farce bestreichen, in das Schweinenetz wickeln und in den ausgerollten Blätterteig hüllen.
Backofen auf 250 Grad vorheizen, das Fleisch hineinschieben, nach 15 Minuten auf 180 Grad zurückschalten – evtl. mit Pergamentpapier abdecken –, nach weiteren 10 Minuten auf 100 Grad zurückschalten und die Keule in knapp 2 Stunden garen.
In der Zwischenzeit den Fond durch ein Sieb geben, mit

dem Vermouth abschmecken, einkochen lassen und mit Crème fraîche andicken.

Zwiebelpüree

700 g Zwiebeln
Weintraubenöl
3–4 EL Crème fraîche
Salz, Pfeffer

Die Zwiebeln schälen, fein hacken, 5 Minuten blanchieren, abtropfen lassen, in wenig Öl ohne Farbe garen, durch ein Sieb streichen, salzen, pfeffern, mit 2 Eigelb und Crème fraîche cremig schlagen, heiß stellen. Das Püree darf nicht flüssig sein.

Gekochter Lammrücken

Angie Schäfer, Fürstenfeldbruck

ZUTATEN:

1 Lammrücken
reichlich Suppengrün
Salz, Schnittlauch, Pfeffer
Butter

ZUBEREITUNG:

Von einem Lammrücken das Fleisch auslösen und aus den kleingehackten Knochen und Fleischabfällen zusammen mit Suppengrün und ganz wenig Salz in 1½ l Wasser einen Fond kochen. Das Fleisch 10 Minuten mitkochen, dann herausnehmen, erkalten lassen. Fond durch ein Sieb gießen. Den Fond reduzieren, bis er anfängt, leicht einzudicken. Bei kleiner Hitze den kleingeschnittenen Schnittlauch zugeben, vom Feuer nehmen und mit ca. 65 g Butter aufschlagen.
In der Zwischenzeit das Fleisch würzen, mit heißer Butter übergießen und im sehr heißen Ofen (über 250 Grad) 5 Minuten leicht bräunen lassen. Das Fleisch muß innen rosa sein.

Gefüllter Lammrücken mit Wirsing

Barbara Hoffmann, Karlsruhe

ZUTATEN:

2—2½ kg Lammrücken
4—5 Lammnieren
1 Frühlingszwiebel
2 Knoblauchzehen
1 Strauß Kräuter (Thymian, Majoran, Salbei, Rosmarin, Weinraute)
1 Karotte
1 Frühlingszwiebel
Brühe von Lammknochen
Salz
1 Becher Crème fraîche
Pfeffer
1 mittelgroßer Wirsing (auch Spitzkohl oder Sommerkohl)
etwas Brühe
½ Knoblauchzehe
½ TL Kümmel
2 EL süße Sahne
Salz

ZUBEREITUNG:

Lammfleisch vom Knochen lösen, so daß man zwei Fleischhälften bekommt. Vorsichtig salzen. Die Nieren halbieren, wässern und säubern. Aus Kräutern, Zwiebel und Knoblauch eine Paste herstellen und damit die leicht gesalzenen Nieren einreiben. Auf die Fleischhälften legen und alles zu einer Rolle binden. In eine flache Eisenpfanne legen. Karotte und Zwiebel mit wenig Brühe von den Lammknochen zufügen und in die vorgeheizte Bratröhre schieben. Bei 200 Grad etwa 45 Minuten braten. Während dieser Zeit öfter mit Lammbrühe begießen. Den fertigen Braten warm stellen.
Den Fond des Bratensaftes durch ein Sieb gießen und bei kleiner Flamme einkochen lassen. Crème fraîche unterziehen, mit Salz und frischgemahlenem Pfeffer nachwürzen.
Den Braten in 1½ cm dicke Scheiben schneiden, mit der Sauce übergießen und servieren.
Wirsing entstielen, waschen und in schmale Streifen schneiden. In Fleischbrühe mit Kümmel und Knoblauch bißfest garen, mit Salz abschmecken. Noch vorhandene Brühe abgießen und mit Sahne auffüllen.

Lamm im Sud

Elke Raderschall, Berlin

ZUTATEN:

1 Lammkeule (1½ kg)
2 Stangen Porree
2 Möhren
1 Stück Sellerie
1 Bund glatte Petersilie
3 Lorbeerblätter
1 Zweig Rosmarin
Knoblauch
Salz
1 EL schwarze Pfefferkörner
Fleischextrakt

ZUBEREITUNG:

2½ l Wasser mit Fleischextrakt, den grob zerkleinerten Gemüsen, der Petersilie mit Stielen und den Gewürzen zum Kochen bringen. Lammkeule in den Sud legen und bei milder Hitze etwa 2 Stunden kochen lassen. Das Fleisch bis zum Servieren in der Brühe belassen.

Desserts

Calvadossorbet

Angie Schäfer, Fürstenfeldbruck

ZUTATEN:

200 ml trockener Cidre
ca. 300 g Zucker
1/20 l Calvados
1/20 l Zitronensaft
4 Boskop-Äpfel

ZUBEREITUNG:

Cidre mit Zucker zu einem Sirup von 28 Grad Beaune kochen (wird mit dem Zuckerthermometer gemessen).
Von 4 Äpfeln einen Deckel abschneiden, den Apfel innen aushöhlen und die hohlen Früchte in die Gefriertruhe stellen.
Das Fruchtfleisch mit etwas Wasser weich kochen und ca. 1/10 l des so gewonnenen Saftes dem Cidresirup zufügen. Cidresirup, Calvados und Zitronensaft in die Sorbetière füllen und in der Gefriertruhe 3–4 Stunden rühren lassen.
Angerichtet wird das Sorbet in den gefrorenen Äpfeln.

Apfelsorbet

Anke Richter, Hamburg

ZUTATEN:

400 g Golden-Delicious-Äpfel
2 EL Zitronensaft
150 g Zucker
3/10 l Wasser
4 EL Calvados

ZUBEREITUNG:

Die Äpfel pürieren, mit dem Zitronensaft vermischen. Den Zucker und das Wasser verkochen, abkühlen lassen, zum Mus geben und gefrieren lassen. Nach der ersten halben Stunde öfter durchschlagen. Gefrierzeit etwa 2 Stunden.
Vor dem Servieren mit Calvados übergießen.

Orangensorbet mit Sekt

Marianne Romaker, Karlsruhe

ZUTATEN:

6–8 Orangen
200 g Zucker
2 cl Orangenlikör
1 Eiweiß
Saft von 1 Zitrone
trockener Sekt

ZUBEREITUNG:

Orangen auspressen, den Saft durchseihen und mit Zucker mischen. Mit Orangenlikör abschmecken. Das Eiweiß schnittfest schlagen und mit dem Zitronensaft unter den Orangensaft heben. In eine Sorbetschüssel geben und ins Gefrierfach stellen. Nach ca. 1 Stunde ist das Sorbet fest.
Mit dem Eiskugelportionierer das Sorbet formen und in Sektkelche geben. Gut gekühlten Sekt darübergießen und sofort servieren.

Preiselbeerparfait

Trude Boltes, Tranås

ZUTATEN:

½ l süße Sahne
4 Eigelb
knapp 1/10 l Puderzucker
600 g Preiselbeerkonfitüre
ca. 1/5 l Gin

ZUBEREITUNG:

Die Sahne sehr steif schlagen, Eigelb und Puderzucker dazugeben. Preiselbeerkonfitüre und Gin zufügen und alles miteinander vermengen. Mindestens 3 Stunden in die Tiefkühltruhe stellen und spätestens 15 Minuten vor dem Servieren herausnehmen.

Rhabarber-Halbgefrorenes

Waltraud Scheuermann, Waiblingen

ZUTATEN:

500 g Rhabarber
2 EL trockener Weißwein
150 g Zucker
abgeriebene Schale von 1 Zitrone
2 TL Himbeersirup oder Himbeergelee
1 Ei
50 g Zucker
3/8 l süße Sahne

ZUBEREITUNG:

Rhabarber putzen, waschen und in 3 cm lange Stücke schneiden, mit Weißwein, 100 g Zucker, Zitronenschale und Sirup in einen Topf geben und zugedeckt kochen, bis die Rhabarberstücke zerfallen. Auskühlen lassen. Das Ei mit dem Restzucker schaumig rühren, die Sahne steif schlagen.

Eischaum und Sahne unter das kalte Rhabarberkompott ziehen, dabei nicht rühren! Die Masse mindestens 5 Stunden in den Gefrierschrank stellen. Während dieser Zeit 2–3mal durchschlagen, damit die Masse locker bleibt.
Vor dem Servieren die Eisform kurz in kaltes Wasser halten und das Eis stürzen. Das Halbgefrorene mit oder auch ohne Sahne servieren.

Waldhonigparfait

Anne Rittig, Grünstadt

ZUTATEN:

375 g bester Tannenhonig
6 Eier
½ l Schlagsahne
eine Handvoll Walnüsse

ZUBEREITUNG:

Die Hälfte des Tannenhonigs im Wasserbad erhitzen und mit den Eiern versetzen. Die Mischung mit einem Rührgerät zu einer cremigen Masse schlagen.
Die Schlagsahne zu einer festen Masse schlagen und die andere Hälfte des Honigs untermengen.
Beide Massen miteinander vermischen, kurz mit dem Rührgerät durchmengen, in eine Savarinform füllen, mit Alufolie abdecken und einfrieren.
Die Savarinform vor dem Servieren kurz in kaltes Wasser tauchen, auf eine Platte stürzen und den Inhalt vor dem Auftragen kurz etwas auftauen lassen. Das Parfait mit in Butter gebackenen Walnußkernen verzieren.

Semi-freddo panaché

Christa König, Remagen-Oberwinter

ZUTATEN:

ca. 40 Löffelbiskuits
$\frac{1}{10}$ l Whisky
$\frac{1}{5}$ l sehr starker Kaffee
150 g Schokolade
150 g Butter
4 Eier (getrennt)
1 l Milch
8 Eigelb
1 Stange Vanille
200 g Zucker
100 g süße Sahne

ZUBEREITUNG:

Schokolade im Wasserbad schmelzen lassen, die in Stücke geschnittene Butter zugeben und ebenfalls schmelzen lassen. Dann Zucker und Eigelb zugeben. Den Topf vom Feuer nehmen. Eiweiß zu steifem Schnee schlagen und vorsichtig unter die Schokolade-Ei-Masse heben.
5–6 Stunden in den Kühlschrank stellen.
Die Milch mit der aufgeschlitzten Vanillestange zum Kochen bringen und wieder abkühlen lassen. Eigelb und Zukker schaumig rühren. Nun die Milch zufügen und bei schwacher Hitze rühren, bis eine dickliche Creme entstanden ist. Diese Creme abkühlen lassen. Etwa $\frac{1}{4}$ der Creme beiseite stellen. Die steif geschlagene Sahne unter die restlichen $\frac{3}{4}$ der Creme heben. Diese Masse in die Sorbetière füllen und gefrieren lassen.
Wenn das Eis fertig und die Mousse au chocolat genug abgekühlt ist, Whisky und Kaffee mischen. Eine Kastenform buttern. Die Löffelbiskuits in der Whisky-Kaffee-Mischung wenden und die Form damit auslegen. Nun das Eis und die Mousse au chocolat in die Form füllen. Mit getränkten Biskuits bedecken. Das Semi-freddo in das Gefrierfach stellen. Kurz vor dem Servieren wird es aus der Form gestürzt und mit der zurückbehaltenen Creme übergossen.

Pistazienparfait mit Früchten

Cornelia Duda, Dortmund

ZUTATEN:

6 Eigelb
100 g Zucker
¼ l Sahne
50 g geschälte, geriebene Pistazien

ZUBEREITUNG:

Die Hälfte der Sahne mit den Pistazien zu einem Mus kochen, nach dem Erkalten 1 Eigelb unterziehen. Die restlichen 5 Eidotter mit 50 g Zucker schaumig schlagen, bis sich der Zucker gelöst hat. Restliche Sahne mit dem verbliebenen Zucker steif schlagen, Pistazienmasse mit dem Eierschaum mischen, Sahne unterheben und im Tiefkühlschrank gefrieren lassen.
Mit macerierten Früchten (Weinbergpfirsiche, Erdbeeren) oder frischen Kiwis servieren.

Zitroneneis

Maria Rupf, Ludwigshafen

ZUTATEN:

¼ l Milch
3 Eigelb
3 EL Zucker
abgeriebene Schale von ½ Zitrone
Saft von 2 Zitronen
⅛ l süße Sahne

ZUBEREITUNG:

Milch mit Eigelb, Zucker und der Zitronenschale auf kleiner Flamme glattrühren. Abkühlen lassen. Unter die erkaltete Masse den Zitronensaft mischen und die steifgeschlagene Sahne unterziehen.
Im Tiefkühlschrank im Gefrierfach anfrieren lassen.

Zimteis mit Pflaumen

Renate Härdle, Heidelberg

ZUTATEN:

¼ l süße Sahne
3 Eigelb
1 EL Zimt
80 g Zucker
200 g Pflaumen

ZUBEREITUNG:

Das Eigelb mit 5 EL Zucker verschlagen. Den Zimt untermischen und die steifgeschlagene Sahne unterheben. In einer Schüssel gefrieren lassen. Frische oder Armagnac-Pflaumen pürieren und über die Eisportionen geben.

Quitteneis mit Walnußkrokant

Rosemarie Schwarz, Mannheim

ZUTATEN:

2 reife Birnenquitten (ca. 600 g)
¼ l Ruländer Auslese
Zucker
¼ l süße Sahne
Cognac
200 g Walnußkerne
1–2 TL Zucker

ZUBEREITUNG:

Die Quitten schälen, Kerngehäuse entfernen und der Länge nach in feine Spalten schneiden. In eine Kasserolle geben, Wein zugießen, zum Kochen bringen und bei kleinem Feuer weich kochen. Je nach Süße des Weins mit Zucker nachsüßen. Einige Quittenscheiben zur Garnierung zurückbehalten. Die übrigen Quitten in eine Schüssel geben und mit dem Pürierstab (oder im Mixgerät) fein zerkleinern. Süße Sahne hinzufügen und einen guten Schuß Cognac. In die Eismaschine geben und gefrieren lassen.

Die nicht zu fein gehackten Walnußkerne in einer schweren Pfanne bei mittlerer Hitze unter Rühren leicht anrösten. Wenn die Nüsse etwas Farbe angenommen haben, 1–2 TL Zucker darüberstreuen, dabei ständig weiterrühren. Die Nüsse dürfen durch den Zucker nicht zusammenkleben, sondern sollten nur von einer hauchdünnen Zuckerschicht überzogen sein. Abkühlen lassen.
Quitteneis in Gläsern anrichten, mit den zurückbehaltenen Quittenscheiben garnieren und mit Walnußkrokant bestreuen.

Brotkrumen-Eis

Elisabeth Schodder, Aachen

ZUTATEN:

1 Scheibe dunkles Vollkornbrot
2 gehäufte EL Zucker
3 gehäufte EL Puderzucker
¼ l Schlagsahne
1 EL Rum

ZUBEREITUNG:

1 Scheibe dunkles Vollkornbrot zerbröseln (am besten in einer Küchenmaschine) und in einer beschichteten Pfanne ohne Fett unter Rühren trocknen lassen.
Zucker in 2 EL Wasser auflösen und 1 Minute kochen lassen. Die Krumen hineinschütten und weiterrühren, bis alles karamelisiert ist. Auf einen Porzellanteller geben und möglichst fein zerkrümeln, auskühlen lassen.
Die Sahne schlagen, Puderzucker und Rum dazugeben. In einer flachen Gefrierschale für 1 Stunde in den Gefrierschrank stellen, dann umrühren, Krumen daruntermischen und mehrere Stunden gefrieren lassen; wenn möglich, ab und zu umrühren.
Mit gezuckerten Himbeeren oder Kirschen servieren.

Selbstgemachtes Vanilleeis mit Fichtenhonig

Renate Stadler, Hutthurm

ZUTATEN:

½ l Milch
1 Vanillestange
1 Prise Salz
100 g Zucker
4 Eigelb
¼ l süße Sahne
süße Sahne, Zimt

ZUBEREITUNG:

Milch mit der ausgeschabten Vanille, der Vanillestange und dem Zucker aufkochen lassen. Eigelb verschlagen, langsam die heiße Milch dazugeben, alles im heißen Wasserbad zu einer dicklichen Creme schlagen. Abkühlen lassen, gelegentlich umrühren, damit keine Haut entsteht. Sahne steif schlagen, mit der Creme vermengen, in der Eismaschine zu Eiscreme rühren.

ANMERKUNG:

Eis selbermachen hat nur Sinn, wenn man eine Eismaschine hat, in der die Masse verrührt wird. Im Tiefkühlfach bekommt das Eis keinen Schmelz, dann lieber das Eis fertig kaufen.

Fichtenhonig

Ca. 1 kg Fichtenspitzen waschen und mit Wasser bedeckt etwa 30 Minuten kochen, bis eine goldgelbe Flüssigkeit entsteht. Abseihen und die Flüssigkeit 1:1 (1 l Flüssigkeit, 1 kg Zucker) 2–3 Stunden kochen, bis die Masse honigartig wird. In Gläser füllen und mit Einmachfolie verschließen.
Honig über das Eis tröpfeln und mit Sahne und 1 Prise Zimt garnieren.

ANMERKUNG:

Fichtenhonig kann man nur im Frühling aus den Spitzen junger Fichten machen.

Grand Marnier-Sahneeis

Huberta Schönberg, Aachen

ZUTATEN:

2–4 EL Grand Marnier
6 Eigelb
225 g Zucker
1 EL abgeriebene Zitronenschale
5 EL Wasser
⅝ l süße Sahne

ZUBEREITUNG:

Die Eigelb mit dem Handrührgerät schlagen, bis sie dick und zitronengelb sind. Zucker mit Zitronenschale und Wasser auf Mittelhitze zum Sieden bringen und unterrühren, warten, bis sich der Zucker aufgelöst hat. 5 Minuten sprudelnd kochen lassen, bis der Sirup andickt und einige Tropfen in Eiswasser Fäden ziehen.

Dann den Sirup sofort als dünnen Strahl unter die Eigelb schlagen. 10–15 Minuten weiterschlagen, bis aus dem Gemisch eine dicke, glatte Creme entstanden ist. Dann 4 EL Grand Marnier hineinschlagen. Die sehr steif geschlagene Sahne über die Creme geben und beides mit einem Gummispachtel behutsam ineinanderheben. In eine Glasschüssel füllen und ca. 6 Stunden oder über Nacht tiefkühlen. Etwa 15 Minuten vor dem Servieren in den Kühlschrank stellen, damit das Eis etwas weicher wird.

Eis-Gugelhupf

Yvonne Luh, Seesen

ZUTATEN:

100 g Sultaninen
Kirschwasser
4 Eier, getrennt
150 g Zucker
1 Prise Salz
½ l süße Sahne
2 unbehandelte Zitronen
2 Vanilleschoten
1 EL Kakao
(Nach »essen & trinken«)

ZUBEREITUNG:

Mindestens einen Tag vor der Zubereitung des Eises die gewaschenen Sultaninen in das Kirschwasser einlegen, die ganz bedeckt sein sollen.
Für das Eis die Eigelb mit 100 g Zucker schaumig rühren, bis eine weißliche, dicke Creme entsteht. Die abgeriebene Zitronenschale und das Vanillemark dazugeben, ebenfalls die Kirschwasser-Rosinen. Die Eiweiß mit dem restlichen Zucker und 1 Prise Salz steif schlagen und unter die Eimasse heben. Unter diese Mischung dann die steifgeschlagene Sahne geben. Das Ganze mindestens 6 Stunden, besser aber über Nacht, in einer Gugelhupf-Form gefrieren lassen.
Den gestürzten Gugelhupf mit Kakao bestäuben und sofort servieren.

Eis-Gugelhupf mit Schokolade

Gerda Müller-Bücheler, Kernen

ZUTATEN:

2 Eier
80 g Zucker
2 cl Grand Marnier
⅖ l süße Sahne
70 g Zucker
100 g Blockschokolade
Rum
30 g Rosinen

ZUBEREITUNG:

Rosinen in 1 cl Rum einweichen und über Nacht stehenlassen.
Eier mit 80 g Zucker im Wasserbad bis zur Bindung aufschlagen, danach kaltrühren. Grand Marnier unterrühren und die geschlagene Sahne unterziehen. ⅛ l Wasser zum Kochen bringen, Zucker dazugeben und die Blockschokolade darin einkochen lassen. Mit etwas Rum abschmecken.
Die eingeweichten Rosinen unter die erkaltete Schokoladenmasse geben. ⅓ der Eismenge mit der Schokoladensauce vermischen.
⅓ der Eismenge in eine hohe Gugelhupfform füllen, dann die Schokoladeneiscreme, zum Schluß restliche Eiscreme.
6 Stunden bei minus 18 Grad gefrieren lassen.

Hägenmarkcreme

Ingeborg Ulmer, Stuttgart

ZUTATEN:

½ Glas Hagebuttenmarmelade
¼ l Schlagsahne
1 Gläschen Kirschwasser

ZUBEREITUNG:

Schlagsahne sehr steif schlagen. Löffelweise Hagebuttenmarmelade vorsichtig unterziehen, Kirschwasser zugeben.

ANMERKUNG:

Die Masse wird ohne Gelatine oder Sahnesteif cremig, sollte aber nicht länger als 2 Stunden vor dem Essen zubereitet werden. Gut kühlen.

Gedünstete Pfirsichhälften mit selbstgemachtem Bananeneis

Hedwig Benzinger, Ansbach

ZUTATEN:

4 frische Pfirsiche
3 große Bananen
Saft von ½ Zitrone
150 g Zucker
½ l Milch
⅛ l süße Sahne
3 Eigelb
⅛ l Cointreau
süße Sahne

ZUBEREITUNG:

Die Pfirsiche halbiert dünsten und abkühlen lassen.
Die Bananen zerdrücken, durch ein feines Sieb passieren, mit Zitronensaft vermischen.
Zucker mit Eigelb schaumig schlagen, heißen Rahm tropfenweise hinzufügen, die rohe Milch hineinmischen.
Die sämige Flüssigkeit in eine Eisrührmaschine für das Tiefkühlfach geben. Nach ca. 1½ Stunden ist das Eis cremig und fertig. Den Cointreau in die Pfirsichhälften verteilen, Bananeneiskugeln hineingeben und mit Sahne verzieren.

Champagner-Zitronen-Creme
Mandel-Caramel-Puder

Elke Bierther, Köln

ZUTATEN:

4 große Eigelb
250 g Zucker
1/5 l Champagner
Saft von 1 Zitrone
Schale von 1/2 Zitrone
1/4 l süße Sahne
2 Eiweiß
70 g geschälte, im Backofen leicht gebräunte Mandeln
70 g Zucker

ZUBEREITUNG:

Eigelb im Wasserbad mit 125 g des Zuckers, dem Zitronensaft, der Zitronenschale und dem Champagner aufschlagen, bis eine dicke Creme entsteht; abkühlen, mehrfach durchschlagen, Sahne steif schlagen und unter die erkaltete Creme heben. Eiweiß fast steif schlagen und dann den restlichen Zucker einlaufen lassen wie für eine Baisermasse, ebenfalls vorsichtig unterheben.
Zucker hell caramelisieren, die Mandeln zugeben, durchrühren, und die Masse auf einer geölten Alufolie erkalten lassen. In Stücke brechen und im Mixer pürieren. Gut verschlossen aufbewahren, sonst wird sie klebrig.
Die Creme in Portionsschalen abwechselnd mit dem Mandel-Caramel-Puder füllen. 1–2 Stunden gut durchkühlen.

ANMERKUNG:

Wenn die Creme nach 2 Stunden Kühlung gegessen wird, kann man den Mandel-Puder auch unterziehen, ich bevorzuge entweder Lagen oder nur »Topping«.

Erdbeerpüree

Annette Niederstein, Hattingen

ZUTATEN:

750 g frische Erdbeeren
¼ l süße Sahne
Zucker nach Bedarf
1 kleines Glas Kirschgeist
3 Kiwis

ZUBEREITUNG:

Die geputzten Erdbeeren im Mixer pürieren, Zucker nach Qualität und Süße der Früchte zugeben. Zum Schluß die Sahne und den Kirschgeist mit der Masse verrühren. Das Püree in Portionsgläser füllen und kühlen.
Vor dem Servieren die ungekühlten Kiwis, in feine Scheiben geschnitten, zugeben.

Erdbeeren in Weincreme

Renate Hergenröder, Frankfurt

ZUTATEN:

600 g Erdbeeren
Zucker nach Geschmack
evtl. etwas Orangenlikör
5 Eigelb, 1 ganzes Ei
2 EL Zucker
4 EL Marsala

ZUBEREITUNG:

Die Erdbeeren waschen, halbieren und nach Geschmack zuckern, evtl. mit Likör beträufeln.
Die Eigelb, das ganze Ei und den Zucker im Wasserbad erhitzen. Die Masse so lange schlagen, bis sie schaumig ist. Dann nach und nach den Marsala hinzufügen, weiter schlagen, bis die Creme dickflüssig ist. Die Creme über die Erdbeeren geben.

Mousse au chocolat

Marlis Köhler, Köln

ZUTATEN:

200 g Feodora-Edelbitter-Schokolade
5 Eigelb, 5 Eigelb
1 EL Pulverkaffee
1 EL Vanillezucker
¼ l süße Sahne

ZUBEREITUNG:

Die Schokolade mit 5 EL Wasser auf kleiner Flamme langsam schmelzen lassen und kräftig rühren. Vom Feuer nehmen. Eigelb mit Pulverkaffee und Vanillezucker verquirlen und langsam in die Schokolade rühren, die nur noch lauwarm sein darf. Sahne und Eiweiß sehr steif schlagen. Erst die Sahne und dann löffelweise den Eischnee unter die Schokoladenmasse ziehen. Sehr kalt servieren.

Leichte Art Mousse au chocolat

Ulrike Diel, Berlin

ZUTATEN:

¼ l süße Sahne
150 g Mokkaschokolade
½ Tasse Mokka
50 g Vollmilchschokolade
50 g Halbbitterschokolade
25 g bittere Borkenschokolade

ZUBEREITUNG:

Sahne sehr steif schlagen. Die Mokkaschokolade im Mokka schmelzen, das heiße Schokoladengemisch vorsichtig portionsweise unter die Sahne ziehen.
Vollmilch- und Halbbitterschokolade klein hacken, unter die Sahne heben. Borkenschokolade zerkleinern und auf die Sahne streuen.
Gut gekühlt servieren.

Mousse au chocolat blanc

Birgit Behnke, Hamburg

ZUTATEN:

4–5 Eier (je nach Größe)
125 g Butter
2 Tafeln weiße Schokolade
ca. 1/8 l Cointreau
1/4 l süße Sahne

ZUBEREITUNG:

Eigelb und Cointreau im Wasserbad zu einer weißen Creme aufschlagen, danach in Eiswasser stellen und kalt rühren. Währenddessen die Schokolade schmelzen lassen und die Butter stückchenweise unter die warme Schokolade rühren, bis sich alles zu einer glatten Creme verbunden hat. Auch diese Masse kalt schlagen.
Die süße Sahne steif schlagen, unter die Eiermasse heben, dann die Schokoladen-Butter-Masse zufügen, miteinander verrühren. Eiweiß steif schlagen, vorsichtig unter die Masse rühren. In Portionsschälchen geben und kühl stellen.

Crème de cassis

Dr. Annelore Dahlinger, Darmstadt

ZUTATEN:

250 g rote Johannisbeeren
250 g schwarze Johannisbeeren
2–3 EL Rotwein
250 g Zucker
1/4 l süße Sahne
Angostura

ZUBEREITUNG:

Die Johannisbeeren (frisch oder tiefgefroren) werden mit dem Rotwein und dem Zucker dick eingekocht und durch ein feines Sieb gestrichen. Zu dem Püree gibt man ein paar Spritzer Angostura und läßt das Ganze in einer Glasschüssel erkalten. Das Dessert wird wahlweise so oder mit fest geschlagener Sahne gereicht.

ANMERKUNG:

Wir bevorzugen den herben Geschmack des Pürees. Sahniger, cremiger und milder wird es, wenn man während des Erkaltens ¼ l geschlagene Sahne darunterrührt.

Pochierte Pfirsiche mit Weincreme

Hannelore Paul, München

ZUTATEN:

4 reife Pfirsiche
800 g Zucker
½ Flasche Badischer Gewürztraminer
7 Eigelb
150 g Zucker
1 Blatt weiße Gelatine
¼ l süße Sahne

ZUBEREITUNG:

Die Haut der Pfirsiche abziehen, die Früchte halbieren und den Kern entfernen. 800 g Zucker mit heißem Wasser auffüllen, so daß 1 l Zuckerlösung entsteht. Die Lösung an den Siedepunkt bringen und die Pfirsichhälften darin etwa 8 Minuten pochieren, jedoch nicht kochen lassen. In eine Schüssel geben, den Sirup darüberschütten und kalt stellen.
Den Wein in einer Kasserolle erhitzen, ohne ihn zum Kochen zu bringen, und dann unter Rühren langsam über die mit dem Zucker verquirlten Eigelb geben. Im heißen Wasserbad schlagen, bis die Masse am Rührbesen kleben bleibt. Vom Feuer nehmen und die zuvor in kaltem Wasser aufgeweichte Gelatine zugeben. Die Masse bis zum Erkalten immer wieder schlagen und dann ⅛ l geschlagene Sahne unterziehen.
Zum Anrichten die Pfirsiche mit dem Weinschaum übergießen und mit dem restlichen ⅛ l Schlagsahne dekorieren.

Marinierte Muskatellertrauben mit Zabaione

Rosemarie Schwarz, Mannheim

ZUTATEN:

500 g Muskatellertrauben
1 Glas Zibibo (sizilianischer Likörwein aus Muskatellertrauben)
5 Eigelb
100 g Zucker
2 Gläser trockener Marsala

ZUBEREITUNG:

Trauben entkernen und evtl. auch schälen. Mit Zibibo begießen und zugedeckt mehrere Stunden ziehen lassen.
Eigelb mit Zucker schaumig schlagen, bis der Zucker vergangen ist. Marsala beifügen und im Wasserbad zu einer schaumigen Creme aufschlagen. Die Trauben in Dessertschalen füllen und mit der Zabaione begießen. Sofort servieren.

Zitronencreme

Elisabeth Dreher, Freiburg

ZUTATEN:

5 große reife Zitronen (ungespritzt)
½ l Wasser
200 g Zucker
7 große Eier
evtl. ¼ l süße Sahne

ZUBEREITUNG:

Die Zitronen waschen, Schale ganz dünn schälen (ohne Weißes).
Dann den Saft auspressen und zusammen mit dem Fruchtfleisch und dem Zucker 3 Minuten in ½ l Wasser kochen. In

der Zwischenzeit in einer großen Schüssel die ganzen Eier schaumig schlagen. Die kochende Brühe vom Ofen nehmen und langsam unter ständigem Rühren an die Eimasse geben. Das Ganze in einen Topf gießen und bei schwacher Hitze auf dem Ofen so lange schlagen, bis die Masse cremig ist. Nicht kochen!
Dann die Creme durch ein Sieb in eine Schale passieren und kalt stellen. Evtl. mit geschlagener Sahne servieren.

Charlotte à l'orange

Ursula Schepers-Bruens, Münster

ZUTATEN:

½ l süße Sahne
¼ l Milch
1 Vanillestange
4 Eigelb
150 g Zucker
weiße Gelatine
getrocknete Orangenschalen
evtl. kandierte Orangenschalen
kandierte Veilchen
Rosenblätter

ZUBEREITUNG:

¼ l Sahne und Milch mit dem aufgeschlitzten Vanillestengel zum Kochen bringen. Eigelb mit Zucker zu einer sämigen Creme schlagen, die heiße Milch unter die Eicreme mischen und auf der Herdplatte bis kurz vor dem Kochen rühren, dann vom Herd nehmen. Die Gelatine zufügen. Getrocknete Orangenschale dazugeben und vor dem völligen Festwerden der Creme ¼ l geschlagene Sahne unterziehen. Die Masse in eine Form füllen und erkalten lassen. Nach dem Erkalten die Creme stürzen und je nach Belieben mit kandierten Orangenschalen oder kandierten Veilchen und Rosenblättern garnieren.

Charlotte russe mit Himbeersauce

Doris Zweigler, Ravensburg

ZUTATEN:

30–40 Löffelbiskuits
3 Eigelb
100 g Zucker
¼ l Milch
½–1 Vanilleschote (oder 2 TL Vanille-Extrakt)
2 Blatt weiße Gelatine
200 g Schlagsahne
100 g Crème fraîche
Butter
500–600 g Himbeeren
2–4 EL Zucker
etwas Kirschwasser
evtl. Puderzucker

ZUBEREITUNG:

Milch mit der gespaltenen Vanilleschote aufkochen und einige Zeit ziehen lassen. Eigelb mit 75 g Zucker verrühren (nicht schaumig schlagen!), die heiße Milch nach und nach zufügen, das Eier-Milch-Gemisch auf die warme Herdplatte stellen und unter ständigem Umrühren mit dem Kochlöffel dicklich werden lassen. Die Masse darf nicht kochen. Die in kaltem Wasser eingeweichte Gelatine auflösen, zur Vanillesauce geben und das Ganze abkühlen lassen.

Inzwischen auf den Boden einer glatten runden Sturzform ein Blatt Backtrennpapier legen und die Seitenwände der Form – mit Hilfe von etwas Butter zum »Ankleben« – mit Löffelbiskuits ausfüttern.

Schlagsahne mit dem Rest Zucker und der Crème fraîche steif schlagen und unter die erkaltete Vanillesauce ziehen. Kühl stellen. Wenn die Creme zu erstarren beginnt, diese in die ausgekleidete Form füllen, evtl. mit Löffelbiskuits auffüllen. Mit Klarsichtfolie bedecken und mindestens 3 Stunden oder aber bis zum folgenden Tag kühl stellen.

Die Himbeeren mit Zucker bestreuen, durch ein feines Sieb streichen und evtl. mit Puderzucker nachzuckern. Mit Kirschwasser abschmecken.

Zum Servieren die Charlotte kurz in heißes Wasser tauchen, damit die Butter weich wird, die Charlotte stürzen, etwas Himbeersauce auf die Oberfläche gießen und den Rest getrennt dazu reichen.

Kastanien-Schnee mit Himbeersauce

Gisela Heyel, Wachenheim

ZUTATEN:

1 kg Kastanien
½ l süße Sahne
300 g Himbeerkonfitüre
4 EL Himbeerwasser

für die Sauce:
500 g Himbeermark
200 g Zucker
4 EL Himbeerwasser
einige ganze Himbeeren

ZUBEREITUNG:

Die Kastanien mit der Schale in Wasser kochen, schälen und durch eine Kartoffelpresse drücken. Die Kastanien müssen zu einem ganz locker-luftigen Berg werden.
Himbeerkonfitüre mit Himbeerwasser verrühren, Sahne steif schlagen.
In eine Glasschale eine Lage Kastanien-Schnee geben, darauf etwas Marmelade verteilen, darüber eine Schicht Sahne usw., bis die verschiedenen Massen verbraucht sind. Mit Himbeeren garnieren. Die Sauce aus Himbeermark, Zucker und Himbeerwasser wird separat gereicht.

Errötendes Mädchen

Renate Weber, Föhren

ZUTATEN:

100 g Zucker
je nach Größe 3–4 Eier
Saft von 3 Orangen
leicht abgeriebene Schale von ¼ Orange
⅓ l Weißwein
4 Blatt rote und 6 Blatt weiße Gelatine

ZUBEREITUNG:

Eigelb mit dem Zucker schaumig rühren, Saft und Orangenschale sowie knapp ⅓ l Weißwein dazugeben und mit der eingeweichten ausgedrückten Gelatine bei schwacher Hitze unter Schlagen kurz zum Kochen bringen, dann sofort von der Feuerstelle nehmen und kalt stellen. Eiweiß steif schlagen und unter die Creme ziehen, wenn sie anfängt, steif zu werden. In eine Glas- oder Kristallschale füllen.

Grüne Grütze

Ortrun Werner, Alsfeld

ZUTATEN:

1 kg Rhabarber
250 g Zucker
1 Stück Zitronenschale
2 Eigelb
2 Eiweiß

ZUBEREITUNG:

Rhabarber gut putzen und in Stücke schneiden. Mit dem Zucker und wenig Wasser durchkochen, nicht zu musig werden lassen. Zitronenschale mitkochen. Von der Platte nehmen und das in Wasser angerührte Eigelb untermischen. Eiweiß zu steifem Schnee schlagen und unterheben.

Gila's Schwarz-Rotes

Susan-Katrin Naumann, Hamburg

ZUTATEN:

1 kg Erdbeeren
150 g dunkles Schwarzbrot
75 g Butter
2 EL Zucker
4 EL Kakao
¼ l Schlagsahne

ZUBEREITUNG:

Butter in einer Pfanne zerlassen, Schwarzbrot sehr klein krümeln und mit 2 EL Zucker und 2 EL Kakao hineingeben. Masse gut wenden und leicht anbräunen. ¾ der gewaschenen, geschnittenen und gezuckerten Erdbeeren in eine große Schüssel geben, darüber die Schwarzbrotmasse schichten. Die geschlagene Sahne mit 1 Prise Zucker und den 2 EL Kakao vermischen und auf das Schwarzbrot geben. Mit restlichen Erdbeeren garnieren und mit Kakao bepudern.

Himmlamaat

Heinke Schupp, Icking

ZUTATEN:

2 Pakete Löffelbiskuits
½ l Schlagsahne
2 Gläser Preiselbeeren

ZUBEREITUNG:

In einer Glasschüssel eine Lage Löffelbiskuits verteilen. Darauf eine Schicht Preiselbeeren löffeln und darauf wiederum eine Schicht steifgeschlagenen Schlagrahm. Das ganze wiederholen, solange der Vorrat reicht. Die oberste Schicht Schlagrahm nicht gleichmäßig verteilen, sondern dekorativ häufeln. Im Kühlschrank (mit Plastikfolie bedeckt) einige Stunden durchziehen lassen.

Mandelsulz à la Rottenhöfer

Ulrike Dörfler, Forchheim

ZUTATEN:

280 g süße Mandeln
1 l süße Sahne
2 Tropfen Bittermandelöl
100 g feiner Zucker
6 Blatt weiße Gelatine
evtl. noch süße Sahne
Schoko- und Mandelsplitter

ZUBEREITUNG:

Mandeln brühen, häuten und ganz fein reiben. Sahne vorsichtig bis knapp vor dem Kochen erhitzen, über die Mandeln gießen. Warm stellen und ca. 30 Minuten ziehen lassen. Bittermandelöl zufügen. Die Mandeln durch ein Haartuch (Mullwindel) pressen, evtl. noch etwas Sahne zugeben. Zukker in dem warmen Mandelrahm zergehen lassen.
Gelatine vorbereiten und unter den fast abgekühlten Mandelrahm ziehen. In Portionsschalen füllen, im Kühlschrank fest werden lassen. Mit Schoko- und Mandelsplittern garnieren.

Orangen in Nelkenzucker

Dr. Doris Müller, Solingen

ZUTATEN:

4 mittelgroße Orangen
200 g Zucker
½ l Wasser
5 Nelken
süße Sahne

ZUBEREITUNG:

Zucker und Wasser aufkochen, bis der Zucker gelöst ist, ein bißchen einkochen lassen, die Nelken zufügen. Abkühlen lassen. In die lauwarme Zuckerlösung die geschälten und halbierten Orangen einlegen und über Nacht in einer zugedeckten Porzellanschüssel ziehen lassen. Mit wenig Zuckerlösung (ohne die Nelken) servieren, auf die Orangen ein Schlagsahnehäubchen setzen.

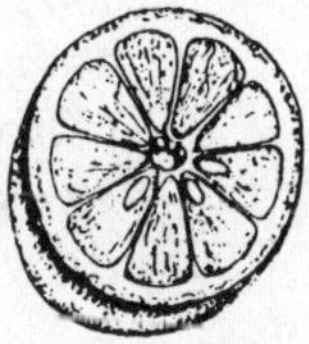

Pascha

Isolde Heinritz, Helsinki

ZUTATEN:

500 g Quark
200 g Butter
knapp 1/8 l Schlagsahne
200 g Zucker
etwas Vanillezucker
3 Eier
1 Päckchen Orangeat
100 g gemahlene Mandeln
Saft von 1/2 Zitrone

ZUBEREITUNG:

Den Quark durch ein Sieb streichen, die Butter schmelzen und dazugeben, unter ständigem Rühren nacheinander die Eier, den Vanillezucker, die Schlagsahne und den übrigen Zucker zufügen. Die Masse dann auf den Herd stellen und unter weiterem ständigem Rühren erhitzen, nicht kochen lassen!

Orangeat und Mandeln darunterrühren, alles in eine Schüssel gießen und abkühlen lassen. Die Masse anschließend in einen Kaffeefilter (mit Filterpapier) füllen und gut einen Tag stehenlassen.

Quark mit kandierten Früchten

Gisela Heyel, Wachenheim

ZUTATEN:

1 kg Sahnequark (20 %)
3 Eigelb
$\frac{1}{4}$ l süße Sahne
1 Vanilleschote
4 cl Grand Marnier
1 TL Orangenschale
1 TL Zitronenschale
100 g Vanillezucker
100 g kandierte Früchte
(Zitronat, Orangeat, Ingwer)
50 g gehackte Mandeln
Angelika, Mandeln

ZUBEREITUNG:

Quark in ein Tuch binden, auf ein Sieb legen und beschweren, um alle Flüssigkeit auszupressen.
Kandierte Früchte klein schneiden, mit gehackten Mandeln und Grand Marnier mischen. Vanilleschote längs halbieren, in $\frac{1}{8}$ l Sahne aufkochen, 10 Minuten ziehen lassen – Vanilleschote herausnehmen. Eigelb und Zucker zu der Sahne geben, im Wasserbad abschlagen, danach kalt rühren.
Den sehr trockenen Quark durch ein Sieb streichen, mit der restlichen Sahne, den Früchten und Schalen vermischen. Dann vorsichtig den Eierschaum dazugeben.
Eine Souffléform mit einem Mulltuch auslegen, die Quarkmasse einfüllen und gut festdrücken; nach 1–2 Tagen im Kühlschrank kann die Creme auf eine Tortenplatte gestürzt werden. Das Mulltuch abziehen, die Oberfläche glätten, verzieren mit Angelika und Mandeln.

Walnußquark mit Backpflaumen

Martina Dichopp, Köln

ZUTATEN:

300 g Speisequark (10 %)
100 g gemahlene Walnüsse
4 halbe Walnüsse
50 g Zucker
1 Eiweiß
6 Backpflaumen
etwas Cognac
Milch

ZUBEREITUNG:

Die Backpflaumen in kleine Stücke schneiden und über Nacht in einer Tasse, fast bedeckt mit Cognac, einweichen. Quark mit Milch, Zucker und 4 EL des Cognacs, in dem die Backpflaumen einweichten, rühren, bis er cremig ist. Die gemahlenen Walnüsse mit den Pflaumen zum Quarkgemisch geben. Das Eiweiß steif schlagen und vorsichtig unterziehen. In Dessertschalen füllen und jede Portion mit einer halben Walnuß garnieren. Kalt stellen.

Quittenspeise

Angelika Küpper, Köln

ZUTATEN:

4 goldgelbe vollreife Quitten
1 Zitrone
3–4 EL Bienenhonig
1 Glas Cognac
¼ l Schlagsahne
50 g geröstete Mandeln

ZUBEREITUNG:

Die Früchte blankreiben, entkernen und mit der Küchenmaschine pürieren. Mit Zitronensaft beträufeln, mit Honig und Cognac abschmecken. Die steifgeschlagene Sahne bis auf einen kleinen Teil zum Verzieren unterziehen.
In Schalen anrichten und mit Sahnetupfen und den gerösteten Mandeln verzieren.

Sirupnachspeise

Veronika Holdau, Aachen

ZUTATEN:

gut 1 EL Zuckerrübensirup
½ l Vollmilch
12 gestrichene EL Weizenfeinschrot (oder entsprechende Menge Grieß)
1 Prise Salz
1 EL Quark
½ TL Zimt

ZUBEREITUNG:

Sirup in einer Kasserolle auf mittlerer Flamme flüssig werden lassen, mit Milch aufgießen, Weizenfeinschrot (frisch gemahlen) und Salz zufügen und das Ganze unter Rühren so lange kochen lassen, bis es dickflüssig ist. Nach dem Abkühlen den Quark und Zimt unterziehen.

Pflaumenkrokant

Susanne Kirchner, Heidelberg

ZUTATEN:

½ Tasse feingehackte Mandeln
⅓ Tasse Zucker
½ Tasse Mehl
1 Prise Salz
4 EL kalte Butter
1 Päckchen Vanillezucker
1 kg Pflaumen (frisch oder eingemacht)
½ Tasse Zucker
Saft von 1 Zitrone
Butter

ZUBEREITUNG:

Mandeln, Mehl, Zucker und Salz vermischen. Mit einer Gabel die kalte Butter in kleinen Stücken dazugeben und vermengen, dann den Vanillezucker zufügen. Die Mischung soll

die Konsistenz von Streuseln haben, sie soll bröcklig bleiben. Kalt stellen.
Die frischen Pflaumen entkernen und in ein Kochgeschirr aus Email legen. Zucker und Zitronensaft darübergeben und 1 Stunde ziehen lassen. Danach bei mäßiger Hitze langsam zum Kochen bringen, herunterschalten und 20 Minuten köcheln lassen.
Die eingemachten Pflaumen – wenn nötig, die Kerne entfernen – mit Zitronensaft begießen und einkochen lassen, bis der Saft sirupähnlich ist.
Die Pflaumen in eine flache Auflaufform füllen. Mit der Hälfte der Krokantmischung bedecken und im Ofen bei 200 Grad 10 Minuten oder so lange backen, bis der Krokant goldbraun geworden ist. Danach die restliche Krokantmasse über die Pflaumen geben und nochmals 10 Minuten bzw. goldbraun backen.

ANMERKUNG:

Dieses Dessert kann warm oder kalt serviert werden. Die Früchte können je nach Jahreszeit variieren. Sehr gut ist eine Kombination aus verschiedenen Früchten. Bei der Verwendung von Beerenfrüchten und Bananen diese nicht vorkochen, sondern roh mit der Krokantmischung bedecken. Vorher mit Zucker bestreuen und evtl. mit Zitronensaft beträufeln.

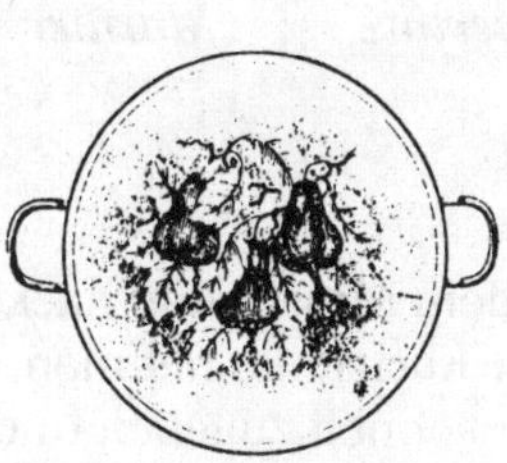

Granatapfel in Cointreau

Helga Risch, Langenhagen

ZUTATEN:

1 Granatapfel
Cointreau
Vanille-Eis
Grenadinesaft
evtl. süße Sahne
Pistazienkerne

ZUBEREITUNG:

Granatapfel durchschneiden, das Fruchtfleisch herauslösen, die Haut nicht verwenden, 1 Sherryglas voll Cointreau darübergießen, einige Stunden kühl stellen.
Vanille-Eis auf 4 Teller verteilen, mit dem Granatapfel-Cointreau-Gemisch und etwas Grenadinesaft dekorativ bedekken. Evtl. mit etwas Schlagsahne und gehackten Pistazienkernen garnieren.

Sahnetrüffel

Edith Fischer, Gundelfingen

ZUTATEN:

200 g Vollmilchkuvertüre
200 g Halbbitterkuvertüre
200 g süße Sahne
2–3 Schnapsgläser Grand Marnier

ZUBEREITUNG:

Die Kuvertüre mit dem Messer fein hacken. Sahne kurz aufkochen und von der Kochstelle nehmen. Kuvertüreschnitzel und Grand Marnier schnell zugeben und glattrühren.
Es entsteht eine dunkelbraune glattflüssige Sauce, die man 2 Stunden ruhig stehen läßt. Danach wird die Masse mit der Hand (!) so lange mit dem Schneebesen geschlagen, bis sie

hellbraun und schaumig ist (dauert etwa ½ Stunde und ist sehr anstrengend). In Spritztülle füllen und auf mit Alufolie belegte Bleche oder ähnliches Trüffel spritzen. Man muß sehr schnell arbeiten, weil die Pralinenmasse bald fest wird. Mindestens 24 Stunden kühl stellen. Haltbarkeit: ca. 10 Tage.

Himbeersoufflé

Gertraud Hohmann, Karlstadt

ZUTATEN:

500 g frische Himbeeren
2–3 EL Rum (80 %)
1 EL Puderzucker
weißer Pfeffer

für den Teig:
2 Eier
2 EL Zucker
Mark einer ½ Vanilleschote
2 EL Mehl
1 Msp Backpulver
Puderzucker zum Bestäuben
Rum zum Flambieren

ZUBEREITUNG:

Himbeeren sortieren, in einer feuerfesten Glasform mit Rum beträufeln, etwas ziehen lassen, Puderzucker darübersieben, einen Hauch von Pfeffer zugeben.
Eier trennen, Eiweiß zu sehr festem Schnee schlagen, Zukker und Vanillemark zugeben und so lange schlagen, bis sich die Masse ballt. Mehl und Backpulver sieben, mit den Eidottern abwechselnd unter die Baisermasse ziehen. Der Teig wird über die Himbeeren gestrichen und sofort bei 180 Grad im Heißluftofen 15–20 Minuten gebacken. Man richtet die Backzeit so ein, daß das Gebäck ganz frisch aus dem Ofen, mit Puderzucker bestäubt, serviert werden kann, da es beim Abkühlen zusammensinkt.
Am Tisch kann man die Nachspeise je nach Wunsch mit Rum übergießen und flambieren.

Nußpudding

Lydia Ficker, München

ZUTATEN:

6 Walnüsse
Zimt
2 Eigelb, 5 Eiweiß
180 g Puderzucker
Butter
grober Zucker
¼ l Schlagsahne
½ Gläschen Rum

ZUBEREITUNG:

Walnüsse fein reiben, mit Zimt mischen, dann in das mit Zucker schaumig geschlagene Eigelb rühren, Eiweiß steif schlagen und unterziehen. Eine Puddingform mit Butter ausstreichen, dann mit Hagelzucker ausstreuen und die Masse einfüllen. Die Form mit Pergamentpapier abdecken, im Wasserbad eine ¾ Stunde lang kochen. Abkühlen lassen und aus der Form stürzen.
Schlagsahne mit Rum versetzen, vor dem Servieren darübergießen.

Pochierte Birnen, gefüllt mit eingemachten Pflaumen

Anemone Szczesny-Friedmann, München

Als Birnen Williams Christ oder Gute Luise, sie müssen aromatisch sein. Sie werden völlig normal pochiert.

ZUTATEN:

ca. 20 Trockenpflaumen aus Agen (keine kalifornischen oder irgendwelche andere!)
0,3 l Burgunder
140 g Zucker
2 ungespritzte Orangen
12 schwarze Pfefferkörner
1 Tropfen Orangenessenz
½ Sternanis
1 Nelke
1 TL getrocknete Orangenblüten
1 TL getrocknete Jasminblüten (frische Blüten sind noch besser, man braucht aber mehr davon)

ZUBEREITUNG:

Pflaumen nicht entkernen (verlieren die Form), mehrmals mit einer Nadel anstechen, 2 Stunden in lauwarmem Wasser quellen lassen. Pfefferkörner etwas zerdrücken. (Sehr gut ist Sezuan-Pfeffer, es gibt ihn in Feinkostgeschäften. Man muß ihn, obwohl das auf keiner Packung steht, zuerst in einer Pfanne trocken leicht anrösten, bei Bedarf dann zerdrücken. Nur so entwickelt er sein Aroma. Verwendet man Sezuan-Pfeffer, reichen sechs Körner.) Mit Sternanis, Nelken und Blüten in eine Schüssel geben.
Wein bis kurz vor dem Kochen erhitzen, über die Gewürze gießen, 12 Minuten ziehen lassen, abseihen. Mit dem Zucker ca. 20 Minuten kochen. Die letzten 5 Minuten die Orangenscheiben zugeben. Über die Pflaumen schütten (Pflaumen natürlich vorher abtropfen lassen). Orangenessenz zugeben, mindestens 12 Stunden ziehen lassen.
Zum Servieren die Birnen halbieren, Kernhaus mit Teelöffel aushöhlen, jeweils zwei Birnenhälften auf einen Teller legen, mit je einer Pflaume füllen, mit den restlichen Pflaumen umlegen, mit Pflaumensirup begießen. Für die, die's nicht lassen können, dazu Schlagsahne.

Überbackene Pfirsiche

Eva Schirmer, Ahorn

ZUTATEN:

4 schöne, frische Pfirsiche
200 g Zucker
½ l Wasser
Butter
weißer Rum
¼ l süße Sahne
120 g Farinzucker (braun)
Himbeermark (gezuckert)

ZUBEREITUNG:

Wasser mit dem Zucker zum Kochen bringen. Die Pfirsiche im Zuckersirup weich kochen, häuten, halbieren und entkernen. Pfirsichhälften mit einer Nadel einstechen, mit Rum beträufeln, ½ Stunde ziehen lassen. Flache, feuerfeste Form mit Butter einfetten, Pfirsiche oben offen einlegen und mit gezuckertem Himbeermark füllen, mit geschlagener Sahne glattstreichen. Mit Farinzucker bestreuen und bei 250 Grad ca. 10 Minuten überbacken. Sofort servieren.

Topfenpalatschinken

Gabriela Schaefer, Stuttgart

ZUTATEN:

150 ml Milch
100 ml kohlensäurehaltiges Mineralwasser
75 g Mehl
1 Ei
1 Prise Salz
1 TL Zucker
Butter
250 g Quark (20 %)
⅛ l süße Sahne
1 EL eingeweichte Rosinen
1 Ei
1 EL Vanillezucker
Saft von ¼ Zitrone

ZUBEREITUNG:

Milch, Mineralwasser, Mehl, Ei, Salz und Zucker zu einem Teig verrühren und in der sehr heißen Pfanne ca. 8 hauchdünne Palatschinken mit je ½ TL Butter backen.

Quark, Rosinen, Ei, Vanillezucker und Zitronensaft miteinander verrühren, die Sahne steif schlagen und unterheben. Die Palatschinken mit der Masse dick bestreichen und einrollen.

Topfenpalatschinken

Renate Frank, Unterföhring

ZUTATEN:

3 Eier
Mehl
¼ l Wasser
Salz
80 g flüssige Butter

für die Fülle:
500 g Topfen (Quark)
3 Eier
Rosinen (eine Handvoll)
wenig Zucker, Farinzucker (Rohzucker)
Vanillezucker
2 Likörgläschen Rum
abgeriebene Schale von 1 Zitrone
Sahne oder Crème fraîche

ZUBEREITUNG:

¼ l Wasser mit den Eiern und dem Salz in einer Schüssel verrühren, so viel Mehl dazugeben, daß ein dünner, aber nicht zu dünner Teig entsteht, zum Schluß die flüssige Butter darunter geben. Daraus 8 sehr dünne kleine Eierkuchen backen.
Den Topfen gut schlagen und mit Rahm geschmeidiger machen, Eigelb, Zucker, Vanillezucker und Zitronenschale zufügen. Die gewaschenen und in Rum eingeweichten Rosinen unterheben. Zum Schluß das steifgeschlagene Eiweiß unterziehen.
Die 8 Eierkuchen mit der Topfenmasse füllen, in eine gebutterte Auflaufform geben und mit etwas flüssiger Butter übergießen. Mit Farinzucker überstreuen und in den Ofen stellen. Ungefähr ¼ Stunde backen.

Lindys Käsekuchen

Cornelia Wachsmuth, Simbach

ZUTATEN:

(für den Teig für eine Form von 22 cm Durchmesser)
125 g Weizenmehl
60 g Zucker
1 TL abgeriebene Zitronenschale
1 Eigelb
¼ TL Vanilleextrakt
125 g Butter

für den Belag:
1 kg Sahnequark
400 g Zucker
3 EL Mehl
1½ TL abgeriebene Orangenschale
1½ TL abgeriebene Zitronenschale
¼ TL Vanilleextrakt
5 Eier
2 Eigelb
6 EL süße Sahne

ZUBEREITUNG:

Mehl, Zucker und Zitronenschale in einer Schüssel mischen. In die Mitte eine Mulde drücken, Eigelb, Vanilleextrakt und die in kleine Stückchen geschnittene Butter hineingeben. Die Zutaten mit den Fingerspitzen verarbeiten, bis sich der Teig vom Rand der Schüssel löst und zu einer Kugel formen läßt. Den Teig fest in Alufolie einwickeln und 1 Stunde in den Kühlschrank stellen.
Den Backofen auf 200 Grad vorheizen.
Den Boden einer Springform mit etwas Butter ausstreichen. Die Hälfte des Teiges gleichmäßig darauf verteilen, in der Form auf mittlerer Schiene in etwa 20 Minuten hellgelb backen.
Die Form aus dem Ofen nehmen, den Rand abnehmen, das Unterteil der Form mit dem Teigboden auf einem Kuchengitter abkühlen lassen.
Nach dem Abkühlen die Form wieder zusammensetzen, mit dem restlichen Teig den Rand der Kuchenform belegen, am

Boden gut andrücken. Den Backofen auf 230 Grad vorheizen.
Für den Belag den Sahnequark glattrühren, Zucker, Mehl, Orangen- und Zitronenschale und Vanilleextrakt unterrühren. Die Eier einzeln hineinschlagen, das Eigelb einrühren, dann die Sahne.
Diese Mischung in die mit Teig ausgelegte Springform gießen, 15 Minuten bei 230 Grad backen, dann die Temperatur auf 100 Grad herunterschalten und den Kuchen 1 Stunde backen.
Den Käsekuchen aus dem Ofen nehmen, in der Form auf einem Kuchengitter abkühlen lassen. Die Form frühestens nach 2 Stunden abnehmen.

Apfelkuchen

Lilo Weinand, Forchheim

ZUTATEN:

200 g Mehl (Type 1050)
3 EL 6-Korn-Flocken
1½ TL Backpulver
2 EL Zucker
1 Ei
75 g Butter
ca. 6 Boskop-Äpfel (nach Größe)
Zitronensaft
50 g Mandeln
5 EL Honig

ZUBEREITUNG:

Aus Mehl, 6-Korn-Flocken, Backpulver, Zucker, Ei und Butter einen Teig kneten und in einer gefetteten Springform glattstreichen. Äpfel schälen, entkernen, halbieren und mehrmals einritzen, auf den Teig legen. Mit Zitronensaft beträufeln, Mandeln nicht zu klein raspeln, trocken etwas anrösten, Honig zerlaufen lassen und zusammen über die Äpfel träufeln. Bei ca. 200 Grad etwa 30 Minuten backen.

Kleine Walnuß-Kuchen

Brigitte Way, Polling

ZUTATEN:

2 Eier
150 g Zucker
abgeriebene Schale von ½ Zitrone
1 kleine Msp Backpulver
1 Prise Salz
½ TL Kardamom
125 g Mehl
150 g Butter (oder Butterschmalz)
feines Paniermehl
100 g Walnußkerne
1 Glas eingemachte Pflaumen
Zucker, Zimt

ZUBEREITUNG:

Eier, Zucker, Zitronenschale, Backpulver, Salz, Kardamom in einem möglichst hohen Topf mit dem Elektro-Schaum-Quirl schlagen, bis die Masse etwas schaumig geworden ist. Dann das Mehl unterrühren. Die in einem Töpfchen zerlaufene Butter zufügen. Das Ganze muß zum Schluß eine Creme sein, die sich dick aus dem Topf herausgießen läßt.
Die Förmchen in den Cup Cake Pans mit Butter ausstreichen und mit etwas Semmelbrösel bestreuen. Den Teig in die Förmchen hineingießen, bis diese zu ⅓ gefüllt sind. Die leicht abgetropften eingemachten Pflaumen zufügen, etwa 6 Hälften je Portion. 3–4 Walnußhälften dazugeben. Je 1 knappen TL Zucker darüberstreuen, mit Zimt bestäuben. Den Rest des Teiges gleichmäßig verteilen. Die Förmchen etwa 30 Minuten in den Kühlschrank stellen. Bevor sie in den Ofen kommen, nochmals mit Zucker bestreuen.
Zum Backen die Förmchen auf den Backofenrost auf den Boden des Ofens stellen. Nach 25–30 Minuten auf die erste Leiste von unten schieben und weitere 10 Minuten backen lassen, bis sie goldbraun sind und die Oberfläche etwas aufreißt. Vor dem völligen Erkalten vorsichtig aus den Förmchen herausnehmen.

ANMERKUNG:

Ich benutze für diese amerikanischen Kuchen Cup Cake Pans.

Elsässer Apfelkuchen

Gustl Spenz, Rosengarten

ZUTATEN:

250 g Mehl
150 g Butter
1 TL Salz
1 Glas Wasser
750 g Äpfel
Wasser, Zucker
1 TL Zimt
2 EL Aprikosenmarmelade

ZUBEREITUNG:

Aus Mehl, Butter, Salz und dem Wasser einen Mürbteig kneten. Sehr dünn ausrollen und eine gebutterte Form damit auslegen. 3 der Äpfel zur Seite legen, aus den anderen mit wenig Wasser und Zucker Apfelmus kochen, Zimt darunterrühren, abkühlen lassen. Dann das Mus auf den Teig streichen. Die restlichen 3 Äpfel in dünne Scheiben schneiden und dachziegelartig über dem Mus anordnen. Den Kuchen bei 210 Grad etwa 40 Minuten backen.
Auf den noch heißen Kuchen mit etwas Wasser verdünnte Aprikosenmarmelade streichen.

ANMERKUNG:

Der Kuchen schmeckt am besten, wenn er einige Stunden alt ist.

Rhabarberkuchen

Elisabeth Frei, Bayerisch Gmain

ZUTATEN:

für den Boden:
140 g Mehl
75 g Zucker
1 Prise Salz
100 g Butter
2 Eigelb
Butter zum Bestreichen der Form

für den Belag:
1 kg Rhabarber
75 g Zucker

für den Eierguß:
3 Eigelb
75 g Zucker
5 cl süße Sahne

für die Schaummasse:
5 Eiweiß
100 g Puderzucker

ZUBEREITUNG:

Den Mürbteig aus den oben angegebenen Zutaten bereiten, zu einer Kugel formen und ca. 1 Stunde im Kühlschrank kalt stellen.
Inzwischen den Rhabarber putzen, in ca. 2 cm lange Stücke schneiden, mit dem Zucker und ganz wenig Wasser andünsten – die Stücke müssen noch ihre Form behalten –, etwas abkühlen lassen.
Nun den Mürbteig ausrollen und eine gebutterte Quiche-Form von 26 cm Durchmesser (im Notfall geht auch eine Springform) auslegen, mit einer Gabel mehrmals einstechen und im vorgeheizten Ofen bei 220 Grad hellbraun backen. Während dieser Zeit die 3 Eigelb mit dem Zucker und der Sahne schaumig quirlen.
Auf dem fertigen Mürbteigboden die abgetropften Rhabarberstücke verteilen, die Eiermischung darübergeben und im Ofen bei auf 200 Grad reduzierter Hitze hellbraun backen. Inzwischen die 5 Eiweiß zu festem Schnee schlagen und den Puderzucker darunterheben. Diese Baisermasse mit dem Spatel auf der hellbraunen Eimasse verteilen (nicht glatt-

streichen, ruhig gebirgig lassen!) und bei wieder reduzierter Hitze leicht Farbe annehmen lassen. Herausnehmen und abgekühlt in der Quiche-Form servieren.

Pfitzauf

Erika Ricker-Possmann, Schorndorf-Haubersbronn

ZUTATEN:

250 g Mehl
½ l Milch
4 Eier
1 TL Salz
30 g Butter
Butter zum Einfetten
Puderzucker

ZUBEREITUNG:

Mehl, Milch, Eier und Salz gut miteinander verrühren und zuletzt die zerlassene Butter dazugeben. Den Teig so in die gut gefettete Pfitzauf-Förmchen füllen, daß sie nur zur Hälfte voll sind. Etwa 30 Minuten bei mittlerer Hitze backen. Dann dieses lockere, goldgelbe Gebäck aus der Form stürzen, mit Puderzucker bestreuen und noch heiß mit Weinschaumsauce servieren.

Weinschaumsauce

5 Eigelb
1 ganzes Ei
2 EL Zucker
200 ml Aprikosen-Dessert-Wein
Saft von ½ Zitrone
etwas gemahlener Zimt

ZUBEREITUNG:

Eigelb, ganzes Ei und Zucker im kaum siedenden Wasserbad verrühren. Die Mischung mit dem Schneebesen (oder dem Handrührgerät) so lange schlagen, bis sie blaßgelb und schaumig ist, dann nach und nach den Aprikosen-Dessert-Wein mit der Zitrone und dem Zimt zufügen und weiter schlagen, bis die Masse dick cremig ist.

Mandelkekse

Lexa Katrin Gräfin von Nostitz, Hamburg

ZUTATEN:

100 g Butter
75 g Zucker
1 Päckchen Vanillezucker
1 Prise Salz
80 g Mehl
4 EL gemahlene Mandeln

ZUBEREITUNG:

Weiche Butter, Zucker, Vanillezucker und Salz schaumig rühren. Nacheinander Mehl und gemahlene Mandeln hinzufügen. Den Teig ½ Stunde in den Kühlschrank stellen. Mit einem Teelöffel Häufchen von dem Teig auf ein mit Backtrennpapier belegtes Backblech setzen. Weite Abstände lassen, da der Teig beim Backen auseinanderläuft. Die Mandelkekse bei 200 Grad 8–10 Minuten backen, bis sie an den Rändern goldgelb sind. Mit einem Spatel vom Backblech nehmen und auf einem Rost abkühlen.

Haselnußkekse

Christa Haß, Trendelburg

ZUTATEN:

100 g Haselnüsse
100 g Butter
50 g Puderzucker
1 gehäufter EL Heidehonig
100 g Mehl
Puderzucker zum Bestäuben

ZUBEREITUNG:

Haselnüsse grob hacken und leicht anrösten. Mit den anderen Zutaten zu einem Teig verrühren und walnußgroße Stücke formen. Mit etwas Abstand auf einem gefetteten Blech ca. 15 Minuten bei mittlerer Hitze backen, bis sie fest, aber nicht zu dunkel sind. Abkühlen lassen und mit Puderzucker bestreuen.

Mandel-Eis-Torte

Dr. Elisabeth Busch, Gundelfingen

ZUTATEN:

250 g ungeschälte Mandeln
250 g Puderzucker
350 g süße Sahne
starker Kaffee
Löffelbiskuits
Cognac
Butter

ZUBEREITUNG:

Die ungeschälten Mandeln grob hacken, mit dem Puderzukker brennen. Die Masse auf einer gebutterten Porzellanplatte ausstreichen und erkalten lassen. Dann pulverförmig mahlen. Am besten legt man den Mandel-Zucker-Brocken in eine Tüte oder einen kleinen Sack und klopft ihn mit dem Hammer in möglichst kleine Stücke, die anschließend im Mixer ganz fein gemahlen werden.
Die Sahne sehr steif schlagen, einen sehr starken ungesüßten Kaffee kochen, erkalten lassen. Eine ca. 25 cm lange Teekuchenform mit Alufolie auslegen. Gebranntes Mandelpulver mit der Sahne gut vermischen, eine dünne Schicht in die Form streichen. Löffelbiskuits in den Kaffee tauchen und tränken, auf die Mandel-Sahne-Schicht legen, eine weitere Schicht Creme einstreichen, dann Löffelbiskuits in Cognac tauchen, Creme damit abdecken und so weiter. Tiefkühlen.

ANMERKUNG:

Man kann auch Kaffee mit Cognac vermischen und alle Löffelbiskuits damit tränken. Der gefrorene Block bleibt dadurch homogener. Der Kaffee wird leicht zu hart beim Einfrieren.

Aprikosen-Haselnuß-Kuchen

Ingeborg Grabert, Stuttgart

Der Kuchen besteht aus Nußmeringen, Buttercreme und Aprikosenfüllung, die in mehreren Lagen aufeinander geschichtet werden.

ZUTATEN:

Nußmeringen:
¾ Tasse geschälte und geröstete Haselnüsse
¾ Tasse blanchierte und geröstete Mandeln
1 Tasse Zucker
6 Eiweiß
Salz, Zucker
Vanilleextrakt
Mandelextrakt

ZUBEREITUNG:

Haselnüsse und Mandeln mit dem Zucker fein mahlen. Ofen auf 120 Grad vorheizen, 2 Backbleche buttern und mehlen und darauf jeweils 2 Rechtecke 10 × 30 cm aufzeichnen. Eiweiß mit 1 Prise Salz steif schlagen und gegen Ende 3 EL Zucker sowie Vanille- und Mandelextrakt zufügen. Mit einem Gummispachtel die Nuß-Zucker-Mischung unterheben. Am Rand beginnend, mit dem Spritzbeutel die Meringe auf die vorgezeichneten Rechtecke spritzen und mit dem Gummispachtel glattstreichen.
Die beiden Bleche in das untere und obere Drittel des Ofens schieben und etwa 1 Stunde backen, dabei die Bleche alle 20 Minuten vertauschen. Die Meringen sind fertig, wenn sie sich leicht vom Blech lösen. Auf ein Gitter legen.

Buttercreme:
225 g Butter
280 g Puderzucker
1 EL Vanilleextrakt
2 Eigelb
3–4 EL Orangenlikör

Die Butter über heißem Wasser schlagen, bis sie weich ist. Dann den Zucker zugeben und etwas weiterschlagen, bis eine leichte Masse entstanden ist. Eigelb zufügen und 1 weitere Minute schlagen. Vanilleextrakt und Likör zugeben.

Aprikosenfüllung:
450 g getrocknete Aprikosen
¼ l Martini Extra Dry
½ l Wasser
1 Zimtstange
Schale einer Orange (nur den gelben Teil)
½–¾ Tasse Zucker
2 EL Orangenlikör
1 EL Cognac

Die Aprikosen einige Stunden in Martini und Wasser einweichen, dann mit Zimt und Orangenschale kochen. Nach 10 Minuten zuckern und vollends weich kochen. Gut abseihen und pürieren. Kochflüssigkeit zu einem dicken Sirup einkochen und zusammen mit den Spirituosen ins Püree rühren.

Zusammensetzung des Kuchens:
1 Tasse Puderzucker
2 Tassen leicht geröstete Mandelsplitter

Für den Kuchen benötigt man 3 Meringen (die 4. Meringe benötigt man häufig als Ersatz, wenn eine zerbricht). ⅔ der Buttercreme benötigt man für den Außenguß, der Rest ergibt zwei Lagen Füllung. Die erste Meringe auf Pergamentpapier legen und mit der Hälfte der zur Füllung vorgesehenen Buttercreme bestreichen. Darauf kommt die Hälfte der Aprikosenfüllung. Dann die zweite Meringe daraufsetzen, das Ganze wiederholen und mit der dritten Meringe abschließen.
Den Kuchen oben mit Puderzucker bestreuen, die Seiten mit Buttercreme bestreichen und mit Mandelblättchen garnieren. Kühl stellen. Evtl. mit Crème chantilly servieren.

Geburtstagstorte

Heinke Schupp, Icking

ZUTATEN:

für den Teig:
500 g Butter
500 g Zucker
500 g Mehl
Saft von 1 Zitrone
5 EL Rum
Eier

für die Schokoladenmasse:
200 g Butter
200 g Blockschokolade
1 Glas Johannisbeergelee
Mandeln

ZUBEREITUNG:

Die Butter mit dem Zucker schaumig rühren, die Eier nacheinander und dann löffelweise das gesiebte Mehl unterrühren. Zum Schluß Rum und Zitronensaft untermischen.
Die Butter cremig rühren. Die Schokolade im Wasserbad schmelzen, sie darf keinesfalls zu heiß werden, nur daß sie gerade schmilzt und verrührbar ist. Mit der Butter vermischen. Den Teig dünn auf gebutterte runde Backformböden (24 cm Durchmesser) streichen und hellbraun backen. Noch heiß ablösen und sofort mit Johannisbeergelee bestreichen.
Derweil ist schon die nächste Lage im Ofen. Sie wird, wenn sie schon gleichmäßig hellbraun ist, ebenfalls sofort abgelöst, auf die vorige gesetzt und diesmal mit Schokoladencreme bestrichen. So geht es im Wechsel weiter, bis der Teig zu Ende ist. Die oberste Schicht nicht bestreichen.
Zuletzt wird außen der Rand glattgeschnitten und die ganze Torte mit der restlichen Schokoladencreme bestrichen. Obenauf eine geburtstägliche Verzierung mit halbierten geschälten Mandeln, in die Mitte das Alter des Geburtstags»kindes«.

ANMERKUNG:

Diesen Lagenkuchen gab es bei meinen anderen Großeltern einmal im Jahr, und zwar, wenn der Großvater Geburtstag

hatte. Er kann Wochen im voraus gebacken und in einer Blechdose in der Speisekammer aufgehoben werden. Er zieht dann durch und wird immer besser.
Aufgeschnitten wird der Kuchen traditionsgemäß so: In der Mitte mit einer umgekehrten Suppentasse ein rundes Stück markieren und ausschneiden. Außenherum feine Scheibchen abschneiden. Die Mitte gehört dem Geburtstagskind allein.

Walnuß-Gipfeli

Dr. Dora Pfannenstiel, Riehen

Einige Tage vorher:
250 g Puderzucker mit einer gespaltenen Vanilleschote und herausgekratztem Samen vermischen und in einem gut schließenden Glas aufbewahren.

ZUTATEN:

150 g Walnüsse
200 g Mehl
150 g Butter
2 Eigelb
70 g des vorbereiteten Vanillezuckers

ZUBEREITUNG:

Auf dem Backbrett einen Teig aus den feingemahlenen Walnüssen, dem Mehl, der Butter, Eigelb und Vanillezucker kneten. Aus dem Teig etwa 4 cm dicke Rollen drehen, diese in Scheiben schneiden. Aus den Scheiben Röllchen formen, die zu Gipfeln gebogen werden. Die Gipfeli auf ein Blech ordnen und bei schwacher Hitze 10 Minuten im Ofen backen. Sie müssen hell bleiben und werden noch heiß behutsam in Vanillezucker gewälzt.

Nubier-Torte

Dr. Gisela Lockwald, Rheinau

ZUTATEN:

375 g Butter (leicht gesalzen)
375 g Zucker
20 Eier
375 g Mandeln (mit der Schale gerieben)
$^{1}/_{20}$ l Semmelbrösel
2 Tafeln halbbittere, erstklassige Schokolade (oder 7 EL Kakao und etwas Zucker mehr)
2 Tafeln extrabittere Schokolade
Aprikosenmarmelade (selbstgemacht)
ungarischer Aprikosenbranntwein
(für 20—40 Portionen)

ZUBEREITUNG:

Butter, Zucker und Eigelb ca. 15 Minuten im Rührgerät rühren. Dann die geschmolzene, halbbittere Schokolade, die geriebenen Mandeln und die Semmelbrösel hinzufügen. Den steifen Schnee der 20 Eier vorsichtig unterrühren. Den Kuchen auf der Backofenpfanne, die mit gefettetem Butterbrotpapier ausgelegt ist, 45 Minuten im 180 Grad heißen Ofen backen. Nach der Zahnstocherprobe auf Null schalten und den Kuchen im Ofen erkalten lassen; er kann dann nicht so leicht zusammenfallen.
Am nächsten Tag den Kuchen in ca. 5 cm breite Streifen schneiden und auf ein großes Holzbrett legen. Die Schnitte mit einer Mischung aus Aprikosenmarmelade und Aprikosenbranntwein einpinseln. Nach einigen Stunden die geschmolzene Extrabitterschokolade überziehen. In kleinen Stücken anbieten!

Zuppa Inglese

Marion A. Hildner, Wiesbaden

ZUTATEN:

1 Biskuitboden
200 g Feodora-Edelbitter-Schokolade
300–400 g kandierte Früchte (gemischt)
½ l Zitronencreme
Rum nach Bedarf
½ l Sahne

ZUBEREITUNG:

Einen Biskuitboden backen, auskühlen lassen und in mitteldicke Scheiben schneiden. In eine nicht zu flache Glasschüssel dann wie folgt schichten:
1 Lage Biskuit, getränkt mit Rum, darauf grobgehackte bittere Schokolade, 1 Schicht leichte Zitronencreme, auf die Zitronencreme gleichmäßig verteilt gemischte, gehackte, kandierte Früchte. Man benötigt mindestens 2 Lagen, besser sind 3. Als oberster Abschluß eine üppige Schicht schön garnierter Sahne.

ANMERKUNG:

Wenn man statt der Sahne Eischnee verwendet, wird die Zuppa Inglese mit dieser Haube im Ofen gratiniert.

Register